DEUS NÃO ESTÁ BRAVO COM VOCÊ

JOYCE MEYER

DEUS NÃO ESTÁ BRAVO COM VOCÊ

Você Pode Experimentar
Amor Verdadeiro, Aceitação
e Uma Vida Sem Culpa

1.ª Edição
Belo Horizonte

publicada mediante acordo com Faith Words, New York, New York. Todos os direitos reservados.

Diretor
Lester Bello

Autor
Joyce Meyer

Título Original
God's not mad at you

Tradução
Maria Lucia Godde Cortez / Idiomas & Cia

Revisão
Ana Lacerda, Luísa Calmon/
Fernanda Silveira/Daiane Rosa/Idiomas & Cia

Diagramação
Julio Fado

Design capa (adaptação)
Fernando Rezende

Impressão e acabamento
Promove Artes Gráficas

BELLO PUBLICAÇÕES

Av. Silviano Brandão, 1702
Horto - CEP 31.015-015
Belo Horizonte/MG - Brasil
contato@bellopublicacoes.com
www.bellopublicacoes.com.br

Copyright desta edição
© 2013 by Joyce Meyer
FaithWords Hachette Book Group
New York, NY

Publicado pela
Bello Comércio e Publicações Ltda-ME
com a devida autorização de
Hachette Book Group e todos
os direitos reservados.

Primeira edição — Outubro de 2015

Todos os direitos reservados. Nenhuma parte desta publicação poderá ser reproduzida, distribuída ou transmitida sob qualquer forma ou meio, ou armazenada em base de dados ou sistema de recuperação, sem a autorização prévia por escrito da editora. Exceto em caso de indicação em contrário, todas as citações bíblicas foram extraídas da Bíblia Sagrada *The Amplified Bible* (AMP) e traduzidas livremente em virtude da inexistência dessa versão em língua portuguesa. Quando a versão da AMP correspondia com o texto da Almeida Revista e Atualizada, esse foi o texto utilizado nos versículos fora dos colchetes.

Dados Internacionais de Catalogação da Publicação (CIP)

Meyer, Joyce

M612. Deus não está bravo com você: você pode experimentar amor verdadeiro, aceitação e uma vida sem culpa / Joyce Meyer; tradução de Maria Lúcia Godde Cortez / Idiomas & Cia. - Belo Horizonte: Bello Publicações, 2015.
232p.
Título original: God is not mad at you

1. Amor de Deus. 2. Palavra de Deus. 3. Orientação espiritual. I. Título.

ISBN: 978-85-8321-025-2

CDD: 234.2   CDU: 230.112

SUMÁRIO

Introdução 7
Capítulo 1: Deus Está Bravo? 13
Capítulo 2: A Mentalidade Voltada para o Desempenho 24
Capítulo 3: Perfeccionismo e Aprovação 32
Capítulo 4: A Ansiedade e a Ira do Perfeccionista 44
Capítulo 5: Problemas com o Pai 57
Capítulo 6: A Dor da Rejeição 70
Capítulo 7: Aprendendo a Ver Claramente 81
Capítulo 8: Culpa e Vergonha 91
Capítulo 9: Religião 105
Capítulo 10: Triste, Furioso ou Alegre? 116
Capítulo 11: Seja a Pessoa que Deus o Criou para Ser 128
Capítulo 12: Desenvolvendo o Seu Potencial 139
Capítulo 13: A Misericórdia é Maior que a Ira 148
Capítulo 14: A Misericórdia Não Pode Ser Conquistada 158
Capítulo 15: Maravilhosa Graça 169
Capítulo 16: Maior Graça 180
Capítulo 17: Corra para Deus, Não Fuja Dele! 189
Capítulo 18: O Que Devemos Fazer Quanto ao Pecado? 197
Capítulo 19: Sentindo-se à Vontade com Deus 206
Capítulo 20: Crescimento Espiritual 215

INTRODUÇÃO

Certo dia, fiz uma postagem no Facebook que dizia simplesmente: "Deus não está bravo com você", e a resposta que recebi no ministério foi avassaladora. Dentro de apenas algumas horas, milhares de pessoas responderam favoravelmente. Muitas delas disseram: "Era exatamente isso que eu precisava ouvir hoje". Obviamente, eram pessoas que estavam com medo de que Deus estivesse bravo com elas e que precisavam desesperadamente ter certeza de que Ele não estava.

Pela minha experiência pessoal em meu relacionamento com Deus, e também por ministrar a outras pessoas, percebo que um grande percentual de pessoas acredita que Deus está bravo com elas, seja de maneira vaga ou talvez até mesmo de maneira clara. Essa crença nos impede de receber Seu amor, Sua misericórdia, Sua graça e Seu perdão. Ela nos deixa temerosos, sem confiança e faz com que nos sintamos culpados. Embora peçamos perdão a Deus pelos nossos pecados e falhas, muitas vezes continuamos a ter a sensação de que Ele está decepcionado e irado porque somos menos do que Ele deseja e espera que sejamos.

De onde veio esse conceito de Deus? Talvez de um pai ou uma mãe que viviam constantemente irritados e a quem era difícil agradar. Ou da dor da rejeição de pais ou amigos que não sabiam amar incondicionalmente. Talvez tenha vindo da igreja! De um ensino religioso que nos oferecia regras e regulamentos a serem seguidos, sugerindo que seriamos inaceitáveis para Deus se não os seguíssemos. Queremos ser bons, tentamos ser bons, mas quando descobrimos — como todos eventualmente descobrem — que falhamos constantemente, aceitamos em silêncio a mensagem sobre sermos uma grande decepção para Deus e por isso merecemos Sua ira. Entretanto, continuamos a tentar mudar e a nos comportar melhor porque amamos a Deus, e definitivamente não queremos que Ele fique zangado conosco.

Quando vivemos assim, estamos diante de uma vida cheia de decepções porque qualquer pessoa que tente servir a Deus sob a Lei (regras e regulamentos) está condenada à decepção, de acordo com o apóstolo Paulo:

> *E todos os que dependem da Lei [que estão procurando ser justificados pela obediência à Lei dos rituais] estão debaixo de uma maldição e condenados à decepção.*
>
> — Gálatas 3:10

No relacionamento com nossos pais ou com outras pessoas, talvez tenha sido exigido que tivéssemos determinado desempenho para conquistar o amor deles, mas o amor de Deus é incondicional; ele é oferecido generosamente a todos os que o receberem pela fé.

Você aprenderá neste livro que, embora Deus realmente se ire com o pecado, a maldade e o mal, Ele não é um Deus irado. Deus odeia o pecado, mas ama os pecadores! Ele é "bom e pronto a perdoar [nossas transgressões, enviando-as para longe, permitindo que elas se vão completamente e para sempre]" (Salmos 86:5). Ele é abundante em misericórdia e cheio de bondade. Deixe-me ser clara: Deus não aprova e nunca aprovará o pecado, mas Ele ama os pecadores e continuará a trabalhar conosco em busca de uma mudança positiva em nossa vida. Deus nunca deixa de nos amar sequer por um segundo, e é por causa do Seu grande amor que Ele se recusa a nos deixar sozinhos, perdidos e abandonados no pecado. Ele nos encontra do jeito que estamos e nos ajuda a nos transformarmos em quem precisamos ser.

A Bíblia é um relato de pecado, engano, imoralidade de todo tipo, desobediência, hipocrisia e da maravilhosa graça e amor de Deus. Os heróis que admiramos foram pessoas exatamente como nós. Eles fracassaram miseravelmente algumas vezes, pecavam regularmente; no entanto, descobriram que o amor, a aceitação, o perdão e a misericórdia são dons gratuitos de Deus. O Seu amor os atraiu a um relacionamento íntimo com Ele, os revestiu de poder para fazer grandes coisas e os ensinou a desfrutar a vida que Ele lhes deu.

Se eles experimentaram essa aceitação, creio que nós podemos também experimentá-la, se tomarmos a decisão de acreditar no que a Palavra de Deus nos diz, em vez de acreditarmos no que pensamos, sentimos ou ouvimos de outras pessoas. Deveríamos nos certificar de que nossas crenças estão em concordância com a Palavra de Deus, e não são meramente uma elaboração de um pensamento enganoso. Talvez possamos acreditar que Deus não nos ama e está zangado conosco, mas não é isso que a Palavra de Deus diz; portanto esse pensamento enganoso deve ser rejeitado por ser mentiroso, e o que Deus diz deve ser aceito pela fé sem questionar. Deus nos deu a Sua Palavra para que pudéssemos ter sempre a verdade à nossa disposição. É impossível vivermos uma vida de engano se fizermos da Palavra de Deus nossa fonte de toda verdade e crermos nela acima de todas as coisas.

Você pode pensar: *Não há absolutamente nenhuma razão para Deus me amar*, e você está absolutamente certo. Mas Deus ama você. Ele escolheu fazê-lo, e porque Ele é Deus, Ele tem todo o direito de fazer isso. A Bíblia diz que Ele planejou nos amar e nos adotar como Seus filhos porque essa foi a Sua vontade, isso agradou a Ele, e foi a Sua boa intenção (Efésios 1:5). Deus nos ama porque quer, não porque merecemos. Gostaria de sugerir que você parasse de ler por alguns instantes e repetisse em voz alta diversas vezes: "Deus me ama porque Ele quer, não porque mereço". Todas as vezes que você disser isso, pare por um instante e permita que essa verdade penetre profundamente na sua consciência. Ser consciente e convicto do amor de Deus é o início de toda cura e restauração. É a fonte de toda justiça, paz e alegria. Deveríamos aprender a nos preocupar com Deus, e não com o pecado; focar na bondade de Deus, e não nos nossos erros. Mirar nas nossas fraquezas apenas lhes dá mais força e poder sobre nós.

Viver de acordo com a realidade de que Deus não está furioso conosco é a verdade mais libertadora que podemos descobrir. Saber que pecaremos, provavelmente todos os dias, e que Deus sabe e já decidiu nos perdoar elimina o medo do fracasso. A beleza disso é que quando não nos concentramos mais no nosso pecado, descobrimos que pecamos cada vez menos. À medida que focamos na bondade de Deus, em vez de termos medo das nossas fraquezas, nos tornamos cada vez mais semelhantes a Jesus. Deus, em Cristo, cuidou totalmente do problema do pecado. Na verdade, Deus nos ordena que não pequemos, mas Ele sabia que nós o faríamos devido à fraqueza da nossa carne, por isso cuidou desse problema nos enviando Seu Filho Jesus como sacrifício e pagamento pelos nossos pecados. Jesus pagou por tudo que fizemos ou faremos de errado, e Ele abriu um novo caminho para vivermos e servirmos a Deus. Não com medo ou culpa, mas em liberdade, amor e intimidade.

Deus está determinado a ter um relacionamento íntimo com cada um de nós, e a única maneira pela qual Ele pode fazer isso é nos dando graça, misericórdia e perdão continuamente. Para podermos ter esse relacionamento com Ele precisamos aprender a receber continuamente Sua graça, perdão e misericórdia.

Caso você esteja se perguntando se já não recebeu misericórdia demais em sua vida, a resposta é não. Ainda há uma quantidade abundante disponível a você, e haverá enquanto você viver. A misericórdia de Deus se renova todos os dias! Ela é um presente e só pode ser desfrutada se for recebida gratuitamente.

Ao ler este livro, oro para que você receba a graça, o favor, o amor, a misericórdia e o perdão de Deus, bem como a gloriosa verdade de que Deus não está bravo com você! Que você possa viver ousadamente e ser tudo o que Deus pretende que você seja, vivendo na plenitude de alegria e beleza para as quais você foi criado. Adquira o hábito de meditar nesta verdade e confessá-la: "Deus não está bravo comigo".

DEUS NÃO ESTÁ BRAVO COM VOCÊ

CAPÍTULO 1

Deus Está Bravo?

O Senhor é misericordioso e gracioso, lento para se irar e abundante em misericórdia e bondade.
Ele não está sempre reprovando e discutindo, nem manterá a Sua ira para sempre nem guardará rancor.

Salmos 103:8-9

Uma mulher que conheço contou que, certa vez, quando ainda estava na faculdade, seu pai lhe emprestou o carro e o motor fundiu enquanto ela estava dirigindo. Era o final das férias, e Ellen iria voltar para a faculdade de ônibus, um percurso de sete horas com muitas paradas no caminho. Ela havia recebido muitos presentes de Natal, inclusive um edredom e um novo computador. Seu pai disse a ela que em vez de levar tantas coisas grandes de ônibus, ela poderia pegar o carro dele na volta para a faculdade e devolvê-lo na próxima vez que fosse visitá-los. Que presentão!

A viagem de volta para a faculdade foi tranquila. Ellen estacionou o carro em um lugar seguro e seu plano era dirigir para casa e devolvê-lo dentro de algumas semanas. Enquanto isso, de vez em quando ela dirigia até à mercearia ou até o correio. Logo, ela estava levando suas amigas em viagens curtas aqui e ali apenas como diversão.

Em uma dessas viagens, Ellen percebeu uma luz vermelha piscando no painel. Ela não achou que fosse sério. Afinal, seu pai cuidava muito bem do carro e ele estava em bom estado. Ela simplesmente continuou dirigindo.

Logo ela percebeu que estava saindo fumaça do capô e decidiu que era melhor levar o carro de volta ao campus. Não demorou muito e ela começou a ouvir uns chiados bem altos, e o motor parou de funcionar. Quando o reboque chegou, não demorou muito para que o motorista entendesse qual era o problema: a luz vermelha no painel era um indicador da falta de óleo. Ellen havia deixado de verificar a luz, e agora o motor não tinha mais conserto.

Alguns dias depois, quando seu pai chegou (em outro carro) e ela o encontrou no posto de gasolina para onde o carro quebrado havia sido rebocado, Ellen estava aterrorizada. Ela havia abusado de um privilégio e ignorado um simples aviso. Não havia desculpas para sua negligência, e agora ela havia destruído o carro de seu pai. Ela sabia que o pai estava furioso e que não havia como justificar seu comportamento. Ellen lamentou seu descuido, mas ele simplesmente lhe disse para sentar-se no carro enquanto avaliava os danos.

Depois de saber que o carro estava inutilizado, o pai de Ellen cuidou para que o posto de gasolina se desfizesse dele. Na verdade, ele teve de pagar a eles para que se livrassem do carro! Agora era hora de Ellen enfrentar a sua ira.

Enquanto deixavam o posto de gasolina, o pai de Ellen lhe perguntou: "Onde fica o melhor restaurante da cidade?" Essa era a última coisa que ela esperava ouvir, mas ele a levou até lá. Enquanto eles se sentavam à mesa e olhavam o cardápio, Ellen não conseguia pensar em comida. Felizmente, seu pai pediu algo para os dois: truta grelhada como molho de amêndoas. Eles ficaram sentados em silêncio enquanto esperavam a comida, e cada minuto parecia uma hora.

Quando a truta chegou, o pai de Ellen lhe disse: "Hoje, quero lhe ensinar uma lição que você nunca mais esquecerá". Ela sabia que merecia qualquer coisa que recebesse. Será que ele faria com que ela pagasse pelo carro? Isso levaria uma eternidade. Será que ele gritaria com ela? Talvez ele simplesmente dissesse o quanto estava decepcionado. De certa forma, essa seria a pior punição.

Então ele pegou o garfo e a faca e disse: "Vou ensiná-la a retirar a espinha da truta cozida". Nem uma palavra foi dita sobre o carro naquela noite — e nunca mais.

O pai de Ellen estava zangado com o comportamento dela — quem não estaria? Mas ele também sabia que Ellen havia aprendido a lição sem que ele falasse nada. Ellen hoje tem cerca de sessenta anos, e seu pai morreu há muito tempo. Mas ela conta essa história como se tivesse acontecido na semana passada, e continua impressionada com o perdão de seu pai. A graça dele exerceu um impacto maior sobre ela do que qualquer castigo.

A Palavra de Deus diz que Ele se comporta conosco da mesma maneira que o pai de Ellen se comportou em relação a ela.

> O SENHOR *teu Deus está no meio de ti, Poderoso, Salvador [Aquele que salva]! Ele se alegrará em ti com júbilo; Ele descansará [em silenciosa satisfação] e no Seu amor Ele estará em silêncio e não fará menção [de pecados passados, nem mesmo os recordará]; Ele exultará sobre ti com cânticos.*
>
> Sofonias 3:17

Sem dúvida, há muitos exemplos na Bíblia em que nosso Pai celestial ficou irado, mas isso não significa que Ele é um Deus irado. Ele muitas vezes se ira com o pecado, a desobediência e a rebelião. Mas Ele é lento em irar-se, abundante em misericórdia e sempre pronto a perdoar. Todos os nossos pecados — passados, presentes e futuros — já foram perdoados. Isso ocorreu quando Jesus morreu na cruz. Tudo que precisamos fazer é crer nisso e receber essa verdade todas as vezes que falharmos. Peça e receba para que a sua alegria seja completa (João 16:24). Não cometa o erro de passar a vida acreditando que Deus está zangado com você, quando o perdão do qual você precisa está a sua disposição a todo o tempo. Fale abertamente com Deus sobre seus pecados. Ele já sabe tudo sobre eles, mas trazê-los à luz e não deixar que nada permaneça oculto entre você e Deus é muito libertador. É tremendo perceber que podemos falar livremente com Deus sobre absolutamente qualquer coisa e que Ele entende e não nos julga. Isso não significa que Ele aprova o comportamento pecaminoso, mas Ele entende as fraquezas da nossa carne (Hebreus 4:15-16), e Seu poder nos capacita a vencê-las.

Há muitos casos registrados na Bíblia sobre a ira de Deus se inflamando contra os israelitas por causa da reclamação, da desobediência e da adoração aos ídolos e falsos deuses. Mas o que é impressionante para mim é o quanto Deus era rápido em perdoá-los completamente e em restaurar totalmente todos os Seus benefícios assim que eles se afastavam da maldade e voltavam para Ele.

Isso aconteceu repetidas vezes ao longo do Antigo Testamento. É verdadeiramente impressionante a frequência com que Israel servia a Deus e desfrutava das Suas bênçãos abundantes e depois se afastava em rebelião e desobediência para adorar ídolos e fazer suas próprias vontades. É ainda mais impressionante a rapidez e a liberalidade com a qual Deus os recebia de volta, os perdoava e depois lhes restaurava a antiga prosperidade quando eles se voltavam para Ele com o coração sincero e arrependido. Está muito evidente na história desse povo, que foi escolhido por Deus, que Ele é fiel e sempre está pronto a perdoar e restaurar.

Talvez você pense que Deus está bravo com você. Mas se Deus era rápido em perdoar pessoas que se afastavam inteiramente dele e adoravam ídolos, não há dúvidas de que Ele está mais do que pronto a perdoar a você e a mim pelos nossos pecados.

> *Assim como o oriente está distante do ocidente, assim Ele removeu as nossas transgressões.*
>
> *Assim como um pai ama e tem compaixão de seus filhos, o* Senhor *ama e tem compaixão daqueles que o temem [com reverência, adoração e assombro].*
>
> *Pois Ele conhece a nossa estrutura, Ele se lembra [ardentemente] e tem gravado [no Seu coração] que nós somos pó.*
>
> Salmos 103:12-14

Esses versículos da Bíblia nos recordam que Deus entende nossas fraquezas. Ele sabe que às vezes sucumbiremos às tentações e ao comportamento errado, mas Ele também é um Pai compassivo e amoroso que está pronto a perdoar tudo. O próprio fato de que não conseguimos fazer tudo certo é a razão pela qual Deus enviou Jesus para pagar o preço pela nossa redenção.

Oseias Casa-se com uma Prostituta

A história do profeta Oseias é um retrato extraordinário do amor incrível de Deus e do seu profundo compromisso com os filhos de Israel. Deus ordenou que Oseias se casasse com uma prostituta chamada Gômer e que tivesse filhos com ela. Esse pretendia ser um exemplo vivo para os israelitas da fidelidade de Deus diante da infidelidade deles.

Oseias e Gômer tiveram três filhos cujos nomes foram dados por Deus. Os nomes deles eram proféticos. Em outras palavras, eles pretendiam ser um recado para os filhos de Israel. O primeiro chamou-se Jezreel, que significava o julgamento de Deus sobre o rei governante, Jeroboão. A segunda filha chamou-se Lo-Ruama, que significava "desfavorecida", que transmitia a mensagem de que Deus estava prestes a retirar a Sua misericórdia de Israel. O terceiro filho chamou-se Lo-Ami, que significava "não meu povo". Os nomes desses filhos eram um lembrete profético para Israel de que Deus não estava satisfeito com a infidelidade deles.

Gômer era infiel a Oseias, e sua infidelidade era um símbolo da infidelidade de Israel em seu relacionamento de aliança com Deus. Em vez de responder à bondade de Deus com amor e gratidão, os israelitas usavam as colheitas com as quais Deus os havia abençoado como oferta aos ídolos. Eles foram infiéis a Deus assim como Gômer era infiel a Oseias.

Embora Gômer fosse infiel a Oseias, Deus ordenou que ele a aceitasse de volta novamente e a amasse.

> *Então me disse o* SENHOR: *"Vai novamente, ama [a mesma] mulher [Gômer] que é amada de seu amigo e adúltera, assim como o* SENHOR *ama os filhos de Israel, embora eles se voltem para outros deuses e amem os bolos de passas [usados nas festas dos sacrifícios na adoração aos ídolos]".*
>
> Oseias 3:1

O propósito era mostrar o comprometimento de Deus e Seu amor eterno pelo Seu povo. Embora Deus estivesse irado com os israelitas pelo seu comportamento incrivelmente estúpido, Ele nunca deixou de amá-los. Sua intenção era lidar com eles de uma maneira que, por fim, os atrairia de volta para Ele. Assim vemos que mesmo no nosso pecado, Deus desenvolve maneiras de nos atrair de volta a um relacionamento de amor com Ele. Deus nunca vai desistir de nós!

> *Portanto, volta para o teu Deus! Guarda o amor e a misericórdia, a retidão e a justiça, e espera [com expectativa] pelo teu Deus continuamente!*
>
> Oseias 12:6

Tudo o que Deus exigia para restaurar o relacionamento dos israelitas com Ele era que eles se voltassem para Ele e se arrependessem da sua iniquidade. Deus queria que eles lamentassem o que haviam feito, se desviassem do seu pecado e o buscassem.

Se você serviu a Deus em algum momento e se afastou dele para ter um caso com o mundo, sem dúvida essa história lhe dá esperança de que Deus está aguardando de braços abertos para recebê-lo de volta. Sim, Deus se ira, mas a Sua natureza é perdoar e restaurar.

A Ira de Deus é Diferente da Nossa

Quando nos iramos com as pessoas, geralmente é porque elas fizeram algo de que não gostamos, ou porque não fizeram alguma coisa que achamos que deviam ter feito. Nossa ira sempre se deve ao fato de termos sido feridos. Quando Deus se ira, não é por causa do que estamos fazendo a Ele. É por causa do que estamos fazendo a nós mesmos quando não seguimos os Seus caminhos. Poderíamos até dizer que a ira dele é por nós e não contra nós. O amor de Deus é eterno, e até Sua ira e Seu desagrado têm a intenção de nos afastar do pecado e nos trazer de volta para Ele.

> *Deus se ira, mas a Sua natureza é perdoar e restaurar.*

Embora costumemos resistir às ordens de Deus por acharmos que elas são difíceis de seguir ou por pensarmos que elas nos impedem de fazer o que queremos, estamos errados. Tudo que Deus nos ordena que façamos — ou não façamos — é para o nosso bem. Nossa obediência a Ele fará com que tenhamos a vida que de fato desejamos ter. A Bíblia é um relato de como as pessoas são abençoadas quando seguem a Deus, e de como são infelizes e miseráveis quando não o fazem. Deus disse isso de forma muito simples na Sua Palavra:

> *Se vocês ouvirem diligentemente a voz do Senhor seu Deus, vigiando para cumprir todos os Seus mandamentos que hoje lhes ordeno, o Senhor seu Deus os colocará acima de todas as nações da terra. E todas estas bênçãos virão sobre vocês e os alcançarão.*
>
> — Deuteronômio 28:1-2

Nós não precisamos perseguir bênçãos, porque elas irão nos perseguir se simplesmente fizermos o que Deus nos pede para fazer. A maioria das pessoas fica tão ocupada perseguindo bênçãos e tentando alcançar o que elas pensam que querem da vida que não conseguem obedecer a Deus. Suas ações têm consequências negativas e nunca produzem o resultado que desejam. Se colocarmos Deus em primeiro lugar em nossa vida, Ele acrescentará todas as coisas de que precisamos (ver Mateus 6:33).

> *Entretanto, se vocês não obedecerem ao Senhor, o seu Deus, e não seguirem cuidadosamente todos os Seus mandamentos e decretos que hoje lhes dou, todas estas maldições cairão sobre vocês e os atingirão.*
>
> — Deuteronômio 28:15

Nos versículos citados, vemos a lei da semeadura e da colheita em ação. Siga Deus e colha coisas boas; rebele-se contra Deus e colha coisas ruins. A boa e extraordinária notícia, porém, é que mesmo que tenha plantado sementes más (desobediência), você não precisa ter medo, porque tudo que precisa fazer é começar a plantar boas sementes (obediência) e você verá a bondade de Deus em sua vida.

Conheço um jovem que tem dezoito anos e foi criado em um bom lar cristão, mas optou por seguir o próprio caminho e fazer todas as coisas erradas que podia. É quase como se ele tivesse uma inclinação para a autodestruição, mas não se desse conta disso. Seus pais não estão bravos com ele; estão tristes por ele. Eles estão irados com o mal que o persuadiu a seguir na direção errada, mas estão orando e esperando que ele volte para Deus e para eles. Com algumas palavras sinceras de arrependimento dele, eles o receberão de volta sem reprovação ou condenação. Se um pai e uma mãe podem fazer isso, quanto mais o nosso Deus perfeito!

Você não precisa viver com medo de que Deus esteja bravo com você! Desvie o olhar do seu comportamento pecaminoso e olhe para Deus.

Um Problema Maior que o Pecado?

Creio que a Bíblia prova que a nossa incredulidade é um problema muito maior que os nossos pecados. Aqueles que se arrependem e acreditam no perdão sempre podem ser perdoados, mas quando a incredulidade existe, as mãos de Deus ficam atadas e Ele não pode nos ajudar.

A Palavra de Deus ensina que nos será feito conforme a nossa fé. Em outras palavras, quando acho que Deus está zangado comigo por causa das minhas imperfeições, por mais que Ele me ame e queira me perdoar e restaurar, não receberei o perdão porque não creio nele.

Nossa incredulidade é uma tragédia em se tratando do bom plano de Deus para nossas vidas. Ele anseia que acreditemos nele, que nos aproximemos dele com a fé simples de uma criança, e que confiemos no que Ele nos diz na Sua Palavra.

Deus chamou Moisés para trazer libertação ao Seu povo. Na verdade, isso era algo pelo qual Moisés ansiava, mas quando Deus finalmente disse haver chegado a hora de Moisés agir, ele se recusou a crer que podia fazer o que Deus estava lhe pedindo. Moisés deu uma desculpa após a outra até que finalmente a Bíblia relata que a ira de Deus "se acendeu contra Moisés" (Êxodo 4:14).

Resumindo, Deus ficou irado porque Moisés não queria acreditar! Por fim, Ele obedeceu a Deus, e é claro que Deus foi fiel.

Aprendemos com o apóstolo Paulo, no livro de Hebreus, que os israelitas não tiveram permissão para entrar no descanso de Deus enquanto viajavam pelo deserto devido à dureza do coração deles e à recusa em acreditar nas promessas de Deus. A incredulidade nos torna infelizes e rouba todas as bênçãos que Deus deseja nos dar. Ela também deixa Deus irado. Ele deseja tanto que sejamos abençoados de todas as maneiras que quando fazemos coisas que o impedem de nos abençoar, isso o deixa irado. É uma ira santa, e não uma ira egoísta como a que sentimos na nossa humanidade. É importante nos lembrarmos de que a ira de Deus é dirigida ao nosso comportamento pecaminoso, e não a nós. Posso odiar algo que um de meus filhos faz, mas sempre amo meu filho.

Se você se sente culpado agora e teme que Deus esteja bravo com você, então está se sentindo infeliz. Mas sua infelicidade pode ser imediatamente transformada em paz e alegria simplesmente acreditando na Palavra de Deus. Creia que Deus o ama e que Ele está pronto para demonstrar misericórdia e perdoá-lo completamente. Creia que Deus tem um bom plano para sua vida. Creia que Deus não está bravo com você!

Pecadores nas Mãos de Um Deus Irado

Jonathan Edwards, um dos maiores pregadores que o mundo já conheceu, pregou um sermão intitulado *Pecadores Nas Mãos de um Deus Irado*. Esse é considerado por muitos o sermão mais famoso que já foi pregado. A reação daqueles que ouviram a mensagem foi no mínimo inacreditável. Eles clamavam durante a pregação de Edwards, perguntando como poderiam ser poupados, e caminhavam em direção ao altar em busca de salvação. Foi uma mensagem assustadora sobre a ira de Deus em relação ao pecado e os perigos de ser enviado ao inferno.

O que estou prestes a dizer sobre a mensagem de Edwards não tem a intenção de ser uma crítica, porque é evidente que Deus a usou de forma poderosa. Mas me pergunto por que as pessoas reagem mais prontamente à ira de Deus que ao Seu amor e a Sua misericórdia. Para ser sincera, isso me deixa triste. Eu preferiria que meus filhos respondessem ao meu amor, e não a uma ameaça de punição caso eles não me obedeçam, e estou certa de que você também sente o mesmo com relação aos seus filhos. Sem dúvida, Ele não quer ter de nos assustar para sermos obedientes, fazendo ameaças sobre como podemos acabar no inferno. Isso pode funcionar na vida de algumas pessoas, e suponho que seja melhor do que nada, mas não posso acreditar que esse seja o método preferido de Deus para lidar conosco.

Também me pergunto se as pessoas que precisam ser amedrontadas com a ideia de uma punição eterna para se arrependerem continuam a caminhar com Deus, ou se algumas voltam aos seus velhos caminhos. Duvido que um bom relacionamento possa ser construído com base no medo.

O amor é mais forte que o medo, e se respondermos ao amor de Deus, ele expulsará todos os nossos temores. Podemos responder obedientemente a Deus porque sabemos que Ele nos ama, e não porque temos medo da punição.

> *No amor não existe medo [o pavor não existe], mas o amor (completo, perfeito) expulsa o medo e cada traço de terror! Pois o medo traz com ele a ideia de punição, e [assim] aquele que teme não atingiu a plena maturidade de amor [ainda não cresceu até à perfeição completa do amor].*
>
> — 1 João 4:18

Desperdicei muitos anos vivendo com um temor de que Deus estivesse zangado comigo, e somente quando recebi Seu amor pela fé é que fui liberta desse fardo. Eu acreditava que Deus me amava de uma maneira genérica e impessoal, mas eu não conhecia o amor impetuoso, ardente e consumidor que Deus tem por Seus filhos. Felizmente, ao longo dos anos, passei a conhecer esse amor apaixonado e incrível, e ele verdadeiramente me libertou. Agora sei que Deus não está zangado comigo; Ele não está sequer aborrecido comigo! E não é porque sou maravilhosa; é simplesmente porque Ele é apaixonado por mim. Não tenho mais medo de encará-lo assim como sou.

Deus quer fazer o mesmo por você, e você não precisa temer Sua ira nem mais um instante. Deus o ama de maneira perfeita e incondicional *neste exato momento!* Creia nisso, receba-o e deixe que essa certeza o liberte de todo medo.

Creio que é um insulto a Deus quando acreditamos que Ele está bravo e cheio de ira, apenas esperando para nos punir por cada uma de nossas falhas. Se passarmos o tempo acreditando que Deus está zangado conosco, estaremos focando no que fizemos de errado, em vez de focarmos no fato de que Deus fez certo ao enviar Seu Filho para pagar pelos nossos pecados. Sem dúvida, todos nós pecamos, e Deus não gosta disso, mas creio que é mais fácil conviver com Ele do que pensamos. Ele é bom, gentil, misericordioso e lento em se irar; perdoador, fiel e justo. Ele deve ser amado, adorado, louvado e venerado. E, sim, Deus deve ser temido, mas é um temor e um respeito reverente que Ele quer que tenhamos, e não um medo doentio, debilitante e atormentador que destrói a intimidade e o relacionamento com Ele. Ele quer que o temamos, mas não que tenhamos medo dele; há uma enorme diferença entre os dois.

Talvez você precise ter uma visão inteiramente nova de Deus. Uma visão bíblica, e não uma visão mundana, como muitos têm hoje. Posso lhe garantir que independentemente do que você tenha feito ou do que possa estar fazendo de errado e pecaminoso agora, Deus o ama, e embora Ele possa estar bravo com suas escolhas, Ele nunca deixou e nunca deixará de amar você!

Se você receber o amor de Deus em meio às suas imperfeições, ele o capacitará e o ajudará a mudar seus caminhos. O medo não nos ajuda a mudar de verdade. Ele pode nos levar a controlar nosso comportamento por algum tempo, mas se não formos transformados interiormente, nunca mudaremos permanentemente. Sempre voltaremos a cometer o mesmo pecado nos momentos de estresse e fraqueza. Mas se recebermos o amor de Deus mesmo enquanto ainda somos pecadores, nossa gratidão pela Sua grande misericórdia fará com que queiramos agradá-lo em vez de termos medo dele.

CAPÍTULO 2

A Mentalidade Voltada para o Desempenho

Nossos melhores desempenhos estão tão contaminados pelo pecado que é difícil saber se são boas ou más obras.

Charles Spurgeon

O medo de que Deus esteja bravo conosco está enraizado no medo de que não tenhamos tido o desempenho esperado. Não tiramos nota dez no nosso teste espiritual, não alcançamos nosso objetivo, perdemos a paciência e agora estamos decepcionados com nós mesmos e certos de que Deus está decepcionado também.

A verdade é que Deus já sabia que não teríamos o desempenho esperado quando Ele escolheu nos amar. Deus nunca se surpreende com nossos fracassos! Enquanto estivermos presos ao que chamo de ciclo de "desempenho/aceitação", inevitavelmente sofreremos por nos decepcionarmos com nós mesmos e por termos um medo nada saudável de que Deus esteja provavelmente irado. Mas Deus não pede para termos um bom desempenho; Ele nos pede para acreditar.

Nosso primeiro objetivo é desenvolver um relacionamento com Deus com base no Seu amor por nós e no nosso amor por Ele. Quando nosso relacionamento com Deus é um fundamento sólido em nossas vidas, podemos buscar realizar boas obras guiadas pelo Espírito, mas elas terão como base o desejo, e não o medo. Seremos livres para fazer o melhor que pudermos, e não ficaremos estressados por causa de nossas imperfeições. Não devemos nos levantar da cama todos os dias buscando nos portar da maneira correta aos olhos de Deus e das pessoas para recebermos aprovação, aplauso ou aceitação. Devemos ter o objetivo de amar a Deus e às pessoas, e de fazer o melhor que pudermos sem qualquer motivo exceto o fato de que amamos a Deus e queremos sinceramente fazer a coisa certa.

É hora de se libertar da armadilha de fazer o que é certo para ser recompensado e aprender a fazer o que é certo porque é certo. Deus realmente nos recompensa, mas nosso motivo para servi-lo deve ser o amor e somente o amor. E não podemos responder a Deus em amor até que estejamos totalmente convencidos de que Ele nos ama incondicionalmente.

Nós o amamos porque Ele nos amou primeiro.

— 1 João 4:19

Deus não é como um treinador de futebol que fica decepcionado conosco quando perdemos o último pênalti e fazemos o time perder o jogo. Deus sabia que iríamos errar antes de nos deixar entrar no jogo. A Bíblia nos mostra que Deus conhece nossas falhas e nos ama mesmo assim. A beleza da graça é que "enquanto ainda éramos pecadores, Cristo morreu por nós" (Romanos 5:8).

Deus já nos aceitou; portanto, não temos de tentar ter um bom desempenho a fim de ganharmos Sua aceitação. Somos aceitos no Amado (Jesus) (ver Efésios 2:4-6; Romanos 5:19). Deus nos vê como aceitáveis através de Jesus Cristo. Quando Deus olha para alguém que aceitou Jesus como Salvador e Senhor, Ele vê a perfeição de Jesus, e não a imperfeição do indivíduo. Considerando que recebemos Jesus como nosso Salvador, a única coisa que importa é quem somos em Cristo — não o histórico do nosso desempenho. Em nós mesmos, não somos nada e não podemos fazer nada perfeitamente certo. Mas em virtude de estarmos em Cristo, pela fé podemos fazer qualquer coisa que Deus queira que façamos, e podemos fazer isso de forma que o satisfaça. Deus não exige a nossa perfeição... Ele exige a nossa fé.

Abandone o Ciclo

A sua mentalidade é: "Dívidas e pecados, cada um paga pelos seus"? Tive essa mentalidade por muitos anos. Todos os dias quando acordava, sentia que tinha de pagar por todos os meus pecados e erros do dia anterior, então eu formulava um plano de como seria boa, esperando reencontrar o caminho para o prazer e o favor de Deus por meio do esforço. Durante esse período, eu frequentava regularmente uma igreja que ensinava claramente que a salvação é pela graça e não pelas obras. Eu dizia acreditar nisso, mas não o aplicava à minha vida.

Embora fizesse algumas coisas certas todos os dias, eu também fazia muitas coisas erradas que ofuscavam o pouquinho que fazia certo, de modo que eu nunca avançava. No dia seguinte, eu ainda estava em dívida pelo dia anterior e o ciclo recomeçava mais uma vez. No fim de cada dia, eu estava espiritual, mental, física e emocionalmente esgotada por tentar agradar a Deus. E isso me deixava mal-humorada e fazia de mim alguém com quem não era agradável conviver.

Eu ainda não tinha a revelação do que Jesus disse no livro de Mateus:

> *Venham a Mim, todos vocês que trabalham e estão cansados e sobrecarregados e Eu lhes darei descanso. [Eu aliviarei, renovarei e restaurarei as suas almas].*
>
> — Mateus 11:28

Minha tradução para esse versículo da Bíblia seria algo assim: "Quebrem o ciclo interminável de 'desempenho/aceitação' e apenas venham a Mim. Confiem no Meu amor por vocês e tenham certeza de que vocês não são aceitos por causa do que podem fazer, mas por causa do que Eu fiz por vocês. Deem um suspiro de alívio e não fiquem estressados com suas falhas".

Quantas Coisas Estão Erradas Com Você?

Se você fizesse uma lista de tudo que há de errado com você, de que tamanho ela seria? Posso lhe garantir que ainda que você escrevesse tudo que conseguisse lembrar, e até se pedisse à sua família e aos seus amigos para que incluíssem algumas coisas, você ainda deixaria passar muitas outras. Deus conhece todas elas, e o desejo dele é que paremos de enumerá-las. Se pegássemos uma tesoura e cortássemos a linha de transmissão de energia que vai até a nossa casa uma vez, ficaríamos sem energia. Se a cortássemos dez vezes, ficaríamos sem energia. Quer pequemos frequentemente ou raramente, ainda cortamos a linha de força que nos une a Deus, e todos nós precisamos que Jesus a restaure. Mesmo que você pense ser melhor do que outra pessoa do seu convívio, isso não importa, porque Deus não está levando isso em conta. De acordo com a Palavra de Deus, se dependermos da Lei para nos justificar e formos culpados mesmo que seja de uma única coisa, então seremos culpados de tudo. Felizmente, Deus nos oferece uma oportunidade de vivermos sob a graça, e não sob a Lei.

> *Pois aquele que guarda a Lei na sua totalidade, mas tropeça e ofende em uma [única coisa] se tornou culpado por [quebrar] toda ela.*
>
> — Tiago 2:10

Conheci uma mulher que fez uma lista de tudo o que ela gostaria de realizar diariamente. Ela sentia prazer em riscar de sua lista as coisas que já havia feito porque isso lhe dava uma sensação de sucesso. Entretanto, quando tinha coisas que ainda estavam por fazer, ela se sentia fracassada e, assim, costumava ficar irada consigo mesma. Ela estava sempre contando as coisas. As peças de roupa a serem passadas, as tarefas que restavam para ser feitas, o tempo que ela levava para fazer as coisas, etc. Lembro-me de que eu contava a quantidade de tempo que orava e que mantinha um registro preciso sobre quantas passagens da Bíblia eu lia todos os dias, como se isso fizesse de mim mais ou menos justa diante de Deus. Fui liberta de estar sempre contando, a mulher de quem estou falando também foi, e oro para que você também seja liberto de contabilizar o que fez de certo ou de errado. A graça de Deus nos liberta disso! O amor não se ressente do mal, ele não conta o mal que lhe foi feito nem mantém um registro do erro (ver 1 Coríntios 13:5). A matemática de Deus é simples! Quando há um débito (um pecado) na nossa conta, Ele coloca crédito (perdão em misericórdia) nela. Em Cristo, o saldo devedor de nossa conta em relação a Deus é sempre zero! Ele sempre diz: "TOTALMENTE PAGO".

A Lei exige que contemos e mantenhamos registros precisos dos nossos pecados, e que os paguemos com sacrifícios. Aqueles que vivem sob a Lei nunca deixam de se sentir culpados. O pecado deles pode ser coberto pelo seu sacrifício de boas obras, perda da alegria ou culpa, mas ele nunca é completamente removido. Ele está sempre espreitando nas sombras, acusando-os. Se, entretanto, vivemos sob a graça (o favor imerecido de Deus), temos a certeza de que embora sejamos culpados de muitas coisas, somos livremente e completamente perdoados, e estamos justificados diante de Deus. Deus não está bravo conosco!

Pedro disse que Jesus morreu — o inocente pelos culpados — para que Ele pudesse nos levar a Deus (ver 1 Pedro 3:18). Você está pronto para parar de contar e simplesmente ir a Deus? Quando você cometer erros não fuja de Deus nem se esconda com medo, pensando que Ele está bravo, mas, em vez disso, corra para Ele, para que o Senhor conserte o que está errado. Quando um bebê está aprendendo a andar e cai, ele corre para a mamãe e o papai em busca de consolo, e é consolado e encorajado a tentar de novo. Recentemente, passei muito tempo com meus dois netos menores. Observando-os ao longo do dia, percebi que quando eles têm problemas ou se machucam, imediatamente correm para a mamãe ou o papai. Percebi que eles nunca fogem de seus pais; eles correm para eles ou ficam sentados no chão com os braços levantados, pedindo colo. Jesus morreu para que você e eu possamos correr para Deus todas as vezes que cairmos. Sem dúvida um presente tão caro não deve ser desperdiçado.

Em raras ocasiões quando minha cadela acidentalmente faz suas necessidades no chão (o que geralmente acontece durante uma tempestade), ela abaixa a cabeça e se encolhe até me ouvir dizer com voz amorosa: "Venha cá". Posso garantir que quando ela ouve essas palavras, ela não sente mais nenhum vestígio de culpa. Ela volta a brincar como se não tivesse feito nada de errado. Ela brinca e eu limpo a sujeira! É possível que Deus esteja nos oferecendo a mesma graça? Sim!

Para impedir que ela faça isso de novo, borrifo o local com um produto específico. Temos algo muito mais poderoso do que isso para remover nossas manchas — temos o sangue de Jesus Cristo no qual somos lavados e totalmente purificados (Hebreus 10:14, 17-19).

Jesus nos purificou completamente. Ele perdoou e cancelou nossos pecados e não existe mais nenhuma oferta que possa ser feita. Não temos de trabalhar para pagar porque não devemos mais nada. Nossa dívida foi liquidada pelo sangue, pelo sofrimento e pelo sacrifício de Jesus!

O que Você Está Oferecendo a Deus como Pagamento?

Se você está preso ao ciclo de "desempenho/aceitação", o que tem oferecido a Deus como pagamento pelos seus pecados? Você está sacrificando seu prazer na vida? Acredita que não é merecedor e se sente culpado quando relaxa e tenta se divertir? Você carrega um fardo de culpa, condenação e vergonha por onde quer que vá? Trabalha em excesso, sentindo que é mais aceitável quando faz isso? Esses eram meus métodos preferidos de autopunição e pensei que você poderia se identificar com algum deles. Quando pergunto, constato que um grande percentual de pessoas às quais ministro admite que se sente culpada quando tenta relaxar. Se você também sente isso, *não é Deus* quem está fazendo você se sentir assim! Ele ordenou que descansássemos como parte do Seu ritmo divino de vida. Trabalho, descanso, adoração e diversão são vitais para a saúde. Se deixarmos qualquer um desses aspectos de fora, não seremos indivíduos saudáveis, sempre nos sentiremos privados de algo e teremos a sensação de estar perdendo alguma coisa.

Não podemos fazer o suficiente para compensar nossos erros. Não podemos retribuir a Deus nem Ele quer que tentemos fazer isso.

> *Nenhum deles pode de modo algum redimir [seja a si mesmo ou] ao seu irmão, nem dar a Deus resgate por ele: pois o resgate por uma vida é preciosíssimo, e [o preço que alguém pode pagar] jamais será suficiente.*
>
> — Salmos 49:7-8

Em alguns pontos do trajeto, o Grand Canyon tem 14.500 quilômetros de extensão. Eu conseguiria talvez saltar uns noventa centímetros. Dave conseguiria saltar de três a quatro metros e alguém com mais capacidade poderia saltar de sete a oito metros — mas todos nós estamos muito longe de conseguir saltar 14.500 quilômetros e estaríamos mortos sem alguém para nos salvar.

Graças a Deus porque fomos salvos e não temos mais de nos esforçar para dar um salto impossível.

Judah Smith conta uma história maravilhosa sobre seu jovem filho, provando um ponto crucial.

> *Meu filho de quatro anos, Zion, joga futebol. Na verdade, dizer isso é um exagero. Ele apenas corre pelo campo com um monte de outras crianças de quatro anos, e de vez em quando alguém por acaso esbarra na bola.*
>
> *Certo dia, eu estava no treino — não era um jogo, apenas um treino — e a bola saltou e foi em direção ao gol do adversário. Então vi Zion irromper da multidão, correndo atrás da bola, e algo me veio à mente.*
>
> *Bem, escolinhas de futebol para crianças de quatro anos são basicamente um substituto barato para a creche, por isso eu era o único pai na plateia. Mas quando Zion teve a chance de marcar um gol, parecia que aquela era a Copa do Mundo do Jardim da Infância.*
>
> *Corri pela lateral do campo, gritando: "Chute a bola, Zion, chute a bola!". O técnico provavelmente pensou que eu precisava de terapia, mas não me importei. Aquele era meu filho, e ele era fantástico.*
>
> *Então, um milagre aconteceu: ele chutou a bola, e ela foi direto do pé dele para dentro do gol. No instante seguinte eu estava levantando-o e colocando-o sobre meus ombros, desfilando com ele pelo campo e proclamando o quanto ele era incrível.*
>
> *E eu estava sendo sincero.*

Nesse exemplo, Zion teve um bom desempenho e seu pai ficou tremendamente orgulhoso. Mas conheço o caráter de Judah Smith, por isso sei que ele amará e aceitará seu filho do mesmo modo se ele falhar no treino ou na competição seguinte. Como bons pais, não temos altos e baixos em nosso compromisso de amar nossos filhos.

Alguns de nós somos muito emotivos — temos muitos altos e baixos. *Fiz algo bom hoje e Deus está satisfeito. Pequei e agora Deus está bravo comigo.* Você já ouviu falar da presciência de Deus? Ele sabe — e sempre soube — acerca dos nossos erros futuros. Se Ele nos ama agora, sabendo o que faremos de errado amanhã, por que estamos duvidando? Abrace a graça e siga em frente!

É uma ótima notícia o fato de que não temos de nos desgastar diariamente tentando nos comportar de maneira perfeita para que Deus possa nos amar. Ele vai nos amar de qualquer maneira, portanto vamos simplesmente fazer o melhor que pudermos com um coração cheio de amor a Deus e confiar na Sua misericórdia pelas nossas falhas.

CAPÍTULO 3

Perfeccionismo e Aprovação

Ninguém é perfeito... É por isso que os lápis têm borrachas.

Autor Desconhecido

Quando Charlie era criança, todo outono seu pai lhe dava a tarefa de varrer as folhas. Era um trabalho difícil para um garotinho, que levava horas para ser concluído, mas era uma tarefa que ele realizava sem reclamar. Quando concluía a tarefa, ele dizia: "Papai, você vai amar, o jardim está incrível!".

E a cada outono, seu pai tinha a mesma resposta depois que inspecionava o jardim: "Está bom, filho, mas você deixou algumas folhas ali... e mais outras aqui... e há mais algumas junto ao portão". O pai de Charlie era um perfeccionista e Charlie nunca sentia estar à altura das expectativas dele.

O perfeccionismo é o sintoma frio e árido de uma mentalidade legalista. Jesus repreendeu os fariseus quando disse: "Eles amarram fardos pesados, difíceis de suportar, e colocam-nos sobre os ombros dos homens, mas eles mesmos não erguem um dedo para ajudá-los a carregá-los" (Mateus 23:4).

Os fariseus eram ótimos em fazer os outros se sentirem como se não fossem bons o suficiente. Isso é o oposto da graça, e talvez seja por isso que Jesus se opôs de forma tão veemente ao comportamento dos fariseus. Satanás é o acusador dos irmãos, e ele tem prazer em tentar fazer com que sintamos que não estamos à altura das expectativas de Deus.

Além de não esperar que sejamos perfeitos, Deus também enviou Jesus para nos salvar e o Espírito Santo para nos ajudar na nossa vida diária — justamente *porque* não somos e nunca seremos perfeitos. Se pudéssemos fazer isso por nós mesmos, não precisaríamos de ajuda. Jesus não veio para nos tornar pessoas perfeitas, mas Ele veio para perdoar nossas imperfeições e para apagá-las aos olhos de Deus. Realmente somos perfeitos através de Jesus, mas nunca poderemos ser perfeitos com base em nosso próprio desempenho.

Jesus disse: "Sejam perfeitos, assim como o Seu Pai no céu é perfeito" (Mateus 5:48), mas um estudo do idioma original revela que Ele quis dizer que devemos crescer até a maturidade completa de santidade de mente e caráter. A ideia de crescer não me assusta nem oprime porque o crescimento é um processo que persiste ao longo de toda a nossa vida. Amo aprender, mudar e crescer. Entretanto, pensar que foi ordenado que eu fosse "perfeita agora mesmo", me assustou, e isso me oprimiu porque eu sabia que não era perfeita e não sabia como poderia vir a ser perfeita um dia. Agora sei que ainda estarei crescendo quando Jesus voltar para me levar para o céu. Deus não está decepcionado por ainda não demonstrarmos ter um comportamento perfeito; Ele tem prazer em nos ver crescendo rumo à maturidade.

> *Esforçar-se para a excelência motiva você; esforçar-se para a perfeição é desmoralizante.*
>
> Harriet Braiker

Fomos chamados para ser excelentes, mas Deus permite que haja falhas até nos seus santos mais seletos para que eles sempre precisem dele. Gosto de dizer que excelência não é perfeição, mas é trabalhar com o que você tem e fazer o melhor que pode, enquanto confia em Jesus para preencher as lacunas.

Um Coração Perfeito

Embora eu não acredite que possamos nos portar de maneira perfeita, creio que podemos ter um coração perfeito com relação a Deus. Isso significa que nós o amamos de todo o coração, e queremos agradá-lo e fazer o que é certo. Quando recebemos Jesus como o sacrifício perfeito por nossos pecados, Ele nos dá um novo coração e coloca Seu Espírito em nós. O coração que Ele nos dá é um coração perfeito. Gosto de dizer que Ele nos dá um novo "querer". Ele nos dá o desejo de agradá-lo.

> *E dar-lhes-ei um coração [um novo coração] e colocarei um novo espírito dentro deles; e retirarei o coração de pedra [endurecido de forma não natural] da sua carne, e dar-lhes-ei um coração de carne [sensível e responsivo ao toque do seu Deus].*
>
> — Ezequiel 11:19

Você ama a Deus? Creio que sim, ou não estaria lendo este livro. Se você não tem um relacionamento íntimo de amor com o Senhor, provavelmente está buscando tê-lo, e Ele também está satisfeito com o seu desejo de conhecê-lo. Há muito na vida que não sei, e há muito sobre Deus que ainda não entendo completamente, mas sei que o amo tanto quanto posso amá-lo a esta altura da minha jornada espiritual com Ele. Espero amá-lo mais à medida que crescer nele, mas, por ora, confio que o meu amor por Ele é aquilo em que Ele tem prazer. Você provavelmente tem o mesmo tipo de amor a Deus, mas talvez não tenha chegado à conclusão de que esse amor é a coisa mais importante para Ele. Deus quer que o amemos por causa de quem Ele é, e não apenas pelo que faz por nós.

Você talvez ainda esteja pensando que precisa se comportar de maneira perfeita para ter a aceitação de Deus. Se você acredita nisso, saiba que é mentira! O diabo mentiu para você, as pessoas o enganaram, você está confuso e a verdade é que Deus não espera que nos comportemos de maneira perfeita.

Pense nos seus filhos ou em outros relacionamentos íntimos que você tem. Você acha realmente que alguém com quem você se relaciona algum dia será perfeito? É claro que não! Sei de antemão que haverá momentos nos quais Dave ou meus filhos me decepcionarão ou não agirão da maneira correta comigo, mas estou comprometida com eles por toda a vida, por isso já decidi perdoá-los. Posso ter de passar pelo processo de perdoar a cada vez que eles me magoarem, mas, por fim, os perdoarei e seguiremos em frente com o nosso relacionamento.

Deus tem esse mesmo tipo de comprometimento com Seus filhos, a diferença é que Ele é perfeito como Pai de uma maneira que nunca conseguiremos ser. Deus já sabe que você e eu não manifestaremos a perfeição e Ele já decidiu nos perdoar. *Uau*! Isso diminui a pressão, não é mesmo? Quando Jesus morreu pelos nossos pecados, pagando o resgate para nos redimir, Ele morreu não apenas pelos pecados que cometemos no passado, mas por cada coisa errada que talvez façamos enquanto vivermos. Todos os nossos pecados já estão perdoados, passados, presentes e futuros, e tudo que precisamos fazer é admiti-los e receber o perdão de Deus com gratidão. Estamos seguros em Seus braços e completamente cobertos por Sua graça. Tudo que Ele de fato quer é que o amemos e que por causa desse amor façamos o melhor que pudermos para servi-lo e obedecer a Ele. Estou convencida de que se eu fizer meu melhor a cada dia, embora meu melhor ainda seja imperfeito, Deus olhará meu coração e me verá como sendo perfeita por causa da Sua graça (favor e bênção imerecidos).

Em 1 Reis 11:4, lemos que Davi tinha um coração perfeito. Agora, se você conhece a história Davi, sabe que ele não era perfeito em seu comportamento. Ele cometeu assassinato e adultério, mas Deus diz que ele tinha um coração perfeito. Tente fazer isso entrar na sua cabeça religiosa! Como Deus pode dizer que o coração de Davi era perfeito? Ele pode dizer isso porque Davi se arrependeu completamente do seu pecado, e embora tenha pecado grandemente, ele nunca deixou de amar a Deus. Davi demonstrou fraqueza por causa das tentações da carne e, sim, ele foi culpado e teve um comportamento muito errado. O que ele fez não apenas feriu a Deus, mas a muitas outras pessoas também. Davi era um homem imperfeito com um coração perfeito.

É dito acerca de Amazias, rei de Judá: "Ele fez o que era certo aos olhos do Senhor, mas não com um coração perfeito ou irrepreensível" (2 Crônicas 25:2). Há pessoas que fazem o que é certo, mas o coração delas está longe de Deus. Os fariseus se comportavam de maneira estreita às regras, mas por causa do orgulho, o coração deles estava cheio de crítica e julgamento. Creio que Deus tem mais prazer em alguém que tem um coração perfeito e comete erros do que em alguém que segue a Lei ao pé da letra, mas cujo coração não é reto.

Se quiser ser liberto da tirania do perfeccionismo, você terá de entender a diferença entre um coração perfeito e um desempenho perfeito. A história a seguir, extraída do website da Igreja Metodista Unida de Sicklerville, mostra como um dom imperfeito pode ser totalmente perfeito aos olhos de um pai.

> *Imagine uma tarde ensolarada, úmida e muito quente de sábado. Você está cortando a grama. Você já completou a maior parte da tarefa e está muito suado. Seu filho de cinco anos está brincando no quintal. Quando você se vira para passar o cortador de grama mais uma vez, você o vê na sua frente com um copo cheio de água e gelo. Quando seus olhos se encontram, ele ergue o copo na sua direção oferecendo-lhe a bebida gelada. Você desliga o cortador de grama e estende a mão para pegar o copo. Ao segurá-lo, você percebe que há terra do quintal misturada com o gelo, pedaços de grama flutuando no copo e gotas de água suja estão escorrendo pelas laterais. Este é um retrato da perfeição cristã e do que Jesus quis dizer quando afirmou: "Sejam perfeitos assim como Meu Pai é perfeito". Aquela água era absolutamente perfeita? É claro que não; havia grama, terra e sujeira flutuando nela. O que tornava o copo de água gelada perfeito? Era o coração puro, genuíno, sincero e amoroso de um garotinho querendo fazer algo gentil e amoroso por seu pai.*

A Tirania do "Você Deve" e do "Você Precisa"

Realizamos uma pesquisa em nosso escritório, a qual questionava nossos funcionários sobre uma de suas maiores preocupações na caminhada com Deus. A resposta número um foi: "Como saber que estou fazendo o suficiente?".

O perfeccionismo é alimentado pela tirania do *você deve* e do *você precisa*. É aquele sentimento constante e perturbador de nunca fazer o suficiente e de nunca ser bom o bastante. Deveríamos estar fazendo isso e aquilo, ou pelo menos mais disso, e deveríamos ser melhores do que somos. Deveríamos orar melhor, ler mais a Bíblia e ser mais gentis e mais pacientes. Deveríamos ser menos egoístas, mais amorosos e assim por diante. Nossa lista de insatisfações em relação a nós mesmos nunca se esgota. Esse sentimento nos assombra em todas as áreas da vida, mas principalmente na nossa vida espiritual. Queremos instintivamente ser agradáveis a Deus, e temos um medo profundo de não o sermos. Acreditamos que Deus está zangado conosco!

Cresci em um lar com um pai que estava sempre irado e que era impossível de ser agradado. Eu passava cada momento em que estava acordada tentando agradá-lo, mas independentemente do que fizesse, eu vivia sendo consumida pelo sentimento de que ele provavelmente continuava bravo comigo.

O perfeccionista geralmente tem baixa autoestima e acredita que um desempenho mais próximo da perfeição lhe permitirá se sentir melhor consigo mesmo. Se nunca nos sentimos bem o bastante com nós mesmos, então é fácil acreditar que Deus não está satisfeito conosco também. Devemos aprender a nos amar, e a não sermos nossos próprios inimigos, rejeitando a nós mesmos, ou o que é pior, odiando a nós mesmos. Aprender a se amar é a essência para receber o amor de Deus. É o unguento que traz cura à sua alma ferida. Até que recebamos o amor de Deus e aprendamos a amar a nós mesmos por causa dele, permaneceremos enfermos em nossas almas e viveremos vidas disfuncionais.

Lembro-me bem de como eu me esforçava para ser forte e boa a todo o tempo e sentia continuamente que não estava à altura das expectativas de Deus. Posso dizer verdadeiramente que passei por anos de agonia antes de finalmente ouvir Deus sussurrar em meu coração: "Joyce, não há problema em você ter fraquezas". Estou certa de que Ele havia tentado me ensinar isso anteriormente, mas eu era incapaz de ouvir devido à minha maneira de pensar equivocada. Deus não estava me dizendo para tentar ser fraca, mas Ele estava me dizendo que entendia minha fraqueza e que não estava bravo comigo por causa disso.

Quando Deus me disse que não havia problema em eu ter algumas fraquezas, isso me pareceu bom demais para ser verdade. Comecei imediatamente um estudo bíblico acerca da palavra "fraqueza", e descobri que Jesus realmente entende as nossas fraquezas (Hebreus 4:15). Ele as entende porque assumiu a carne humana para se identificar conosco e foi tentado em todos os aspectos assim como nós; embora nunca tenha pecado, Jesus não fica chocado quando falhamos. Certamente não estou dizendo que não devemos trabalhar com o Espírito Santo para superar nossas fraquezas, mas isso é um processo, e quando superamos algumas delas, existem outras que ainda permanecem. Devemos aprender a ficar felizes com nosso progresso, em vez de nos sentirmos culpados com o quanto ainda temos de caminhar.

Se focarmos nas nossas fraquezas, nos sentiremos continuamente desanimados, mas se focarmos no nosso progresso, isso aumentará nossa alegria.

Durante meu estudo acerca da palavra "fraqueza", também aprendi que Deus nos encoraja a sermos longânimes com os fracos. Aprendemos que devemos suportar as fraquezas dos fracos, tolerar e carregar as falhas morais irritantes uns dos outros (Gálatas 6:1-2). Sem dúvida, se Deus espera que façamos isso uns pelos outros, Ele está preparado para fazer o mesmo por nós. Deus jamais nos pediria para fazer alguma coisa que Ele mesmo não estivesse disposto a fazer.

Há uma história maravilhosa contada por Dan Clark chamada *Filhotes à Venda*, que nos dá uma bela imagem do amor terreno que espelha o amor de Deus por nós:

> *Um garotinho viu um cartaz em uma loja que dizia: "Filhotes à Venda". Ele sempre quis um filhotinho, então entrou na loja e pediu para ver os filhotes. Logo uma linda Golden Retriever saiu dos fundos e cinco filhotes a seguiram. Um deles estava mais para trás devido ao que parecia ser uma perna defeituosa. O menino perguntou quanto custavam os filhotes e a resposta foi: "trinta dólares". Ele só tinha dois dólares e setenta centavos, então perguntou se podia pagar essa quantia no momento e depois pagar cinquenta centavos por semana até conseguir quitar o valor total pelo filhote. Enquanto o proprietário estava pensando na proposta do menino, ele o ouviu dizer: "Quero aquele que tem dificuldade para andar". O proprietário disse:*

"Oh, não vou vender esse; vou simplesmente dá-lo a alguém". O garotinho disse enfaticamente: "Não, quero pagar o preço integral porque ele vale tanto quanto os outros". O proprietário disse ao menino que ele nunca poderia correr e brincar como os outros filhotes e que não seria muito divertido. O menino insistiu em ficar com o filhotinho aleijado e enquanto o proprietário tentava fazê-lo mudar de ideia, de repente o menino levantou a perna de sua calça, revelando uma perna encolhida com uma pesada braçadeira de metal. Ele disse: "Quero o filhotinho aleijado porque eu vou entendê-lo e amá-lo do jeito que ele é".

Muitas pessoas no mundo sentem que não têm valor e que ninguém as quer porque elas têm imperfeições, mas Jesus as entende e as quer! O poder dele se aperfeiçoa na nossa fraqueza (2 Coríntios 12:9). Seu amor e Sua aceitação plena nos dão a coragem para vivermos com confiança mesmo sendo imperfeitos.

Você tem permissão para ter fraquezas e para não ter de se esforçar constantemente para atingir algo inatingível. Você provavelmente está sentindo o mesmo medo e fazendo a mesma pergunta que fiz quando ousei acreditar nesta verdade libertadora: "Se eu pensar que sou livre para ter fraquezas, isso não vai simplesmente me convidar a pecar mais e mais?" A resposta é não, não vai. A graça e o amor de Deus e a liberdade que eles oferecem nunca nos seduzem a pecar mais, ao contrário, nos seduzem a nos apaixonarmos radicalmente por Jesus. Quanto mais percebemos que Ele nos ama assim como somos, mais o amamos, e esse amor por Ele faz com que queiramos mudar pelo motivo certo.

Crentes da Nova Aliança Vivendo sob a Velha Aliança

Deus deu a Lei a Israel por intermédio de Moisés. A Lei era um sistema que afirmava que se eles cumprissem Seus mandamentos, então Ele os abençoaria. Quando falhavam, eles mesmos, ou o sumo sacerdote em seu lugar, precisava fazer sacrifícios. Esses sacrifícios expiavam seus pecados. Eles receberam leis que lhes diziam a coisa certa a ser feita, mas não receberam nenhuma ajuda para cumpri-las. Eles tinham de tentar ser bons, mas falhavam e tinham de fazer sacrifícios para compensar seus erros. Essa explicação, é claro, é muito básica e simples, mas espero que ela sirva ao meu propósito nesta parte do livro.

Sob essa velha aliança, o pecado podia ser coberto pelos sacrifícios, mas nunca removido. O sentimento de culpa ligado ao pecado estava sempre presente. Mas a boa notícia é que Deus fez uma nova aliança com o homem, e Ele ratificou ou selou essa aliança com o próprio sangue. É uma aliança melhor e que é muito superior à antiga. A velha aliança foi iniciada com o sangue de animais, mas a nova foi iniciada com o sangue sem pecado de Jesus Cristo.

Sob a nova aliança, Jesus cumpriu ou guardou toda a Lei da velha aliança e morreu em nosso lugar para pagar pelos nossos pecados e erros. Ele levou a punição que nós merecíamos, e prometeu que se crêssemos nele e em tudo o que Ele fez por nós, Ele ficaria para sempre no nosso lugar, e a nossa responsabilidade de cumprir a Lei seria cumprida nele. O problema que temos agora é que muitos crentes da nova aliança acreditam em Jesus e aceitam-no como seu Salvador, mas ainda vivem sob a velha aliança ao tentarem cumprir a Lei à própria força. A velha aliança focava no que o homem podia fazer, mas a nova aliança foca no que Deus fez por nós em Jesus Cristo. (Leia Hebreus 8 e 9 para um estudo mais aprofundado acerca desse assunto).

A Lei Não Pode Nos Aperfeiçoar

Porque a Lei nunca aperfeiçoou nada — mas, em vez disso, uma melhor esperança é introduzida através da qual nós [agora] nos aproximamos de Deus.

— Hebreus 7:19

A Lei é perfeita, mas ela não pode nos aperfeiçoar porque não temos a capacidade de cumpri-la perfeitamente. Devemos evitar viver debaixo de regras e regulamentos pensando que se os cumprirmos perfeitamente Deus se agradará. O princípio do pecado na nossa carne é, na verdade, incitado e despertado pela Lei.

Digamos que Mary frequentasse uma igreja muito rígida no que diz respeito à frequência regular aos cultos. Se perde um culto, um diácono da igreja lhe telefona para descobrir por que ela não foi. Além disso, eles exigem que seus membros leiam a Bíblia inteira ao longo de um ano e frequentem pelo menos uma das reuniões de oração semanalmente. Eles exigem que todos os membros da igreja sirvam em alguma função. Deve-se trabalhar no berçário ou fazer algum tipo de trabalho voluntário. Ora, todas essas coisas podem ser boas em si, mas o simples fato de serem apresentadas como obrigações faz com que sua carne fique incomodada, e Mary se ressente em cumpri-las. Por fim, Mary não quer ir à igreja, detesta ler a Bíblia e orar e se sente pressionada em servir na igreja.

Quanto mais nos dizem que não podemos fazer alguma coisa, mais queremos fazê-la. Se Mary acha que não pode perder o culto sem ser questionada, isso só fará com que ela não queira mais ir. Infelizmente, essa é a natureza humana. Se você disser repetidamente ao Joãozinho para não tocar na mesa de vidro, ele ficará muito interessado em tocá-la, embora talvez não tenha sequer notado antes que a mesa estava ali. Ainda que ele tenha medo de tocar nela na sua frente, ele certamente o fará quando estiver longe dos seus olhos. A sua lei contra tocar na mesa de vidro, na verdade, fez com que Joãozinho tivesse interesse em fazê-lo.

A Lei é boa, mas ela não pode nos tornar bons. Só Deus pode fazer isso dando-nos uma nova natureza, um novo coração e o Seu Espírito. A Lei indica nossas fraquezas, mas Jesus nos fortalece nelas. A Lei mostra o nosso problema, mas Jesus o resolve!

Deus deu a Lei para que, no fim das contas, soubéssemos que precisávamos de um Salvador. Podemos querer fazer o que é certo, mas não temos a capacidade para fazê-lo sem a ajuda contínua de Deus. É interessante perceber que Deus deu as regras para que descobríssemos que não podemos cumpri-las. A Lei na verdade destina-se a esgotar nossos recursos próprios, ou a pôr fim aos nossos esforços pessoais a e às obras da carne. O desejo de Deus para nós é que aprendamos a depender dele em todas as coisas. Ele não quer que confiemos em nós mesmos e não nos permitirá ter êxito enquanto o fizermos. A Lei é perfeita, santa e justa, e ela nos mostra o que é o pecado. O propósito da Lei era nos levar a Jesus, e não fazer com que nos esforçássemos cada vez mais para ser perfeitos. Ela se destina a nos tornar plenamente conscientes de que precisamos de Deus, e a nos fazer aprender a depender dele. Jesus disse: "Sem Mim nada podeis fazer" (João 15:5).

Uma abordagem legalista do nosso relacionamento com Deus pode acabar roubando cada gota de vida de nós e nos deixar esgotados e exaustos até morrermos para a Lei e começarmos a viver para Cristo, em Cristo e por meio de Cristo.

> *Porque eu através da Lei [sob a operação da maldição da Lei] morri [na morte de Cristo por mim] para a Lei e para todas as exigências da Lei sobre mim, para que eu possa [daqui em diante] viver para Deus e por Deus.*
>
> — Gálatas 2:19

Embora eu não me esforce mais para chegar à perfeição, desejo fazer o meu melhor a cada dia. Não para conquistar o amor ou a aceitação de Deus, mas simplesmente porque eu o amo. Encorajo você a fazer o mesmo.

Quando amamos a Deus nunca podemos deixar de nos importar com o aperfeiçoamento do nosso comportamento, mas precisamos entender plenamente que a aceitação de Deus nunca se fundamenta no nosso comportamento, mas na nossa fé em Jesus. Nossa pesquisa no escritório revelou que muitas pessoas simplesmente queriam saber se haviam feito o bastante. Tenho certeza de que muitas delas haviam feito o seu melhor, mas ainda se sentiam pressionadas a fazer mais, e isso é impossível. Podemos fazer o nosso melhor, mas não podemos oferecer perfeição a Deus, e não devemos nos sentir pressionados a fazer isso.

Ouvi uma história sobre um aluno que entregou um trabalho ao seu professor, e o professor escreveu na parte inferior do papel: "Isto é o melhor que você pode fazer?", e devolveu-o ao aluno. Sabendo que aquele não era o seu melhor, o aluno refez o trabalho, e mais uma vez o professor o devolveu com a mesma frase no final. Isso se repetiu por cerca de três vezes e, finalmente, quando o professor perguntou se aquele era o melhor que ele podia fazer, o aluno pensou seriamente por um instante e respondeu: "Sim, creio que isto é o melhor que eu posso fazer". Então o professor disse: "Ótimo, agora eu o aceitarei". Creio que essa história nos ensina que tudo o que Deus quer é o nosso melhor, e Ele pode trabalhar com isso, mesmo quando o nosso melhor não é perfeito.

CAPÍTULO 4

A Ansiedade e a Ira do Perfeccionista

Dizem que ninguém é perfeito. Depois dizem que a prática leva à perfeição. Gostaria que eles se decidissem.

Winston Churchill

Sandra é uma jovem adorável que lutou contra a ira e o perfeccionismo. Eis a história dela em suas palavras.

~

Desde que consigo me lembrar, sempre me esforcei desesperadamente no que chamo de "a esteira da realização", tentando ser aceitável a mim mesma. Tenho uma forte tendência a ser perfeccionista e não conseguia descansar a não ser que tudo na minha lista tivesse sido feito. Eu raramente me permitia descansar, ou ainda que estivesse descansando fisicamente, não conseguia parar mental ou emocionalmente. Não percebia o que estava errado, mas sentia-me como se estivesse trabalhando o tempo todo e vivia com uma grande frustração.

Eu queria desesperadamente ficar em paz, mas não conseguia fazer isso. Meu marido, com quem estou casada há vinte anos, é uma pessoa que ama a paz e me observava vivendo constantemente frustrada com a vida; então ele orava por mim, para que eu finalmente percebesse o que estava fazendo comigo mesma. Sim, eu estava fazendo aquilo comigo mesma!

Eu vivia ansiosa e irritada na maior parte do tempo, e ainda que conseguisse não demonstrar isso, eu o sentia interiormente. Não estava irada com minha família, apenas irada comigo mesma por não ser capaz de fazer tudo aquilo! Eu me sentia fracassada ao fim de cada dia porque estabelecia metas irreais e ridículas (impossíveis de ser atingidas) para mim mesma. Quando eu via que não conseguiria realizar tudo que havia planejado fazer, entrava em pânico e tentava trabalhar com mais afinco e mais depressa. É claro que minha família podia sentir a frustração em que eu vivia, e se eles precisassem da minha assistência com alguma coisa enquanto eu estava no modo "pânico" isso me deixava ainda mais em pânico, mais ansiosa e irada comigo mesma. Quanto mais eles precisavam, mais eu me sentia fracassada.

Essa era a história da minha vida, e embora eu soubesse que alguma coisa não estava certa comigo, não conseguia detectar exatamente o que estava errado. Afinal, o que poderia haver de errado em querer fazer tudo certo? Havia vezes em que eu odiava minha vida, o que era confuso para mim, porque tenho um marido maravilhoso, duas lindas filhas e uma casa adorável. Além disso, conheço Jesus como meu Salvador desde os dez anos de idade. Então, por que eu detestava minha vida e me sentia infeliz? O que eu realmente odiava era o fato de sentir que tudo o que eu fazia era trabalhar. Eu realmente pensava que a minha agenda e tudo o que eu tinha para fazer era problema meu. Eu costumava explodir: "Tudo o que eu faço é trabalhar!".

Durante os últimos meses de 2011, me vi clamando a Deus como nunca antes, dizendo: "Eu simplesmente não consigo mais viver assim, Deus. Preciso de ajuda urgente!". O Ano-Novo começou e no dia 2 de janeiro, durante meu tempo devocional com Deus, perguntei se havia alguma coisa em particular que Ele queria que eu "realizasse" em 2012. Bem, Deus certamente não queria que eu tentasse "realizar" outra coisa, mas Ele tinha muito a me dizer naquela manhã. Lembro-me de digitar palavras no meu diário eletrônico com tanta rapidez que eu mal conseguia acompanhar. Eis o que escrevi:

Minha resolução de Ano-Novo este ano é pensar menos e rir mais! Sou muito racional com relação às coisas e este ano (2012)

> *quero ser mais como Jesus. Eu sempre quis ser como Jesus, mas de repente me dei conta de que Jesus* NUNCA *teve pressa e de que Ele* NÃO *ficava estressado e ansioso. Ele não estava em uma corrida contra Si mesmo, e nunca ficava irado por não poder riscar de Sua lista tudo que havia conseguido resolver no dia, porque, para início de conversa, Ele nem tinha uma lista. Jesus vivia em íntima comunhão com Seu Pai e passava tempo ajudando e sendo bom para as pessoas! Estou saindo da esteira da realização. Chega de tentar basear meu valor na tentativa de ser perfeita para que as pessoas me admirem, ou até para que eu possa admirar a mim mesma. Deus me acha tão especial que enviou Seu Filho Jesus para morrer na cruz por mim, e Ele fez isso para me salvar de mim mesma, assim como do meu pecado. Deus me ama profundamente. Recebo Seu amor e o assimilo conscientemente; ele será tão natural para assim quanto o ato de respirar.*

Naquele dia, depois de digitar tudo no meu diário, orei e pedi a Deus para me perdoar por viver como uma tola nessa área.

Imediatamente percebi que eu estava reagindo de modo diferente em diversas situações. Dia após dia, observei-me atentamente para me certificar de que a mudança era real e não iria evaporar tão depressa quanto veio. Depois que algumas semanas se passaram, percebi que, no dia 2 de janeiro, Deus me dera uma revelação que estava transformando minha vida. Uma das coisas que percebi foi que agora eu olhava para o que havia realizado a cada dia em vez de olhar para o que eu não havia feito. Passara do negativo para o positivo! Não terminar o trabalho não me incomodava mais. O sentimento de ser um fracasso se fora completamente. Antes, eu raramente conseguia "realizar o bastante" para satisfazer a mim mesma, mas agora o que eu conseguia fazer a cada dia era bom o bastante. Meu valor não estava mais no que eu realizava, mas no que Jesus havia feito em meu favor por causa do Seu profundo amor por mim.

Desde então houve mudanças ao longo do caminho e momentos em que tive de me agarrar deliberadamente à minha liberdade. Mas quando começo a me sentir ansiosa, paro e digo: "Sandra, está tudo bem, mesmo que você não termine essa tarefa agora". A satisfação e o relaxamento são coisas que eu não me permitia desfrutar antes, mas fico feliz em dizer que agora fazem parte da minha vida regularmente! Deus tem usado muitas coisas para reforçar a liberdade que acabo de encontrar, inclusive o livro que minha mãe escreveu intitulado *Faça um Favor a Si Mesmo... Perdoe*. Precisei não só entender que Deus não estava bravo comigo, como também perdoar a mim mesma por ser imperfeita, e o livro dela me ajudou a fazer isso.

Sinto-me como se tivesse nascido de novo outra vez, e é impressionante como posso realizar muito mais desde que Deus me libertou de tentar!

~

Sandra é minha filha, e fico extremamente feliz por ela porque eu a observei sofrer durante a maior parte de sua vida com a frustração consigo mesma, porque não conseguia ser perfeita. Lembro-me dela fazendo sua tarefa de casa quando menina, amassando uma folha atrás da outra e jogando-as no lixo porque havia cometido um erro e a tarefa não estava perfeita. Ela era ansiosa, vivia frustrada e irada, mas agora ela tem paz, está relaxada e feliz. Isso está à disposição de todos os que precisam e estão dispostos a acreditar na verdade da Palavra de Deus. Declare com ousadia: "Não tenho de ser perfeito, não estou irado comigo mesmo". Agora diga em voz alta: "Deus não está bravo comigo!"

Uma Consciência Hipersensível

A Bíblia nos encoraja a manter uma consciência que não guarda ofensa contra Deus e contra o homem. Mas se tivermos uma consciência hipersensível, descobriremos que nos sentimos culpados por muitas coisas que não parecem incomodar outras pessoas. Um sintoma do perfeccionismo ou de uma mentalidade focada no desempenho e na aceitação é a ansiedade. Tudo o que achamos que devemos e precisamos fazer ou não fazer e a autodepreciação que isso gera produzem uma consciência hipersensível cheia de ansiedade, culpa e condenação. Sofri com uma consciência hipersensível porque queria desesperadamente agradar a Deus, mas também tinha um medo desesperador de não fazê-lo. Se meu marido cometia um erro, ele o superava tão depressa que isso me irritava; isso porque, quando eu cometia erros, sofria por dias, agonizando por causa deles, e não conseguia eliminar o sentimento de culpa gerado por minha consciência hipersensível.

Meu pai tinha um talento especial para me fazer sentir culpada mesmo se eu não tivesse certeza do que havia feito de errado. Eu supunha que a ira dele significava que eu era culpada de alguma coisa. Depois de dezoito anos de prática, enquanto morei na casa dos meus pais, eu não sabia viver de outra forma que não fosse me sentindo "culpada". Agora sei que eu me sentia da maneira errada acerca de mim mesma o tempo todo, e quando Deus me libertou através da Sua Palavra e do Espírito Santo, realmente passei por um período em que me sentia culpada pela minha falta de culpa! Digo às pessoas que eu não me sentia bem se não me sentisse mal. Era um verdadeiro cativeiro, mas felizmente posso dizer que raramente me sinto culpada agora, e quando sinto convicção de pecado, imediatamente me arrependo, peço o incrível perdão de Deus e o recebo, e sigo em frente desfrutando minha vida e minha comunhão com Deus. A mesma liberdade sobre a qual Sandra falou, e sobre a qual estou falando, está à sua disposição se você precisar dela.

Pessoas que se sentem culpadas geralmente assumem um compromisso muito sério com Deus de melhorar e de se esforçar mais. Elas querem desesperadamente se libertar do sentimento de culpa, mas sei, por experiência, que simplesmente "se esforçar mais" não é a resposta; na verdade, geralmente isso aumenta o problema. Em uma conferência cristã ou em um culto da igreja, pode parecer plausível assumir um compromisso sério e pensar: *Vou tentar me esforçar mais*. Mas quando voltamos ao mundo real, mais cedo ou mais tarde cometemos erros e descobrimos mais uma vez que não somos perfeitos, e nos sentimos ainda mais derrotados do que antes.

Quando as pessoas se esforçam muito e ainda assim fracassam, uma nuvem de condenação costuma pairar sobre suas cabeças, e elas podem facilmente acreditar que não há esperança, mas em Cristo sempre há esperança. O profeta Zacarias sugeriu que as pessoas fossem "prisioneiras da esperança" e recebessem uma bênção dobrada pelo que haviam perdido (ver Zacarias 9:12). Ser um prisioneiro significa que estamos trancados e somos incapazes de sair de determinado lugar ou situação. Viva sua vida trancado com a esperança e incapaz de se afastar dela e você verá coisas incríveis acontecerem. Independentemente do que você tenha experimentado ou possa estar vivenciando neste momento, você pode esperar (ter fé) que Deus está trabalhando a seu favor agora mesmo e que você verá os resultados da obra dele em sua vida. Você não precisa ser um prisioneiro das circunstâncias ao seu redor, mas, em vez disso, pode ser um prisioneiro da esperança.

A libertação para deixar de ter uma consciência hipersensível está ao seu alcance, e essa libertação está no estudo da Palavra de Deus. Quanto mais estudamos e conhecemos a Deus pessoalmente, mais conhecemos a verdade, e ela nos liberta pouco a pouco. Se você sofre de culpa crônica, por favor, não se desespere, simplesmente continue estudando a Palavra como a mensagem pessoal de Deus para você. Ela expulsará as trevas da sua alma e você terá uma consciência saudável que pode receber convicção do Espírito Santo, mas rejeita a condenação do diabo.

Legisladores

O perfeccionista pode facilmente transformar tudo em uma lei ou regra que precisa ser cumprida. Quando fazemos leis e tentamos cumpri-las, sempre nos sentimos culpados quando as quebramos. Durante o que chamo de "meus anos miseráveis", eu criava leis para muitas coisas como, por exemplo, limpar a casa. Eu tinha de limpá-la todos os dias, e com "limpá-la" quero dizer tirar o pó de todos os móveis, lustrar todos os espelhos, aspirar e esfregar o chão, entre outras coisas. Eu não me permitia sair com amigos e me divertir de modo algum ou relaxar até que a casa estivesse limpa. Se tentasse me divertir, eu me sentia culpada, não porque tivesse de fato feito alguma coisa errada, mas porque eu estava vivendo debaixo de leis que havia criado para mim mesma. Quando as crianças voltavam para casa depois da escola e começavam a bagunçar a casa, eu dava meus ataques — como os chamo amorosamente agora. Eu as importunava o tempo todo para que elas recolhessem as coisas. Era tão desagradável que elas não conseguiam relaxar de verdade quando estavam perto de mim durante a maior parte do tempo. Felizmente, Deus me transformou antes que muitos estragos fossem feitos e estou feliz em dizer que todos nós temos um relacionamento incrível agora.

Eu me sentia melhor comigo mesma quando tudo o que me cercava estava limpo e arrumado, mas a maneira como nos sentimos em relação a nós mesmo deveria vir do nosso interior, e não do exterior. Que tipo de leis você criou para sua vida? Qualquer coisa que é uma lei se torna algo que você é obrigado a fazer, e não algo que você tem prazer em fazer. Se a oração e o estudo bíblico são uma lei para você, então você provavelmente detesta fazer essas coisas e as considera difíceis, mas se entende que elas são um privilégio, e não uma lei, você consegue gostar delas.

Deus quer que nos disciplinemos e tenhamos bons hábitos, mas não quer que criemos leis para nós mesmos e para os outros. A lei retira a vida de qualquer coisa que fazemos. A lei mata, mas o Espírito vivifica (2 Coríntios 3:6). A única maneira de uma coisa ser cheia de vida e alegria é se formos guiados pelo Espírito Santo ao fazê-la e se o nosso motivo para fazê-la for o amor a Deus e o desejo de glorificá-lo.

Você transforma algo em lei quando se sente culpado por deixar de fazê-lo uma única vez, ainda que seja por um bom motivo. Eu me exercito regularmente e, para ser sincera, detesto não conseguir me exercitar, mas não me sinto culpada se isso acontece. Amo passar tempo com Deus, mas não fico olhando o relógio para marcar o tempo determinado que acho que preciso passar com Ele. Ainda gosto de uma casa limpa, mas não me sinto mais culpada se todo o meu trabalho não estiver terminado no fim do dia porque fazer isso não é mais uma lei para mim. Eu o farei, mas desfrutarei a minha vida enquanto isso. Essa é a vontade de Deus para nós! Ele não quer que vivamos uma vida rígida, endurecida, guiada por regras, que não tem alegria em si.

Eis um exemplo que pode ajudá-lo a entender melhor. Dave e eu acreditamos firmemente que Deus quer que ajudemos os pobres, e costumamos ajudar as pessoas que estão mendigando nas esquinas das ruas, mas não ajudamos a todos. Isso não é uma lei para nós, mas algo que nos sentimos guiados pelo Espírito Santo a fazer ou não fazer. Lembro-me de me sentir culpada por não dar alguma coisa a cada mendigo que eu via, mas no meu coração eu sentia que alguns deles não eram pobres, e que eles estavam simplesmente manipulando as emoções das pessoas como um modo de ganhar dinheiro. Quando eu dava a alguém movida por legalismo, não tinha prazer nisso e me sentia meramente obrigada, mas agora que dei um passo de fé e decidi confiar em mim mesma o suficiente para ser guiada pelo Espírito Santo nessa área e em outras, não me sinto mais culpada se eu não der e sinto alegria quando dou. Recentemente, passamos por três pessoas que estavam mendigando ao lado da estrada, mas paramos e demos vinte dólares somente a um deles. Por quê? Simplesmente não sentimos paz a respeito dos dois primeiros, mas quando vimos o terceiro homem, Dave e eu nos sentimos guiados a ajudá-lo. Esse tipo de decisão não é tomada apenas com a mente, mas também é discernida no espírito.

O apóstolo Paulo nos dá um grande esclarecimento em Romanos 7 acerca de não transformarmos as coisas em leis, mas, em vez disso aprendermos a ser guiados pelo Espírito Santo.

Mas agora estamos liberados da Lei e rompemos toda relação com ela, tendo morrido para o que um dia nos controlava e nos mantinha cativos. De modo que agora servimos não sob [em obediência ao] o velho código de regulamentos escritos, mas [em obediência aos apelos] do Espírito em novidade de vida.

— Romanos 7:6

Creio que costumamos transformar as coisas em leis porque temos medo de confiar em nós mesmos para sermos guiados pelo Espírito de Deus. Eu o incentivo a se recusar a viver uma vida legalista, e a confiar que Deus o ensinará a ser guiado claramente por Ele em todas as coisas.

O Que as Pessoas Vão Pensar?

Os perfeccionistas são muito sensíveis ao que os outros pensam deles e costumam se esforçar para agradar a tantas pessoas, que acabam se perdendo. O que quero dizer é que, no esforço de agradar aos outros, eles raramente seguem o próprio coração e fazem o que lhes agrada ou o que agrada a Deus.

Algumas pessoas são viciadas em aprovação. Não conseguem sentir paz se não acreditarem que todos estão satisfeitos com elas, e isso é algo quase impossível de realizar. Simplesmente não podemos agradar a todas as pessoas o tempo todo. A única maneira de evitar a crítica é não fazer nada, não dizer nada e não ser nada, e isso não me parece muito convidativo. A necessidade de ser popular pode torná-lo neurótico e impedi-lo de alcançar seu propósito. O apóstolo Paulo disse que se ele estivesse tentando ser popular com as pessoas, nunca teria se tornado um apóstolo de Jesus Cristo (Gálatas 1:10). Aquele que lidera pessoas sempre sofrerá críticas. Como líder, é impossível eu tomar uma decisão que se adapte perfeitamente a todos, de modo que tenho de tomar as minhas decisões com base no que acredito que Deus quer que eu faça, e não no que as pessoas querem que eu faça.

Se Paulo tivesse uma necessidade desmedida de aprovação, talvez não poderia ter cumprido o propósito para o qual havia sido destinado. A Bíblia afirma que Jesus esvaziou-se (Filipenses 2:7). Ele também sabia a importância de não estar excessivamente preocupado com a opinião das outras pessoas.

> *A única maneira de evitar a crítica é não fazer nada, não dizer nada e não ser nada, e isso não me parece muito convidativo. A necessidade de ser popular pode torná-lo neurótico e impedi-lo de alcançar seu propósito.*

Nem sempre podemos agradar a Deus e às pessoas ao mesmo tempo. Se você está excessivamente preocupado com o que as pessoas pensam a seu respeito, precisa considerar seriamente as consequências disso em longo prazo. Pessoas viciadas em aprovação frequentemente ficam exaustas. Elas costumam se esforçar demais para cumprir todas as expectativas das diversas pessoas que fazem parte de sua vida.

E isso as esgota mental, emocional e fisicamente. Elas não são boas em dizer "não", e mais uma vez o problema do perfeccionismo (nesse caso, um desejo de agradar a todos perfeitamente) gera ansiedade e ira. Quando dizemos "sim" a todos, nos sentimos usados e pressionados a seguir em diversas direções, e então ficamos irados. Mas somos os únicos que podemos mudar essa situação. Criamos muitos dos nossos problemas e somos os únicos que podemos resolvê-los. Não desperdice seu tempo pedindo a Deus para mudar alguma coisa que Ele já lhe deu o poder para mudar. Não reclame por viver uma vida dominada pela ira — nem viva silenciosamente irado — enquanto ao mesmo tempo você continua a fazer as mesmas coisas que o deixam irado.

Embora seja verdade que as pessoas não devem nos pressionar a fazer tudo o que elas querem que façamos, também é verdade que somos os únicos responsáveis por não nos permitir tentar agradá-las a ponto de nos sentirmos pressionados. Não culpe outras pessoas por você não se levantar em defesa própria.

Aqueles que extrapolam o que a maioria das pessoas consideraria um comportamento aceitável, geralmente são taxados de "rebeldes". Eles são de fato rebeldes ou estão apenas tentando ser fiéis a si mesmos? Pedro estava extrapolando o que era considerado normal ao sair do barco e andar sobre as águas quando Jesus o convidou a fazê-lo? Os onze discípulos que permaneceram no barco provavelmente acharam que Pedro estava sendo muito tolo. Costumamos julgar as pessoas que fazem as coisas que secretamente gostaríamos de fazer e que não fazemos por medo do que os outros vão pensar.

Você pode comprar amigos e aceitação permitindo que as pessoas o controlem, mas terá de mantê-los da mesma maneira que os conquistou. Isso se torna muito desgastante depois de algum tempo, e você acaba ressentido com essas pessoas exatamente por aquilo que *você* permitiu que elas fizessem. Passei a acreditar que se nunca puder dizer "não" a uma pessoa para continuar tendo um relacionamento com ela, então esse provavelmente é um relacionamento do qual não preciso.

Às vezes as pessoas que achamos estarem zangadas conosco não estão nem um pouco. São nossos medos que nos dão essa impressão. Assim como podemos passar a vida pensando que Deus está bravo conosco e Ele não está, também podemos imaginar que outras pessoas não nos aprovam, quando, na verdade, elas talvez nem estejam pensando em nós. Recuse-se a passar a vida com medo do que as pessoas pensam e comece a confrontar esse medo. Busque a raiz de todos os seus medos e você provavelmente descobrirá que a maioria deles é infundada e que eles existem somente na sua imaginação.

Qual é a Resposta para o Dilema?

O caminho para Deus não é se comportar de maneira perfeita. Algumas pessoas em uma multidão perguntaram o que precisavam fazer para agradar a Deus, e a resposta que Jesus deu foi: "Creiam Naquele a quem Ele enviou" (ver João 6:28-29). É algo tão simples que algumas vezes não nos damos conta dessa realidade. Precisamos crer em Jesus? Só isso? Sem dúvida Deus requer mais de nós! Mais do que tudo, Deus quer que confiemos nele e creiamos na Sua Palavra. Você pode quebrar o ciclo da busca pela perfeição, porque não há como comprar ou conquistar o amor ou o favor de Deus, nem mesmo com um desempenho perfeito. Essas coisas simplesmente não estão à venda!

Se não podemos conquistar a aprovação de Deus, então como podemos recebê-la? Receber a graça de Deus que nos é dada em Jesus é a resposta para esse problema. Precisamos saber que não é nada que fazemos, mas a maravilhosa graça de Deus que nos convida a um relacionamento de amor com Ele. A graça é um dom que não pode ser comprado com desempenho ou com qualquer outra coisa. Ela só pode ser recebida pela fé. A graça é o favor imerecido de Deus! Ela é o Seu amor, misericórdia e perdão à nossa disposição sem qualquer custo. A graça também é o poder para nos transformar e nos tornar o que Ele deseja que sejamos. Não há limite para a graça de Deus e ela está disponível para nos restaurar e nos levantar todas as vezes que falharmos. Você pode ser liberto hoje da ira e da ansiedade que é gerada pelo perfeccionismo, abrindo mão das próprias obras e confiando totalmente na obra que Jesus fez por nós todos. Lembre-se: a obra que Deus requer é que você creia Naquele a quem Ele enviou (ver João 6:28-29).

A graça não apenas nos concede o perdão, como nos capacita a perdoar aqueles que nos feriram. O rancor guardado em relação à maneira como os outros nos trataram é em geral a raiz do perfeccionismo, bem como da ira e da ansiedade que ele gera. Perdoar os nossos inimigos ou aqueles que abusaram de nós é uma parte essencial da nossa própria cura. Enquanto estamos aprendendo a não viver irados com nós mesmos pelas nossas imperfeições, também aprenderemos a dar aos outros a mesma graça que Deus nos concede.

Em seu seminário para homens, David Simmons, ex-zagueiro do time de futebol americano Dallas Cowboys, conta sobre o lar onde cresceu. Seu pai, um militar, era extremamente exigente e raramente dizia uma palavra gentil. Sempre o castigava com duras críticas e insistia para que ele tivesse um desempenho melhor. Aquele pai havia decidido que nunca permitiria que o filho sentisse qualquer satisfação com suas realizações, lembrando a ele que sempre havia novos objetivos à frente. Quando David era um garotinho, seu pai lhe deu uma bicicleta desmontada, com a ordem de montá-la. Depois que David se esforçou a ponto de chorar por causa das difíceis instruções e da grande quantidade de peças, seu pai disse: "Sabia que você não conseguiria". Então ele montou a bicicleta para o filho.

Quando David jogava futebol no Ensino Médio, seu pai era implacável nas críticas. No quintal dos fundos, depois de cada jogo, ele refazia cada jogada e apontava os erros do filho. "A maioria dos garotos sentia um frio na barriga antes do jogo; eu sentia depois. Enfrentar meu pai era mais estressante que encarar qualquer time oponente." Quando entrou para a faculdade, David odiava o pai e sua disciplina rígida. Escolheu jogar futebol na Universidade da Georgia porque o *campus* ficava mais longe de sua casa do que qualquer outra escola que havia lhe oferecido uma bolsa de estudos. Depois da faculdade, foi escolhido para o time reserva do clube de futebol profissional do St. Louis Cardinal. Joe Namath (que mais tarde assinou contrato com o New York Jets) foi escolhido para o time principal naquele ano. "Entusiasmado, telefonei para meu pai para contar a ele a boa notícia. Ele disse: 'Como você se sente ficando em segundo lugar?'"

Apesar dos sentimentos detestáveis que tinha por seu pai, David começou a construir uma ponte que o levasse até ele. Cristo havia entrado em sua vida na época da faculdade, e foi o amor de Deus que o fez voltar-se para seu pai. Durante as visitas à casa do pai, David procurava conversar com ele e ouvia com interesse o que tinha a dizer. Ele soube pela primeira vez como seu avô era — um lenhador durão conhecido por seu temperamento explosivo. Certa vez, ele destruiu uma caminhonete com um martelo porque ela não queria dar a partida; e ele costumava bater no filho. Saber disso afetou David drasticamente. "Saber sobre a criação de meu pai não apenas me tornou mais compreensivo com ele, mas me ajudou a ver que, diante dessas circunstâncias, ele poderia ter sido muito pior. Quando ele morreu, posso dizer sinceramente que éramos amigos."

É muito útil nos lembrarmos de que "pessoas feridas ferem pessoas". Não creio que muitas pessoas despertem todos os dias pensando deliberadamente em como podem ferir a todos os que fazem parte de sua vida, no entanto, em geral é exatamente isso que elas fazem. Por quê? Geralmente porque estão sofrendo e têm questões mal resolvidas em suas próprias vidas.

Curar essas emoções feridas que geralmente conduzem à busca do perfeccionismo requer tempo, mas independentemente de quanto tempo sua jornada levar, por favor, lembre-se a cada passo do caminho de que Deus o ama. Vi um adesivo em um carro que dizia: *"Cuidado! Deus trabalhando! Pessoa em desenvolvimento!"*

Se você sente medo de não ser perfeito, não precisa mais sentir isso. Posso lhe garantir que você não é perfeito, portanto não pense mais nisso. E posso lhe garantir mais uma coisa: "Deus não está bravo com você!".

CAPÍTULO 5

Problemas com o Pai

Embora meu pai e minha mãe tenham me abandonado, o SENHOR *me acolherá [me adotará como Seu filho].*

— Salmos 27:10

Quando ouvimos sermões sobre Deus Pai vindos do púlpito, em geral há uma barreira entre a mensagem e os ouvintes. Para muitos ouvintes (ou leitores), no momento em que você utiliza a palavra *pai*, muros são erguidos. Por causa de pais abusivos, negligentes ou ausentes, nossa imagem de Deus como Pai se tornou distorcida e até dolorosa.

Se alguém teve um pai irado, é muito natural também ver o Deus Pai como um Deus irado. Por isso é tão importante lidar com os problemas relacionados à figura paterna neste livro. Espero que você seja uma das pessoas abençoadas que tiveram um pai maravilhoso, mas para muitos não é esse o caso.

Li que cerca de 30% das famílias norte-americanas é formada por pais solteiros, e geralmente trata-se de mães solteiras. Dos 70% restantes, muitos pais são irados, abusivos ou raramente estão em casa. Meu pai era irado e abusivo, e estou certa de que esse é o principal motivo pelo qual sofri por tanto tempo pensando que Deus também estava cheio de ira. A atmosfera no lar em que cresci era muito tensa. O objetivo de todos dentro de casa era impedir que papai ficasse furioso, mas parecia que não importava o que fizéssemos, ele ainda encontrava uma razão para ficar irado. Ele era uma pessoa praticamente impossível de agradar. Agora sei que ele estava irado consigo mesmo por causa do pecado em sua vida, mas em vez de enfrentá-lo, ele se desviava dele, lançando-o sobre os outros. Ao encontrar alguma coisa de errado em outra pessoa, ele não teria de olhar para as próprias imperfeições.

Meu pai cometeu abuso sexual contra mim por muitos anos, se embriagava todos os fins de semana e tinha ataques de fúria durante os quais acabava espancando minha mãe. Nem sei como descrever adequadamente o medo intenso com o qual convivíamos. Sem dúvida nunca me sentia amada ou cuidada.

Precisamos nos Sentir Seguros

Uma das nossas necessidades mais urgentes na vida é a de nos sentirmos seguros. Contudo, as crianças que crescem com pais irados, ausentes ou abusivos em geral não se sentem seguras. Elas vivem cercadas por um sentimento de condenação ou de perigo iminente na maior parte do tempo. Deus quer que nos sintamos seguros com Ele. Deus é um Pai amoroso, gentil, perdoador, generoso, paciente e fiel. Mas para aqueles que têm problemas com seus pais, essa é uma verdade na qual é muito difícil acreditar.

Em seu livro *Holy Sweat* (Suor Santo), Tim Hansel nos dá o retrato perfeito de uma criança que se sentia segura:

> *Um dia, enquanto meu filho Zac e eu estávamos no campo, escalando algumas rochas, ouvi uma voz acima de mim gritar: "Ei, papai, venha me pegar!". Voltei-me e vi Zac saltando alegremente de uma pedra diretamente na minha direção. Ele saltou e só depois gritou: "Ei, papai!". Eu me transformei instantaneamente em um artista de circo e o agarrei. Ambos caímos no chão. Por um instante, depois de tê-lo agarrado, eu mal consegui falar. Quando recuperei minha voz, falei exasperado: "Zac! Você pode me dar um bom motivo para ter feito isso?". Ele respondeu com uma calma notável: "É claro... Você é meu pai!". Toda a segurança dele se baseava no fato de que seu pai era confiável. Ele podia viver a vida ao máximo porque seu pai era digno de confiança.*

A confiança total de Zac em seu pai o capacitava a viver a vida livremente e sem medo. Infelizmente, alguns de nós não tivemos essa experiência com nossos pais, mas podemos tê-la agora com o Deus Pai. Deus definitivamente não é como as pessoas. Se seu pai terreno era ausente, você precisa saber que seu Pai no céu é onipresente, e isso significa que Ele está em toda parte o tempo todo. Você nunca estará em lugar algum onde Deus não esteja com você.

Se seu pai terreno era abusivo ou irado, seu Pai Celestial quer lhe recompensar pela maneira como foi tratado. Ele promete dar dupla recompensa aos que sofrem se confiarmos nele.

> *Em lugar da sua [antiga] vergonha, vocês terão dupla recompensa; em lugar da desonra e da repreensão [o seu povo] se alegrará na sua porção. Portanto na sua terra eles possuirão o dobro [do que haviam perdido]; e alegria eterna terão.*
>
> — Isaías 61:7

A promessa desse versículo ajudou-me a atravessar muitos dias escuros e difíceis enquanto passava pelo processo de superar a maneira como meu pai me tratou, e ela o ajudará também, se você a tomar para si. Receba-a como uma promessa direta de Deus a você. Ele é um Deus de justiça. Ele ama transformar coisas erradas em certas e está esperando para fazer isso por você.

A Palavra de Deus tem o poder para curar nossa alma ferida. Reflita acerca destes versículos:

> *Ele põe em um lugar alto os que estão abatidos, e aqueles que pranteiam Ele eleva à segurança.*
>
> — Jó 5:11

> *Em paz me deitarei e dormirei, porque só Tu, SENHOR, me faz habitar em segurança e confiança.*
>
> — Salmos 4:8

E Ele os conduziu em segurança e confiança, de modo que não temeram; mas o mar engoliu seus inimigos.

— Salmos 78:53

Sustenta-me, para que eu seja salvo e tenha respeito pelos Teus estatutos continuamente!

— Salmos 119:117

*O medo do homem arma um laço, mas aquele que depende, confia e coloca a sua confiança no S*ENHOR *está seguro e colocado em alto retiro.*

— Provérbios 29:25

[E na verdade] o Senhor certamente me livrará de todo ataque do mal e me atrairá para Si. Ele me preservará e me levará em segurança para o Seu Reino celestial. A Ele seja a glória para todo o sempre. Amém (assim seja).

— 2 Timóteo 4:18

Meditar e refletir em trechos da Bíblia como esses são caminhos para construir uma confiança em Deus no seu coração. Você não precisa tentar tê-la, apenas confie em Deus e na Sua Palavra para fazer a obra que precisa ser feita em você. Sua Palavra é poderosa e cura os corações despedaçados.

O Caráter de Deus

Quando dizemos que o caráter de uma pessoa é honesto e confiável, queremos dizer que podemos sempre contar com essa pessoa para dizer a verdade, agir com integridade, e também que podemos confiar que ela cumprirá sua palavra. Um traço de caráter é algo que faz parte de uma pessoa. Não é algo que a pessoa faça ocasionalmente, mas algo que ela faz o tempo todo.

Para confiar em Deus completamente, precisamos conhecer o Seu caráter. Aquilo que se interpõe entre conhecer a Deus e não o conhecer é a busca. Deus requer que nós o busquemos, que tenhamos um desejo intenso de conhecê-lo. Ele afirma que se o buscarmos, nós o encontraremos. Se você não tem nenhum desejo de buscar a Deus e procurar conhecê-lo, então peça a Ele para lhe dar isso. Vejamos como é o caráter de Deus.

Deus é Bom

Deus é bom, Ele não faz acepção de pessoas. Em outras palavras, Ele é bom para todos nós o tempo todo. A bondade irradia dele. Se você sofreu abuso ou foi abandonado em sua infância, talvez esteja se perguntando por que, se Deus é tão bom, Ele não o livrou dessas circunstâncias. Entendo essa pergunta porque a fiz a mim mesma muitas vezes com relação à minha infância. Deus me ajudou ao longo dos anos a entender que um pai tem grande autoridade sobre um filho, e que quaisquer decisões erradas ou pecaminosas que ele tome afetam negativamente seus filhos, principalmente se não houver uma ação contrária ou a influência de uma pessoa de Deus dentro de casa.

Por exemplo, o pai de meu marido era um alcoólatra que estava em casa fisicamente na maior parte do tempo, mas, na verdade, estava ausente, já que passava a maior parte do tempo bebendo no porão. Sua única função na família era corrigir os filhos quando não gostava do que eles estavam fazendo. Dave, porém, parece não ter sido afetado pelo comportamento do pai. Quando ele e eu conversamos sobre o assunto, entendemos que a influência de sua mãe temente a Deus e o relacionamento pessoal dele próprio com o Senhor agiram como antídotos para o comportamento abusivo de seu pai.

Se o abuso existe no lar e não existe uma influência temente a Deus, é muito provável que a criança seja afetada negativamente pelo comportamento do pai ou da mãe, mas sempre há esperança de recuperação. Assim que as pessoas tiverem idade suficiente para fazer as próprias escolhas, elas podem optar por um relacionamento com Deus que pode curar tudo em sua vida.

Sinceramente, poucas pessoas crescem sem algum tipo de dor emocional que deixa cicatrizes. Mesmo que nossos pais sejam bons, ainda temos de lidar com o resto do mundo e mais cedo ou mais tarde vamos encontrar alguém que nos fará mal. Precisamos saber como receber a cura de Jesus!

Nem tudo na vida é bom, mas Deus pode fazer com que as coisas cooperem para o nosso bem se confiarmos nele. José sofreu muito nas mãos dos membros de sua família (seus irmãos) quando era menino, porém, mais tarde, quando teve a oportunidade de se vingar deles, ele disse:

> *Quanto a vocês, vocês planejaram o mal contra mim, mas Deus o transformou em bem, para fazer com que muitas pessoas fossem mantidas vivas, como estão hoje.*
>
> — Gênesis 50:20

José poderia ter se tornado amargo, mas ele procurou o bem naquela situação de abuso e isso o ajudou a se tornar um homem de Deus usado para levar socorro a milhões de pessoas em uma época de fome. Deus não foi a causa do abuso sofrido por José, mas certamente Ele o usou para treinar e capacitar José para grandes coisas.

O motivo e o propósito de Deus como um todo é fazer o bem a todos os que quiserem recebê-lo. O apóstolo Tiago disse que não existe variação, nem o menor desvio na bondade de Deus (ver Tiago 1:17). É impossível Deus não ser bom, porque esse é o Seu caráter. Nunca pense que Deus é como as pessoas, porque os caminhos e os pensamentos dele são muito superiores aos nossos (ver Isaías 55:8-9).

Deus é Misericordioso

Deus é lento para se irar e cheio de misericórdia (Salmos 103:8). Tive dificuldade em receber esse aspecto do caráter de Deus porque meu pai foi um homem muito duro e grosseiro. Ele era rápido para se irar, e sempre guardava rancor. Se você despertasse o lado mau dele, sofreria as consequências por um bom tempo.

Talvez nada do que você tenha feito tenha sido bom o suficiente para seu pai, mas Deus fica feliz com qualquer esforço mínimo que fazemos para agradá-lo. Em Sua misericórdia, Ele desconsidera o que está errado em nossos esforços e escolhe ver o que está certo.

O Espírito Santo teve de trabalhar em mim por muito tempo para finalmente me levar a entender a liberdade e a alegria de ter um Pai celestial misericordioso que realmente *quer* perdoar nossas transgressões. É impossível merecer misericórdia, e por isso é uma enorme perda de tempo tentar pagar pelos erros com boas obras ou culpa. Não merecemos, mas Deus nos dá misericórdia gratuitamente!

A misericórdia anula as regras. Talvez você tenha crescido em um lar no qual havia muitas regras, e se quebrasse alguma delas você estava em apuros. Embora Deus pretenda que cumpramos Suas ordens, Ele entende nossa natureza e também está pronto a estender misericórdia a qualquer um que peça por ela e a receba.

> *Mas eu tenho confiado, dependido e me apoiado na Tua misericórdia e bondade; o meu coração se alegrará e ficará cheio de entusiasmo com a Tua salvação.*
>
> — Salmos 13:5

Embora as pessoas no mundo não nos ofereçam misericórdia com muita frequência, Deus a concede a nós todo o tempo. Quando aprendermos a receber misericórdia, então também seremos capazes de dá-la a outros e isso é algo que a maioria das pessoas necessita profundamente. A misericórdia nos liberta do medo da punição ou de sermos rejeitados. Quando eu quebrava uma das regras do meu pai, sabia que ele deixaria de ter comunhão comigo, faria com que eu me sentisse isolada e encontraria uma maneira de me punir. Sou grata em dizer que nunca experimentei isso com meu Pai celestial desde que passei a conhecer verdadeiramente o Seu caráter.

Deus é Fiel

Seu pai terreno talvez tenha se afastado de você, deixando-o profundamente ferido com sua infidelidade e deslealdade. Você pode até ter pensado que era sua culpa o fato de ele ter partido, embora isso não seja verdade. Talvez tenha pensado que seu pai partiu porque você era mau, e seria fácil pensar que, se você fosse mau, Deus o abandonaria também. Mas posso lhe assegurar que Deus está em sua vida para ficar.

Experimentei a infidelidade das pessoas muitas vezes em minha vida, mas, ao mesmo tempo, experimentei a fidelidade de Deus. Realmente, Deus não é como as pessoas!

Deus promete que nunca o deixará nem o abandonará, mas que Ele estará com você até o fim (ver Mateus 28:20).

Ele está com você nos momentos de necessidade e planeja suprir todas as suas necessidades (ver Hebreus 13:5). Deus estará com você quando você estiver passando por provações e está planejando um escape para você (ver 1 Coríntios 10:13). Quando todos os outros o abandonarem, o Senhor ficará ao seu lado (ver 2 Timóteo 4:16-17).

Veja a atitude do apóstolo Paulo:

> *Alexandre, o latoeiro, causou-me muitos males. O Senhor o retribuirá por seus atos.*
>
> — 2 Timóteo 4:14

O apóstolo Paulo confiava que Deus cuidaria de toda a situação e o recompensaria pela dor que ele havia sofrido. Mas tenha em mente que só vemos essa recompensa quando escolhemos ter uma atitude segundo o coração de Deus em meio a nossa dor.

> *No meu primeiro julgamento, ninguém atuou em minha defesa [como meu advogado] nem me apoiou ou [sequer] ficou comigo, mas todos me abandonaram. Que isto não lhes seja imputado contra eles! Mas o Senhor ficou ao meu lado e me fortaleceu.*
>
> — 2 Timóteo 4:16-17

Os amigos de Paulo deveriam ter ficado ao seu lado quando ele precisou deles, mas não o fizeram. E o apóstolo pediu a Deus que não imputasse contra eles a sua infidelidade. Por quê? Creio que Paulo fez isso porque entendia a fraqueza da natureza humana. Ele não focou no que as pessoas não fizeram por ele, mas focou no fato de que, embora todos os outros o tenham abandonado, o Senhor ficou ao lado dele. Seu Pai celestial era fiel. Deus não nos promete que as pessoas serão sempre fiéis, mas temos a Sua promessa de que Ele será fiel em todo o tempo. As pessoas podem mudar e se transformar, mas Deus é imutável.

Deus Não Pode Mentir

As pessoas podem mentir para nós. Meu pai mentia para mim. Ele me prometia coisas e depois se recusava a fazer o que havia prometido quando chegava a hora. Lembro-me de uma vez em que ele havia me dito que eu poderia ir ao cinema com algumas amigas da escola na sexta-feira à noite; depois, quando a sexta-feira chegou, sem nenhuma razão ele disse que eu não podia ir, e fiquei arrasada. Com meu pai, coisas como essa aconteciam o tempo todo, mas Deus não pode mentir. É impossível a Sua Palavra falhar, portanto podemos nos posicionar com base nela com segurança (ver Hebreus 6:17-19).

> *Céus e terra perecerão e passarão, mas as Minhas palavras não perecerão ou passarão.*
>
> — Marcos 13:31

Talvez você sinta que Deus o decepcionou em algum momento da sua vida, ou que uma das promessas dele não se cumpriu para você. Nesse caso, eu o incentivo a entender que Deus nem sempre trabalha dentro do nosso tempo ou da maneira que nós preferimos, mas se continuar a confiar nele, você verá a bondade de Deus em sua vida. Confie em Deus em todo o tempo, e nunca desista. Essa é uma das maneiras pelas quais podemos ser fiéis a Deus como Ele é fiel a nós.

Por mais infiel que seu pai ou outras pessoas possam ter sido com você, eu o incentivo a não deixar que isso arruíne sua vida. Não existe um dia melhor do que hoje para um novo começo. Tome a decisão de acreditar que seu Pai celestial é fiel e nunca abra mão disso.

Deus é Fiel para Perdoar

Deus é sempre fiel para perdoar nossos pecados, assim como Ele prometeu que seria. Às vezes as pessoas não querem nos perdoar, mas Deus sempre perdoa o pecado e depois o esquece. As pessoas costumam ter limites para o que estão dispostas a perdoar ou para a frequência com que estão dispostas a fazê-lo, mas o perdão de Deus nunca se esgota. As pessoas podem dizer que nos perdoam, mas depois elas nos lembram das coisas que as magoaram, mas Deus nunca nos lembra dos nossos pecados passados, porque Ele se esqueceu deles (ver Hebreus 10:17). Quando somos lembrados dos nossos pecados passados, não é Deus quem os está trazendo à nossa lembrança, mas satanás, o acusador do povo de Deus.

A fidelidade de Deus o cerca. Ela faz parte do Seu caráter, e podemos sempre contar com Ele para estar conosco e fazer tudo o que prometeu fazer.

Deus é Amor

Meu pai me dizia o tempo todo que me amava, mas o tipo de amor que ele sentia era doente e imoral. Minha mãe dizia me amar, mas não me protegeu do abuso de meu pai, muito embora soubesse o que acontecia. Meu primeiro marido dizia me amar, mas foi infiel muitas vezes. A lista poderia continuar, e estou certa de que você tem sua própria lista e que provavelmente se identifica com o que estou dizendo. O que quero dizer é que, para muitas pessoas, as palavras "eu amo você" são meras palavras vazias de significado.

Entretanto, quando Deus diz que nos ama, Ele se refere a um amor verdadeiro e que tem impacto sobre todas as áreas que são importantes e vitais para nós. Seu amor sempre o leva a agir em nosso favor, e o verdadeiro amor só pode ser conhecido pelos atos que ele gera (ver 1 João 3:16-18). Você verá e experimentará o amor de Deus se manifestando em sua vida se colocar sua fé nele. Você decidiu acreditar que Deus o ama incondicionalmente e que Ele tem um bom plano para sua vida? Oro para que você tenha tomado essa decisão e que comece a esperar ver esse amor em sua vida. Encorajo-o a dizer várias vezes em voz alta todos os dias: "Deus me ama incondicionalmente e alguma coisa boa vai acontecer comigo hoje". Ao fazer isso, você está concordando verbalmente com a Palavra de Deus e ajudando a renovar sua mente.

O amor de Deus (ágape) procura o bem de todos e não faz mal a ninguém. Ele busca uma oportunidade de fazer o bem a todos os homens. O tipo de amor de Deus é o amor de um ser perfeito para com criaturas inteiramente indignas (nós). Ele faz com que nós também amemos a Deus, e produz em nós o desejo de ajudar outros a buscarem o mesmo amor.

A Palavra de Deus afirma que Ele nos ama porque assim o quer, e porque essa é a Sua intenção. Deus ama porque Ele precisa amar — esse é quem Ele é. Deus é amor!

Aprender a receber o amor incondicional de Deus é o fundamento para todo o restante do nosso relacionamento com Ele. Como podemos confiar nas pessoas se não temos certeza se elas nos amam? Como podemos esperar que elas sejam boas ou fiéis? Não podemos! Precisamos saber de uma vez por todas a resposta para a pergunta: "Deus me ama?". Sim, mil vezes sim — DEUS AMA VOCÊ!

Mais uma vez, eu gostaria de encorajá-lo a meditar na Palavra de Deus e deixar que ela o convença.

> *Como também [no Seu amor] Ele nos escolheu [realmente nos separou para Si como Sua propriedade] em Cristo antes da fundação do mundo, para que fôssemos santos (consagrados e separados para Ele) e irrepreensíveis aos Seus olhos, acima de qualquer acusação, perante Ele em amor.*
>
> — Efésios 1:4

Se você duvida que Deus o ama, ler esse versículo uma vez não o convencerá, mas se você realmente começar a pensar seriamente no que ele diz, seu poder penetrará na sua alma e lhe trará uma revelação transformadora do amor de Deus.

Deus decidiu nos amar antes mesmo de chegarmos ao planeta Terra. A única coisa que se interpõe entre nós e o amor de Deus é estarmos dispostos a acreditar nele e recebê-lo.

Por causa do Seu amor, Deus escolhe nos ver como irrepreensíveis e acima de acusação (culpa), e Ele nos separa para Si e nos torna propriedade Sua.

O apóstolo Paulo nos incentiva a não deixarmos que nada nos separe do amor de Deus, pois ele é realmente a força mais poderosa do mundo.

É claro que existem muitos outros aspectos maravilhosos do caráter de Deus, mas mencionei os que constam deste capítulo como uma maneira de ajudar os leitores a resolverem os problemas relativos à figura paterna em suas vidas de uma vez por todas. Deus está muito acima das pessoas, e Seus caminhos são perfeitos. Confie nele e permita que Seu amor cure você.

Um membro da equipe do Ministério Joyce Meyer compartilhou conosco o seguinte testemunho:

> *Entreguei minha vida a Cristo em 1984, entretanto, passei por dois casamentos fracassados e muitas decepções em minha vida. Embora eu acreditasse em Deus e amasse a Jesus, não acreditava que Deus me amava pessoalmente. Ao longo do Ensino Fundamental e Médio eu era ridicularizada e as pessoas riam de mim. Meu primeiro marido fugiu com uma garota de dezessete anos depois de apenas quatro anos de casamento. Durante meu último casamento de vinte e três anos, eu havia me tornado extremamente dependente emocionalmente. Quando terminou, fiquei ferida e irada, e fui rejeitada novamente. Eu acreditava que era um fracasso. Minha autoestima estava no nível mais baixo possível. Durante a maior parte da minha vida, me disseram que eu era gorda e feia, e eu me sentia indigna de ser amada. Eu era usada pelos homens e tinha uma grande desconfiança a respeito deles, principalmente em se tratando de qualquer homem que exercesse um papel de autoridade sobre a minha vida.*
>
> *Parece muito fácil: "Simplesmente aceite este presente do amor de Deus". Mas eu me sentia indigna de ser amada. Eu olhava o espelho e via uma pessoa feia no reflexo; em minha mente eu dizia: "Quem poderia amar isto?". Anos de rejeição e mágoa*

haviam me feito acreditar nessas mentiras. Eu estava servindo a Deus e indo à igreja durante todo esse tempo, mas ainda assim acreditava que era indigna de ser amada.

Em 2010, fui contratada para o ministério e no outono daquele mesmo ano comecei a frequentar a igreja no centro da cidade, no St. Louis Dream Center. Nas terças-feiras à noite eles ofereciam um curso chamado Experimente o Abraço do Pai. Eu ansiava por entender o amor de Deus por mim. Mas sabia que a jornada seria dolorosa ao reviver minhas mágoas passadas para entender por que eu não conseguia internalizar esse conceito. Muitas feridas antigas foram reabertas e expostas. Tive de perdoar para seguir em frente com a minha vida. A pessoa que estava ministrando o curso disse: "Desafio você a se colocar na frente do espelho e dizer: 'Deus me ama', não apenas uma, mas de cinco a dez vezes por dia, ou todas as vezes que você passar por um espelho". Eu deveria parar, olhar diretamente dentro dos meus olhos e dizer isso. Segui as instruções com relutância. Isso levou vários meses, mas um dia comecei a acreditar. Eu realmente acreditei que Deus me amava! A mim! Uau! Eu sou amada!

CAPÍTULO 6

A Dor da Rejeição

Aquele que os ouve e lhes dá ouvidos [aos discípulos] ouve e dá ouvidos a Mim; e aquele que os despreza e rejeita, Me despreza e rejeita; e aquele que Me despreza e rejeita, despreza e rejeita Aquele que Me enviou.

— Lucas 10:16

Você pode escapar do cativeiro e da dor da rejeição e experimentar a liberdade da aceitação de Deus. Nenhum de nós é aceito por todos nessa vida, e embora a rejeição doa, somos capazes de olhar para ela de forma realista sem sermos afetados negativamente por ela. Contudo, grande parte das pessoas experimenta um tipo de rejeição que faz estragos na alma. Acreditamos que somos imperfeitos se as pessoas nos rejeitam e, portanto, decidimos erroneamente que não temos valor. Essa mentalidade é muito prejudicial porque Deus nos criou para o amor e a aceitação, e nada mais poderá nos satisfazer. Até que tenhamos essas coisas, teremos fome delas, e infelizmente poderemos procurar por isso em lugares errados.

O interessante é que muitas das pessoas mais bem-sucedidas do mundo e muitos líderes mundiais têm *raízes de rejeição* em suas vidas. Isso significa que eles experimentaram o sentimento de rejeição de maneira tão profunda que isso afetou sua maneira de pensar, sentir e se comportar ao longo de toda a vida. A rejeição está na base de todas as decisões que elas tomaram e faz parte de todos os momentos de sua vida. Mas essas pessoas estão determinadas a provar que valem alguma coisa e, por isso, se esforçam mais do que a maioria e, por fim, de fato têm êxito. Pelo menos no que diz respeito aos negócios, ao ministério ou à política. Com muita frequência, entretanto, embora nem sempre, elas *não* têm êxito em ser seres humanos saudáveis e plenamente formados. "Quem" essas pessoas são se baseia no que elas "fazem", e se pararem de fazê-lo, elas se tornam mais uma vez pessoas sem valor aos próprios olhos. Precisamos tomar cuidado para não permitir que nosso valor esteja no que fazemos, porque não importa o que façamos, provavelmente chegará um dia em que não o faremos mais.

Nem todos que carregam raízes de rejeição têm êxito e chegam ao topo de sua profissão; na verdade, eles podem ir para o extremo oposto e se alienar da vida de maneira geral. Decidem que se nunca tentarem nada, não serão rejeitados por não terem êxito. Uma coisa é certa, seja qual for nossa resposta aos estragos provocados por uma intensa rejeição, sempre respondemos de maneira pouco equilibrada. Ou trabalhamos demais ou não fazemos absolutamente nada. Ou não temos amigos ou tentamos ter mais amigos que qualquer um para provar a nós mesmos que somos aceitos. Não compramos nada para nós mesmos porque não achamos que merecemos ou fazemos da busca pelas coisas nossa principal meta na vida a fim de nos sentirmos completos.

Nosso verdadeiro sucesso e valor na vida não estão em subir o que o mundo chama de "a escada do sucesso". Não está em uma promoção no emprego, em uma casa maior, em um carro mais bonito ou em participar dos círculos sociais certos. O verdadeiro sucesso é conhecer Deus e o poder da Sua ressurreição; é saber que Ele o ama incondicionalmente e que você se tornou aceitável em Jesus, o Filho Amado de Deus que morreu para pagar pelos seus pecados. O verdadeiro sucesso é ser o melhor que se pode ser, mas nunca ter de ser melhor que outra pessoa para provar que você é valioso.

> *Precisamos tomar cuidado para não permitir que nosso valor esteja no que fazemos, porque não importa o que façamos, provavelmente chegará um dia em que não o faremos mais.*

O livro de Ray Beeson, *The Hidden Price of Greatness* (O Preço Oculto da Grandeza), relata as histórias de grandes homens e mulheres de Deus que foram usados por Ele de formas impressionantes. Podemos aprender algumas verdades poderosas conhecendo o histórico desses indivíduos. O livro explica como o sofrimento na infância em geral é seguido por uma vida de dificuldades. Por exemplo, o pai de David Brainerd* morreu quando ele tinha oito anos. Aos quatorze anos, ele também perdeu sua mãe. E embora tenha herdado uma propriedade de tamanho considerável, David perdeu o amor e o afeto dos pais que é tão essencial para a felicidade e a segurança de uma criança.

David, como muitas crianças abandonadas, rejeitadas, negligenciadas e que sofrem abuso, carregava um grande peso de culpa sobre os ombros — quase como se tivesse sido responsável pela morte dos pais. O autor relata que o Espírito Santo tentava repetidamente mostrar a David que sua suficiência estava em Cristo. Aparentemente ele conseguia ter essa percepção por algum tempo e viver de acordo com ela brevemente, mas logo voltava a ter a mentalidade de "obras e sofrimento", tentando ser perfeito pela própria força.

David Brainerd morreu aos vinte e nove anos. Embora tenha tido um ministério poderoso, sobre o qual ainda se fala hoje, ele se tornou um inválido — doente demais para pregar, ensinar ou orar. O jovem se esgotou completamente, tentando servir a Deus com perfeição.

Sem dúvida entendo isso porque experimentei uma versão particular do dilema de David Brainerd. Felizmente, aprendi a verdade a tempo e parei de me castigar no esforço de me tornar aceitável a Deus. Sofri bastante por muito tempo, embora o Espírito Santo estivesse trabalhando em mim e me revelando a verdade. Eu entrava no descanso de Deus por algum tempo, e então o diabo começava a me atacar novamente. Quando satanás sabe onde somos vulneráveis, ele ataca aquela área repetidamente para ver se ainda resta alguma fraqueza da qual ele possa se aproveitar. Finalmente, eu estava forte o suficiente na minha fé para descansar na certeza do amor e da aceitação de Deus independentemente de qualquer obra que eu fizesse. Tornei-me livre, e ainda desfruto dessa liberdade até hoje.

---

* David Brainerd foi um missionário norte-americano entre a população indígena dos Estados Unidos. Seu ministério foi particularmente fecundo entre os índios Delaware. Durante sua curta vida, foi atormentado por muitas dificuldades. Como resultado, sua biografia se tornou uma fonte de inspiração e encorajamento para muitos cristãos. (N. do T.)

Jesus não desfrutou da aceitação ou da aprovação da maioria das pessoas enquanto esteve na Terra. Ele foi desprezado e rejeitado pelos homens! Mas sabia que Seu Pai celestial o amava. Jesus sabia quem Ele era e isso lhe dava confiança.

Tudo que Jesus suportou e tolerou foi por amor a nós. Se Ele passou pela rejeição, significa que nós, em face desse sentimento, também podemos ultrapassá-la sem sermos destruídos; ou, se já fomos feridos, podemos nos recuperar completamente. Jesus nunca prometeu que todos nos aceitariam e nos aprovariam. Na verdade, Ele nos disse exatamente o contrário. Ele disse que, se optarmos por segui-lo, seremos perseguidos por amor à justiça. Se conseguirmos passar pela infância sem nenhuma experiência traumática de rejeição, podemos experimentar a rejeição por parte dos amigos e da família se decidirmos seguir Jesus de maneira plena. As pessoas não ligam muito se você for meramente religioso e ocasionalmente for à igreja; entretanto, se passamos a levar Jesus a sério e realmente permitimos que Cristo nos transforme, isso costuma incomodar as pessoas.

Quando atendi ao chamado de Deus para ensinar Sua Palavra, fui rejeitada duramente por muitas pessoas, e algumas delas eu amava profundamente e pensava que me amavam também. É impressionante como o compromisso das pessoas conosco muda quando não estamos mais fazendo o que elas querem. Esse período da minha vida foi extremamente doloroso para mim, principalmente porque eu já trazia em meu coração raízes de rejeição vindas da minha infância.

Avance em Meio à Dor

Jimmy tinha quatro anos de idade e estava muito entusiasmado por ter entrado para o time de futebol. Sua mãe o levava a todos os treinos e agora era hora de jogar em sua primeira competição, mas as coisas saíram terrivelmente mal!

Jimmy estava se saindo bem e se divertindo muito até praticamente a metade do jogo. Um garoto maior foi até ele e socou-o com muita força no estômago! Jimmy se dobrou cheio de dor e caiu ao chão, chorando. O garoto lhe disse algo e ele correu para a lateral. Quando sua mãe conseguiu acalmá-lo e perguntou o que havia de errado, ele disse: "Aquele cara grande me deu um soco no estômago e disse: 'Você não serve para nada. Você nunca vai aprender a jogar futebol. Você não está fazendo nada certo! Saia deste campo e não volte mais aqui para tentar jogar conosco!'".

Esse é um exemplo clássico do que acontece com milhões de pessoas. Mesmo com tão pouca idade, Jimmy experimentou a dor da rejeição. Experiências como essa arruínam a vida de muitas pessoas e as impedem de ser quem Deus quer que elas sejam, a não ser que elas aprendam a seguir em frente em meio à dor.

Lembro-me de uma situação na minha infância que me deixou arrasada. Eu tinha cerca de seis anos e minha turma na escola estava fazendo uma festa de Halloween. Muitas das meninas eram princesas ou bailarinas, e suas fantasias eram lindas. Meus pais não queriam gastar muito dinheiro comprando uma roupa para mim e minha mãe não costurava, então ela comprou uma máscara de lobo de borracha. Era uma máscara extremamente feia, e eu a usei com minhas roupas normais. Fiquei magoada por meus pais não quererem que eu também ficasse linda, e por eles não estarem dispostos a gastar um pouquinho de dinheiro em uma fantasia para mim. Lembro-me de me esconder no canto do pátio, no recreio, esperando desesperadamente que ninguém percebesse o quanto eu estava feia. Aquilo deve ter exercido um enorme impacto sobre mim, porque ainda consigo ver a cena hoje muito claramente. Embora tenha sido um acontecimento aparentemente pequeno, aos seis anos, aquilo foi extremamente doloroso.

Traumas de infância como esse tendem a permanecer em nossa mente; costumamos nos contorcer diante dessas lembranças. Talvez você se lembre de um evento semelhante que aconteceu com você e tem consciência de que ele foi um obstáculo em sua vida. Isso pode parecer um exagero, mas as crianças são como mudas de plantas; até um vento suave pode quebrar seus galhos. A boa notícia é que não é tarde demais! Você pode eliminar os efeitos dessas experiências infelizes e seguir em frente para fazer grandes coisas. Quer a dor da rejeição venha de algo maior ou menor, ela é uma dor muito real e, a não ser que seja tratada, pode ter efeitos duradouros.

Sou muito grata porque Deus me deu a graça para avançar apesar da dor da rejeição que experimentei para segui-lo. Não posso imaginar o que eu estaria fazendo hoje se isso não tivesse acontecido, mas sei que provavelmente estaria vivendo em cativeiro e dor.

O diabo usa a dor da rejeição para tentar nos impedir de viver a vida que Deus pretende que vivamos. Estou certa de que o mundo está cheio de pessoas insatisfeitas e não realizadas. Elas permitem que o medo da rejeição do homem determine seu destino, em vez de seguirem o próprio coração. Além disso, no esforço de manterem as outras pessoas felizes, elas mesmas acabaram se tornando infelizes. Incentivo você a não permitir que isso aconteça ou, se você já o fez, a começar a consertar essa situação. Como crentes em Cristo, temos o privilégio de ser guiados pelo Espírito Santo, e Ele sempre nos conduzirá ao lugar perfeito, se permitirmos. É claro que satanás tentará nos impedir, assim como tentou impedir Jesus de seguir a vontade de Deus para Ele.

Jesus foi rejeitado e desprezado por muitas pessoas, incluindo os líderes religiosos da época e até por seus irmãos. Pedro negou-o e Judas o traiu; no entanto, Ele avançou em meio à dor e obedeceu ao Seu Pai celestial.

Satanás planta sementes de rejeição em nós, esperando que elas cresçam e se tornem plantas enormes em nossa vida, que darão frutos venenosos. Mas se nos lembrarmos de que Deus nunca nos rejeita e que a Sua vontade para nós é que sejamos amados e aceitos, entenderemos que a rejeição é um ataque do diabo e podemos nos recusar a permitir que ela exerça um efeito adverso sobre nós. Saber o quanto você é valioso para Deus e que Ele tem um plano maravilhoso para sua vida permitirá que você suporte a dor da rejeição pela alegria do que o espera do outro lado.

Sempre que você experimentar a rejeição, lembre a si mesmo que Deus o ama; que quando as pessoas o rejeitam, isso não quer dizer que há algo errado com você. Embora precisemos ter compaixão dos problemas dos outros, não podemos permitir que eles os projetem em nós. Meu pai me rejeitava como filha e abusava sexualmente de mim, e durante anos acreditei que era porque havia algo errado comigo. Meu pai era grosso e mau, odioso e controlador. Ele usava as pessoas para conseguir o que queria, sem se preocupar com a maneira como seus atos as afetavam. Por fim, percebi que o que ele fazia comigo não era culpa minha, mas sofri com a dor da rejeição por muitos anos.

Meu primeiro marido me rejeitou e escolheu estar com outra mulher enquanto eu estava grávida do nosso filho, e isso fortaleceu minha convicção de que eu era inútil, não tinha valor e não prestava para nada. Cada coisa que acontecia comigo servia para me convencer cada vez mais de que eu era profundamente imperfeita e indigna de ser amada. Finalmente, percebi que meu primeiro marido é quem tinha um problema, e não eu. Ele era infiel, e não eu. Ele foi preso porque era um ladrão, e não eu. Ele mentia, não queria trabalhar, usava as pessoas e não agregava valor a ninguém. Naquela época, porém, quando ele me rejeitou, eu não conseguia enxergar além da minha dor, então foi fácil para satanás me enganar e me culpar pelos problemas que ele tinha.

Se você está experimentando a dor da rejeição em sua vida neste momento, pare e pense seriamente na pessoa que o está rejeitando. Estou certa de que se você analisar o comportamento dela e seus atos, não apenas com relação a você, mas com relação às outras pessoas também, perceberá que ela é que tem um problema, e não você. Recentemente, eu estava respondendo a algumas perguntas em um programa de rádio e uma mulher telefonou para dizer: "Meu marido é viciado em pornografia, e há um ano ele me disse que sou horrível se comparada às mulheres da Internet ou das revistas, e que eu nunca poderia fazer com que ele sentisse o que elas o fazem sentir". Ela estava arrasada com as palavras dele e parecia ser incapaz de superar aquilo, e por isso estava pedindo um conselho. Eu lhe disse que ela precisava entender que ele é quem tinha um problema e não permitir que ele colocasse a culpa nela. Pessoas feridas ferem pessoas! Havia alguma coisa errada dentro dele que fazia com que ele quisesse fazer o que estava fazendo, e o comportamento dele era pecaminoso. Eu disse a ela para orar por ele e dizer-lhe que não podia fazer com que ela se sentisse mal consigo mesma, porque ela sabia que Deus a amava.

Não permita que o mau comportamento de outra pessoa em relação a você o faça se sentir mal consigo mesmo. Entendo que é mais fácil dizer do que fazer isso, porque ficamos sentimental e emocionalmente envolvidos, e a dor emocional é realmente um dos piores tipos de dor que podemos sentir. Podemos tomar um analgésico para nos livrar da dor física, mas não existe um remédio para a dor emocional. É por isso que precisamos reconhecê-la pelo que ela é e saber que se não a alimentarmos, cedendo a ela, eventualmente a dor diminuirá e desaparecerá. Você não pode evitar senti-la, mas não precisa deixar que ela determine suas ações. Você pode aprender a controlar as emoções, e não permitir que elas o controlem. Pode aprender a não viver uma vida controlada pelos sentimentos! Avance em meio à dor e viva a sua vida!

Não Rejeite a Si Mesmo

O objetivo do diabo em longo prazo é que, por fim, rejeitemos a nós mesmos e vivamos uma vida miserável. O diabo é contra nós e ele quer que fiquemos contra nós também. Felizmente, Deus é por nós, e quando aprendemos a concordar com Deus e com o que Ele diz a nosso respeito na Sua Palavra, o diabo é completamente derrotado e seu plano não tem êxito.

Experimentei a rejeição de maneira profunda e dolorosa incontáveis vezes em minha vida, mas fico feliz em dizer que com a ajuda e o poder curador de Deus, gosto de mim mesma! Todos nós deveríamos ter um amor e um respeito saudável por nós mesmos! Gosto de dizer: "Não seja apaixonado por si mesmo, mas ame a si mesmo". Se Jesus o amou o bastante para morrer por você, você nunca deve se rebaixar ou rejeitar a si mesmo.

O desejo de Deus é que nos tornemos árvores de justiça que dão bons frutos (Isaías 61:3). Entretanto, se rejeitarmos a nós mesmos, nosso fruto será medo, depressão, negativismo, falta de autoconfiança, ira, hostilidade e autocomiseração. E isso só para listar alguns desses frutos. Também ficaremos confusos e completamente infelizes. É impossível ser feliz se você odeia, despreza ou rejeita a si mesmo.

Independentemente de quantas outras pessoas o amem, se não amar a si mesmo, você ainda se sentirá só.

> Independentemente de quantas outras pessoas o amem, se não amar a si mesmo, você ainda se sentirá só.

Causas e Resultados da Rejeição

Talvez você tenha a sensação de que sempre foi infeliz e simplesmente não sabe o que há de errado. Conheci uma mulher assim. Ela era uma boa cristã, com uma família e um lar adoráveis, mas não conseguia superar o sentimento de que alguma coisa faltava dentro dela. Era atormentada por sentimentos de insegurança e não se sentia amada. Por fim, descobriu que fora adotada, que sua mãe biológica não a queria e que ela havia sido deixada na porta de um hospital.

Existem muitas coisas que podem abrir a porta para um espírito de rejeição encher nossa alma e começar a governar nossa vida. É bom conhecermos as causas da rejeição que sentimos porque a verdade nos liberta. Às vezes o simples ato de entender nos ajudará a lidar com um problema de forma eficaz.

Eis algumas das coisas que podem fazer com que uma pessoa se sinta rejeitada. Dê uma olhada e pergunte a si mesmo se alguma se relaciona com você ou com alguém que você conhece.

- Concepção indesejada
- Uma mãe que pensou em abortar ou tentou abortar
- Uma criança nascida com o sexo errado aos olhos dos pais (por exemplo, eles queriam um menino e nasceu uma menina)
- Pais decepcionados com um filho que nasceu com deficiências físicas ou mentais
- Comparação com outros irmãos
- Adoção
- Morte de um ou de ambos os pais
- Abuso físico, verbal, sexual ou emocional e falta de afeto
- Um dos pais sofre de doença mental (o filho pode se sentir abandonado)
- Divórcio
- Ser rejeitado por aqueles próximos a você
- Brigas dentro de casa
- Rejeição no casamento ou um cônjuge infiel

Você se tornou prisioneiro da dor gerada por um acontecimento que não pode voltar atrás e desfazer? Nesse caso, siga em frente, deixe que o que ficou para trás permaneça lá atrás, e permita que isso o torne uma pessoa melhor, e não uma pessoa amarga.

A seguir, há uma lista de alguns dos comportamentos que são frutos da rejeição e costumam atormentar a vida das pessoas que sentem que não foram amadas e aceitas durante os anos de sua formação. Algum deles lhe parece familiar?

Ira — Pessoas que foram feridas sentem raiva pelo que sofreram injustamente. A tendência natural é sentir que alguém nos deve alguma coisa.

Julgar outras pessoas — Quando as pessoas se sentem mal consigo mesmas, frequentemente encontram defeitos nos outros para desviar a própria culpa.

Amargura — Tudo na vida pode se tornar amargo quando a base do nosso comportamento é uma raiz de rejeição.

Competição — Uma pessoa que se sente insegura pode competir com as outras, sempre tentando ser melhor que elas ou no mínimo tão boa quanto elas.

Ficar na defensiva — Embora possamos nos sentir desvalorizados, muitas vezes ainda nos defenderemos se algo for dito que possa fazer com que nos sintamos ainda mais rejeitados.

Desrespeito — Se formos desconfiados e receosos, teremos a tendência de também desrespeitar as pessoas.

Desconfiança — Se não nos sentimos amados, desconfiaremos até das pessoas que dizem que nos amam. Seremos melindrosos e esperaremos que todos eventualmente venham nos ferir.

Mecanismos de escape como drogas e álcool; exagerar nas compras e no trabalho; ou dormir, comer e ver televisão em excesso — Quando nossa dor é extrema, costumamos encontrar maneiras de evitá-la.

Todo tipo de medo — A rejeição pode gerar fobias diversas. Uma pessoa pode ficar paralisada pelo medo e permitir que ele governe sua vida.

Culpa — Podemos sentir que a rejeição que experimentamos é responsabilidade nossa e, portanto, viver com uma vaga sensação de culpa.

Dureza — As pessoas podem desenvolver uma dureza na alma que pensam que as protegerá contra o sofrimento, mas isso acaba ferindo outras pessoas das mesmas maneiras que elas estão tentando evitar se ferirem.

Desesperança — Podemos viver com um sentimento de que nada de bom acontecerá conosco, então por que sequer se incomodar em pensar que algo de bom pode acontecer?

Inferioridade — Podemos sentir que não somos tão bons quanto as outras pessoas e cair na armadinha de nos comparar a elas.

Inveja — Não conhecer nosso valor nos leva a querer o que as outras pessoas têm para que possamos nos sentir no mesmo patamar que elas. Podemos facilmente nos ressentir pelas bênçãos dos outros se tivermos em nosso interior raízes de rejeição.

Perfeccionismo — Podemos nos esforçar para ser perfeitos, pensando que assim ninguém conseguirá encontrar algum defeito em nós.

Autoimagem negativa — Podemos nos ver como pessoas fracassadas e nos sentir mal com nós mesmos de todas as formas possíveis.

Pobreza — Se nos sentimos desvalorizados, podemos acreditar que não merecemos nada; portanto, não nos esforçamos para ter nada.

Rebelião — Quando fomos feridos, principalmente se alguém em posição de autoridade nos feriu, podemos ter medo de nos ferir novamente e nos rebelar contra toda autoridade.

A boa notícia é que a solução para cada um desses padrões de comportamento errado está na Palavra de Deus. Posso dizer com segurança que tive todos esses comportamentos em um momento ou outro da minha vida, mas quando comecei a estudar a Palavra de Deus e a crer nela, também fui liberta de todos eles.

Se você precisa de ajuda nessas áreas, acredite em mim quando digo que Jesus é a sua resposta. Você não precisa passar a vida sofrendo pela maneira como as outras pessoas o trataram ou por coisas que aconteceram com você. Deus lhe deu um caminho para sair disso e um lugar de segurança. Deus o ama; Ele nunca o rejeitará e não está bravo com você!

CAPÍTULO 7

Aprendendo a Ver Claramente

[Porque sempre oro] ao Deus de nosso Senhor Jesus Cristo, o Pai da glória, para que Ele lhes conceda o espírito de sabedoria e revelação [de discernimento de mistérios e segredos] no [profundo e íntimo] conhecimento Dele.

— Efésios 1:17

Tenho olhos secos e frequentemente tenho de colocar colírios de textura espessa para umedecê-los. Depois que faço isso, minha visão fica turva por algum tempo e não consigo ver claramente, tudo que vejo fica distorcido. É assim que vemos o mundo e a nós mesmos quando agimos com base em raízes de rejeição e sentimentos de baixa autoestima. Nossa percepção da realidade fica turva, e julgamos muitas coisas de forma errada. Podemos imaginar que alguém está nos ignorando quando, na verdade, a pessoa sequer nos viu.

Lembro-me claramente de uma mulher que frequentou alguns de meus estudos bíblicos semanais nos anos 1980. Uma amiga me disse que essa mulher, a quem chamaremos Jane (esse não é seu nome verdadeiro), estava profundamente magoada porque eu nunca falava com ela. Fiquei chocada quando ouvi isso porque não me lembrava de já tê-la visto. Eu a conhecia e sabia que ela frequentava as aulas, mas centenas de outras mulheres também as frequentavam, e eu não podia falar pessoalmente com todas elas.

Orei acerca dessa situação porque não era o meu desejo ferir ninguém, e senti que Deus me mostrou que Ele havia deliberadamente feito com que eu não a notasse, porque ela queria a minha atenção pelo motivo errado. Ela era muito insegura e queria a atenção para se sentir melhor consigo mesma. Deus queria que ela fosse a Ele para que suas necessidades fossem atendidas. Ele queria que ela encontrasse seu valor no amor dele por ela. Fico feliz em dizer que Jane acabou recebendo a cura de Deus e trabalhou na minha equipe por vinte anos. Mesmo assim, eu ainda não a via com muita frequência por causa da área na qual ela trabalhava, mas isso não importava para ela porque Jane não *precisava* mais que eu prestasse atenção nela.

Gostaria de poder dizer que todas as pessoas inseguras são curadas e seguem em frente para cumprir o propósito para o qual foram destinadas, mas infelizmente, isso não acontece. No entanto, pode acontecer se a pessoa quiser aprender a ver claramente.

A maneira como vemos as coisas é determinada pela forma como pensamos em nosso interior. Vemos as coisas através da lente dos nossos pensamentos, e se esses pensamentos forem equivocados, então veremos as coisas de maneira errada.

Por exemplo, muitos casais têm dificuldade de se comunicar. Eles começam a conversar sobre uma questão, e não demora muito até se irritarem e começarem a discutir sobre coisas que não têm nada a ver com aquilo que pretendiam conversar. Eles se perdem em um labirinto de acusação e frustração, e a conversa acaba com um deles lançando as mãos para o alto, exasperado, dizendo: "Simplesmente não consigo conversar com você sobre nada!".

Isso parece familiar? Para mim sim, porque Dave e eu passamos por isso inúmeras vezes até que aprendi que minhas antigas feridas de rejeição estavam afetando minha percepção. Eu não estava vendo claramente e acreditava em toda espécie de coisas que simplesmente não eram verdade. Por exemplo, se Dave não concordasse comigo em todos os pontos, para mim, era como se ao discordar de mim ele estivesse me rejeitando como pessoa, e não rejeitando a minha opinião. Se ele não concordasse comigo em tudo (e eu quero dizer em tudo mesmo), então eu me sentia ferida e não amada. Esses sentimentos me levavam a culpá-lo pela maneira como eu me sentia e a depois tentar manipulá-lo para que ele concordasse comigo.

Lembro-me de ficar muito confusa durante esses momentos. O fato de aparentemente não conseguirmos falar sobre as coisas me frustrava, mas eu sinceramente não sabia o que estava errado! Eu presumia que era Dave que estava sendo teimoso, mas finalmente descobri que a raiz de rejeição em minha vida ainda estava colorindo todas as minhas conversas, e principalmente os confrontos.

Precisamos deixar Deus remover as percepções erradas que pintam nosso modo de pensar e substituí-las por percepções corretas, segundo o coração de Deus, acerca de nós mesmos e dos outros. Isso é feito à medida que nossa mente é renovada pelo estudo da Palavra de Deus.

Se não estivermos pensando claramente, podemos achar que não somos capazes de fazer algo que na realidade poderíamos fazer muito bem se simplesmente nos dispuséssemos e tentássemos. Podemos ver a nós mesmos como um fracasso iminente por causa das coisas que nos foram ditas durante a vida, mas o que Deus diz? Ele diz que podemos fazer todas as coisas através dele e que não temos de temer o homem ou o fracasso. Podemos viver com ousadia, e podemos experimentar diferentes coisas para descobrirmos se podemos fazê-las ou não. Como você saberá em que você é bom se tem tanto medo do fracasso e, por isso, nunca tenta fazer nada?

Esforçamo-nos ao máximo para não sentir a dor da rejeição, e isso geralmente faz com que deixemos que nossos sentimentos ditem nosso comportamento e nossas escolhas. Precisamos viver além dos nossos sentimentos. O livro de Provérbios nos encoraja repetidamente a obter a sabedoria e o entendimento de Deus (compreensão e discernimento). Isso significa que devemos aprender a pensar claramente, ou aprender a pensar com a mente do espírito, e não com a mente carnal.

Quando pensamos naturalmente, de acordo com nossas visões e sentimentos, estamos pensando com a mente carnal. A Palavra de Deus afirma que isso é senso e razão sem o Espírito Santo, e que isso traz morte e todas as misérias que decorrem do pecado (Romanos 8:6). Esta manhã, notei que eu estava me sentindo tensa, não estava relaxada e não sabia por quê. Em vez de tentar simplesmente começar minhas atividades e ficar confusa o dia inteiro sem saber o que estava errado comigo, parei e pedi a Deus entendimento e discernimento. Eu sabia que aquela não era a maneira que Deus queria que eu me sentisse, então, o que estava por trás daquilo? Percebi rapidamente que eu estava vagamente preocupada com alguma coisa que alguém a quem amo estava fazendo e que eu achava não ser uma boa escolha. Era algo que eu não podia controlar e, na verdade, não era da minha conta. Minha única opção era orar e confiar em Deus para revelar a verdade à pessoa se a decisão dela estivesse equivocada.

Dedicar tempo para pensar mais claramente permitiu que eu superasse minha preocupação, seguisse em frente e desfrutasse o dia. Isso permitiu que eu pensasse com a mente do Espírito Santo. Convidei-o a entrar no meu pensamento quando pedi sabedoria e discernimento. Ele me ajudou a ver a situação claramente. Encorajo você a parar a qualquer momento em que se sentir pressionado, preocupado, frustrado ou tenso e pedir a Deus para lhe mostrar por que você está se sentindo assim. Você poderá ver mais claramente e isso o ajudará a superar o problema.

Incentivo você a orar diariamente para que a sabedoria flua através de você, e para que tenha um profundo discernimento e entendimento. Peça a Deus para lhe mostrar a verdade em cada situação. Não tenha medo de encarar a verdade se você for a pessoa que está equivocada. Ser livre é muito mais importante do que estar certo. Para mim, foi um pouco difícil encarar a realidade de que a maioria das discussões que Dave e eu tínhamos era resultado das minhas antigas feridas. Foi ainda mais difícil pedir perdão e dizer a ele que a culpa era principalmente minha, mas engolir meu orgulho foi um preço pequeno a pagar em troca da liberdade.

Se você ainda reage às pessoas e situações com base em antigas feridas causadas pela rejeição, pelo abandono ou pelo abuso, você pode ser liberto. Você não apenas desfrutará da sua liberdade, como também as outras pessoas que fazem parte da sua vida a desfrutarão. Sei que todas aquelas vezes em que eu não pensava claramente e reagia a tudo de modo emocional — em vez de reagir com a mente do Espírito — foram muito difíceis para Dave. Sua disposição em mudar será uma bênção para muitas pessoas.

> *Ser livre é muito mais importante que do estar certo.*

Rejeição e Confronto

As pessoas que se desvalorizam e têm raízes de rejeição em seu coração não lidam muito bem com o confronto ou com qualquer espécie de correção. Geralmente se tornam defensivas e tentam convencer as pessoas que as estão confrontando de que estão erradas em sua avaliação a respeito delas.

Ninguém gosta de ouvir que está errado sobre alguma coisa e que precisa mudar, mas uma pessoa segura pode lidar com isso muito melhor que alguém inseguro. Aceitar o amor e a aprovação de Deus, buscando enraizar-se neles, nos ajudará a receber o confronto com uma atitude positiva. A pessoa que nos confronta pode estar certa ou não, mas pelo menos podemos ouvir sem ficar irados.

Se você pode lidar com a consciência de que não é perfeito, não ficará chateado quando outras pessoas lhe disserem que não é. O professor de seminário e escritor Steve Brown aprendeu o que ele chama de "Réplica Bingo". Depois de ouvi-lo falar em um seminário, um homem foi até ele e fez diversas observações e correções. Ele começou o confronto com:

— O que você disse hoje feriu meu coração. Acho que você é arrogante, rude e orgulhoso.

E Steve respondeu:

— Bingo, você entendeu perfeitamente; se você tivesse me conhecido antes, ficaria ainda mais entristecido.

Steve não tem medo de ser desafiado, porque ele já sabe que não é perfeito. Ele diz que quando as pessoas lhe dizem que ele está errado a respeito de alguma coisa, ele diz: "Bingo, estou errado pelo menos cinquenta por cento das vezes". Ou se alguém o chama de egoísta, ele diz: "Bingo, minha mãe me disse a mesma coisa, e minha esposa também sabe disso".

Pense simplesmente de quanta ira e dor emocional agir assim lhe pouparia. Quando alguém nos rejeita porque não somos perfeitos, isso não nos incomodará se já tivermos consciência de que não somos perfeitos, e não temos problemas com isso. Na verdade, não é o que as pessoas nos dizem ou fazem que nos deixa infelizes, mas a maneira como reagimos. Se tivermos uma atitude saudável para com nós mesmos, não nos incomodaremos com o que os outros pensam.

Um dia antes de escrever este capítulo saí para um compromisso e uma mulher me reconheceu. Ela perguntou se podia me abraçar e enquanto o fazia, disse: "Não me importo com o que as pessoas dizem a seu respeito: acho você maravilhosa!". Ela poderia ter simplesmente dito: "Ouço muita gente dizer coisas ruins a seu respeito". Admito que senti uma pequena espetada de dor quando ela disse isso, mas rapidamente deixei esse sentimento de lado e continuei a ter um dia maravilhoso. Na verdade, ri diversas vezes com outras pessoas acerca do que ela disse. Achei irônico eu estar trabalhando no dia anterior a esse nos capítulos do livro que falam sobre rejeição.

Também pensei na maneira como lidei com a situação comparada a como eu teria lidado com ela há vinte anos. Naquele tempo em que ainda havia raízes de rejeição em mim, eu teria procurado saber quem disse coisas ruins a meu respeito e exatamente o que foi dito. Então eu me defenderia e provavelmente ficaria chateada por dias com a ideia de que as pessoas estão falando coisas ruins a meu respeito. Fico muito feliz porque não tenho de me desgastar emocionalmente com o que algumas pessoas pensam. Escolho acreditar que as pessoas que gostam de mim superam em número aquelas que não gostam, portanto vou focar no positivo e permanecer feliz. Você pode escolher fazer o mesmo a qualquer momento em que deparar com uma situação semelhante.

Você Precisa de Uma Dose?

Quando digo: "Você precisa de uma dose", não estou me referindo a bebida. Estou falando de uma nova dose de tapinhas nas costas que faça você se sentir importante apenas para conseguir chegar ao fim de cada dia. Quando não conhecemos nosso valor em Deus, contamos com as outras pessoas para fazer com que nos sintamos valorizados; entretanto, elas nem sempre sabem o que precisamos, e ainda que soubessem, elas poderiam não saber como nos dar isso.

Agora que vejo isso com clareza, entendo que a maioria dos meus problemas e dos problemas de Dave nos primeiros anos do nosso casamento se devia ao fato de termos personalidades diferentes, ou de eu ter expectativas que ele não percebia que eu tinha. No casamento, parece que queremos que nosso cônjuge leia nossa mente e sempre saiba o que queremos, mas ele não pode fazer isso. Com que frequência você se magoa porque presume que alguém tem bom senso suficiente para saber o que você quer, mas essa pessoa não sabe? Se tememos a rejeição, podemos relutar em expressar nossa necessidade claramente. Podemos até dar uma dica, mas não queremos dizer de forma compreensível a alguém o que precisamos para não correr o risco de sermos rejeitados por essa pessoa.

Muitas Lágrimas

Derramei muitas lágrimas ao longo dos anos porque Dave ia jogar golfe e eu "esperava" que ele ficasse em casa e me desse atenção, ou me perguntasse o que eu queria fazer naquele dia. Não queria pedir a ele para ficar em casa e fazer alguma coisa comigo, simplesmente queria que ele "quisesse" ficar, ou que soubesse que deveria fazer isso. Eu queria que ele sacrificasse seus desejos por mim, para que eu me sentisse amada e valorizada.

Certa vez, depois de chorar ao longo do dia e me sentir completamente infeliz, finalmente pensei: *Isto é uma estupidez! Sei que Dave me ama e que ele nunca me magoaria intencionalmente, então por que me sinto tão ferida?* A resposta era que eu ainda estava reagindo à raiz de rejeição. Ainda não conhecia o amor de Deus com profundidade suficiente para perceber qual era o meu valor, então eu precisava de uma "dose" da parte de Dave. Infelizmente, eu precisava disso quase que diariamente, e isso o colocava sob pressão.

Estou pedindo a você para ser muito sincero consigo mesmo e tentar enxergar com clareza qualquer dificuldade que talvez tenha em relação aos seus relacionamentos. Essas dificuldades estão ligadas à maneira como você se sente acerca de si mesmo? Se for esse o caso, é realmente justo pedir a outra pessoa uma nova dose de segurança o tempo todo? Creio que precisamos assumir a responsabilidade pela nossa própria felicidade, porque ninguém mais pode nos manter feliz o tempo todo, e ninguém deveria ter de fazer isso.

Você Feriu Meus Sentimentos!

Com que frequência você diz a alguém: "Você feriu meus sentimentos", e a pessoa responde: "Não tive intenção de feri-los!"? Isso costumava acontecer comigo e com Dave regularmente. Vou contar dois exemplos pessoais que compartilhei em meu livro *A Raiz de Rejeição*.

Dave e eu estávamos jogando golfe juntos e ele estava tendo um dia bastante difícil. Se você conhece alguma coisa sobre golfe, sabe que alguém pode ser um ótimo golfista e ainda assim ter dias em que parece não conseguir fazer nada direito. Dave estava em um desses dias. Como tenho instinto materno, senti muita pena dele, e enquanto estávamos voltando no carrinho de golfe, bati nas costas dele e disse:

— Você vai se recuperar e tudo vai ficar bem!

Ele respondeu:

— Não sinta pena de mim; isso é bom para mim! Espere e você verá que depois disso, vou jogar melhor do que nunca!

Quando Dave não quis receber meu consolo, fiquei arrasada de novo. Eu me senti literalmente como se tivesse desabado. Pensei: *Você é tão cabeçudo! Nunca precisa que ninguém o console. Por que você não pôde dar valor às minhas palavras de consolo?* Ainda magoada e fervendo de raiva por dentro, eu estava indo para casa de carro em silêncio quando o Senhor sussurrou em meu coração: *Joyce, você está tentando dar a Dave o que você precisaria nesta situação, e ele não precisa disso, portanto ele não o recebeu.* Percebi que eu me senti rejeitada porque esperava que Dave precisasse do que eu precisava, mas ele não queria. A personalidade de Dave é diferente da minha e ele não tinha uma raiz de rejeição em sua vida.

Aprendi outra lição enquanto Dave e eu estávamos na agência dos correios. Dave saiu da agência e comecei a contar algo para ele que era importante para mim. Estava no meio da minha história e percebi que ele não estava prestando atenção. Ele disse:

— Olhe aquele homem saindo da agência! A camisa dele está rasgada até às costas!

— Dave, estou tentando falar com você sobre algo importante — reclamei.

— Bem, eu só queria que você olhasse a camisa do homem.

Senti que ele estava mais interessado na camisa rasgada do homem que em mim, e mais uma vez senti a dor esmagadora do que eu encarava como uma rejeição. Todo o episódio se resumiu a uma simples diferença de personalidades entre nós e não teve nada a ver com Dave me rejeitar. Ele é voltado para a "observação" e eu sou um tipo voltado para a "ação". Dave ama observar as coisas e as pessoas; ele percebe todos os detalhes. Eu não estava interessada no homem ou na sua camisa rasgada, só estava interessada em chegar ao meu objetivo na conversa.

Quando Rebecca era pequena, ela era um pouco como Dennis, o Pimentinha, cheia de boas intenções, mas sempre se metendo em encrenca. Parecia que não importava o que ela fizesse, alguma coisa sempre acabava saindo errado e era sempre culpa dela. A coisa chegou ao ponto de sempre que alguma coisa saía errado, o pai e a mãe de Rebecca sempre presumirem que a culpa era dela. Geralmente eles estavam certos, mas às vezes estavam enganados.

Em muitas ocasiões, a mãe de Rebecca entrava na cozinha e via água derramada no chão, ou via um buraco no estofamento de uma cadeira. Tudo que ela encontrava de errado, presumia ser Rebecca a culpada. O resultado é que houve muitas vezes ao longo dos anos em que Rebecca foi castigada por alguma coisa que ela na verdade não havia feito. Estou certa de que seus pais não tinham a intenção de magoá-la, mas os castigos imerecidos exerceram um enorme impacto negativo em Rebecca.

Quando Rebecca se tornou uma mulher adulta, casada, seu marido às vezes dizia: "Tem algo derramado no chão" ou "Encontrei um arranhão no carro", Rebecca ficava tensa imediatamente e reagia: "Não fui eu!".

Um dia, seu marido olhou para ela maravilhado e disse: "Você deve ter tido uma infância difícil. Todas as vezes que eu menciono alguma coisa de errado, você imediatamente pensa que eu a estou culpando".

Aquele foi o dia em que Rebecca percebeu que quando alguém comentava sobre um problema, essa pessoa não estava necessariamente acusando-a de tê-lo causado. Rebecca tinha quarenta e três anos quando chegou a essa conclusão. Que triste o fato de ela ter passado por inúmeros episódios nos quais se sentiu falsamente acusada, quando o suposto "acusador", na verdade, estava apenas fazendo uma observação.

É impressionante a maneira como enxergarmos as situações quando olhamos através de uma lente manchada por uma raiz de rejeição. Isso gera muita dor, uma dor que ninguém teve a intenção de nos causar. Ficamos magoados sem que ninguém pretendesse nos magoar. Creio que à medida que todos nós aprendermos a ver mais claramente, poderemos evitar boa parte desse tipo de dor e da tensão que ela gera nos relacionamentos.

Quando você se sentir magoado, pare e pense! As pessoas estão tentando ferir você, ou elas estão apenas sendo quem são? Sim, talvez elas pudessem ter mais consideração ou ser mais sensíveis, mas como nenhum de nós é perfeito, podemos escolher acreditar no melhor e seguir em frente.

Não permita que a dor da rejeição passada governe seu futuro. Enfrente-a, lide com ela, ore a respeito e peça a Deus para mudar você. Estude a Palavra de Deus e siga em frente! Mesmo que você se sinta convencido do pecado ao ler acerca dessas áreas sobre as quais estou tratando, lembre-se simplesmente de que a convicção do pecado é um passo saudável para a mudança. Você não precisa se sentir condenado. Deus não está decepcionado com você! Ele sabia de suas fraquezas muito antes de você reconhecê-las.

CAPÍTULO 8

Culpa e Vergonha

E, amados, se a nossa consciência (nosso coração) não nos acusa [se ela não nos faz sentir culpados e não nos condena], temos confiança (certeza e ousadia completa) diante de Deus.

— 1 João 3:21

A culpa pode ser saudável ou não. Se ela for o sentimento que temos ao fazer algo errado, é saudável. Ela nos lembra de que precisamos pedir perdão a Deus, ou talvez a uma pessoa. A culpa não saudável é a falsa culpa. É uma culpa que permanece mesmo depois de pedirmos perdão. Ela pode ser também o resultado de uma consciência hipersensível que gera sentimentos de culpa por coisas que não são erradas a não ser na nossa mente. Esse tipo de culpa equivocada e pouco saudável é o tema sobre o qual trataremos neste capítulo. Creio que posso dizer com segurança que sofri mais com esses sentimentos em minha vida do que com qualquer outra coisa.

Em *The Phantom Limb* (O Membro Fantasma), Dr. Paul Brand oferece uma imagem clara do impacto da culpa não saudável.

Os amputados costumam ter a sensação de ter um membro fantasma. Em algum lugar, trancado no cérebro deles, permanece uma memória da mão ou da perna que não existe. Dedos invisíveis se dobram, mãos imaginárias pegam coisas, uma "perna" parece tão firme que o paciente pode tentar se levantar e se firmar nela. Para alguns, a experiência inclui dor. Os médicos assistem impotentes, pois a parte do corpo que está gritando por atenção não existe. Um desses pacientes era o administrador da minha faculdade de medicina, o Sr. Barwick, que tinha um problema grave e doloroso de circulação em sua perna, mas se recusava a permitir a amputação recomendada. À medida que a dor foi piorando, ele se tornou amargo. "Eu a odeio!", ele resmungava, falando da perna. Por fim, ele cedeu e disse ao médico: "Não suporto mais. Não aguento mais essa perna. Pode amputar!". A cirurgia foi marcada imediatamente. Antes da operação, porém, Sr. Barwick fez um pedido bizarro: "Gostaria que o senhor preservasse minha perna em um vidro. Vou colocá-lo na prateleira acima da lareira. Então, quando eu me sentar na poltrona, vou provocar a perna. 'Hah! Você não pode mais me fazer sofrer!'". Por fim, ele teve o seu desejo realizado. Mas a perna desprezada riu por último. Barwick sofreu muito com dores no membro fantasma. A ferida sarou, mas ele podia sentir a pressão torturante do inchaço à medida que os músculos tinham espasmos, sem qualquer previsão de alívio. Ele havia odiado a perna com tamanha intensidade que a dor havia se alojado permanentemente, de forma inexplicável, em seu cérebro.

Para mim, a dor da perna fantasma nos dá uma percepção maravilhosa do fenômeno da falsa culpa. Os cristãos podem ficar obcecados com a lembrança de algum pecado cometido há anos. A recordação nunca os deixa, aleijando seu ministério, sua vida devocional e seu relacionamento com os outros. Eles vivem com medo de que alguém descubra seu passado. Trabalham e fazem hora extra tentando provar para Deus que se arrependeram. Levantam barreiras contra a graça amorosa e envolvente de Deus. Se eles não experimentarem a verdade de 1 João 3:19-20, de que Deus é "maior que a nossa consciência", eles se tornarão tão dignos de pena quanto o pobre Sr. Barwick, sacudindo a mão com fúria na direção da perna conservada sobre a lareira.

É atormentador viver a vida com um fardo de culpa. Jesus levou nossos pecados e a culpa associada a eles e, na verdade, a partir do momento que recebemos o perdão por qualquer pecado que cometemos, não existe mais nenhuma culpa. Quando o pecado se vai, a culpa vai com ele. Jesus não apenas perdoa o pecado, mas Ele o remove completamente. Jesus não se lembra mais dele e, para Ele, é como se o pecado nunca tivesse acontecido. Quando sentimos culpa depois de termos confessado e nos arrependido de um pecado, devemos dizer a esse sentimento que ele é uma mentira. Não permita que os sentimentos governem sua vida. A Bíblia diz que somos justificados em Cristo, e ouvi um teólogo dizer que isso significa que nos apresentamos diante de Deus como se nunca tivéssemos pecado. Mesmo que não consigamos acreditar nisso, podemos optar por viver apesar de nossas emoções, e podemos honrar a Palavra de Deus acima da maneira como nos sentimos. Se fizermos as escolhas certas de acordo com a Palavra de Deus, nossos sentimentos por fim se alinharão com nossas boas escolhas.

Gosto do que Jerry Bridges disse sobre a culpa e a consciência ou sobre sentir-se culpado:

> *Existem dois "tribunais" com os quais precisamos lidar: o tribunal de Deus no Céu e o tribunal da consciência em nossa alma. Quando confiamos em Cristo para sermos salvos, o tribunal de Deus está satisfeito para sempre. Nunca mais uma acusação de culpa será trazida contra nós no Céu. Nossa consciência, porém, está continuamente nos declarando culpados. Essa é a função da consciência. Portanto, precisamos, pela fé, fazer com que o veredicto da consciência seja igual ao veredicto do Céu. Fazemos isso concordando com nossa consciência acerca da culpa, mas depois lembrando a ela que a culpa já foi levada por Cristo.*

> *Porque todos pecaram e estão destituídos da honra e da glória que Deus concede e recebe, e [todos] são justificados, se tornam retos e estão na posição correta diante de Deus, livremente e gratuitamente por Sua graça (Seu favor e graça imerecidos), através da redenção que está [suprida] em Cristo Jesus.*

> — Romanos 3:23-24

Se você ler apressadamente as palavras anteriores, talvez não perceba a totalidade do poder e da liberdade que há nelas. Vamos rever essas palavras, desta vez lentamente.

1. A partir do momento que pedimos e recebemos o perdão por qualquer pecado que cometemos, não existe mais qualquer culpa. Se nos sentimos culpados depois disso, essa é uma falsa culpa.
2. Quando Jesus perdoa o pecado, ele é removido completamente e Jesus não se lembra mais dele. É como se o pecado nunca tivesse acontecido.
3. Somos justificados pela fé em Jesus e isso significa que comparecemos justos diante de Deus, como se nunca tivéssemos pecado.
4. Essa promessa é para todos os que são redimidos em Cristo.
5. Quando sua consciência lhe fizer sentir-se culpado, lembre a ela que embora tenha pecado, você também foi perdoado e justificado diante de Deus.

Gosto da parte de Romanos 3:23 que diz que todos nós estamos "destituídos" da glória de Deus. Não apenas falhamos uma vez, mas estamos sempre falhando, e o perdão que Deus oferece em Cristo é contínuo. Não é algo que acontece uma única vez, mas está disponível todas as vezes que precisamos dele.

Já recebi propostas de negócio que só acontecem uma vez na vida, e descobri que nem sempre elas são tão boas quanto parecem. Geralmente, elas têm a intenção de nos afetar emocionalmente para tomarmos uma decisão apressada a fim de não perdermos essa oportunidade maravilhosa, única, que nunca mais se repetirá.

O que Deus nos oferece em Cristo é completamente diferente disso. É algo que está disponível a qualquer um, a qualquer momento que precisar! Jesus, a expiação substitutiva, pagou nossa dívida. Ele se tornou culpado para que pudéssemos nos tornar inocentes. Ele não era culpado de pecado algum, mas Ele tomou sobre Si a culpa de todos nós (ver Isaías 53:11).

Satanás é chamado de "o acusador dos nossos irmãos" em Apocalipse 12:10, e é exatamente isso que ele é. Ele nos acusa como se ainda fôssemos culpados de coisas pelas quais fomos perdoados.

Lembretes Que Não São Bem-Vindos

Por quanto tempo você vai permitir que satanás, o acusador dos filhos de Deus, faça de você um escravo?

Steven Cole conta uma história engraçada no site Higherpraise.com que fala algo muito importante acerca de tornar-se escravo de alguém.

Um garotinho estava visitando seus avós e ganhou sua primeira atiradeira. Ele praticou nos bosques, mas nunca conseguia atingir um alvo. Quando voltou ao quintal da vovó, ficou espiando o pato que ela criava. Em um impulso, mirou e soltou uma pedra. A pedra atingiu o alvo, e o pato caiu morto. O menino entrou em pânico. Sua irmã Sally havia visto tudo, mas não disse nada.

Depois do almoço, vovó disse: "Sally, vamos lavar a louça". Mas Sally disse: "Johnny me disse que queria ajudar na cozinha hoje. Não é mesmo, Johnny?". E sussurrou para ele: "Lembre-se do pato!". Então Johnny lavou a louça.

Mais tarde, vovô perguntou se as crianças queriam ir pescar. Vovó disse: "Sinto muito, mas preciso de Sally para me ajudar a fazer o jantar". Sally sorriu e disse: "Já está tudo resolvido. O Johnny quer ajudar com o jantar!". Mais uma vez, ela sussurrou: "Lembre-se do pato". Johnny ficou e Sally saiu para pescar. Depois de vários dias fazendo tanto as suas tarefas quanto as de Sally, Johnny por fim não suportava mais. Ele confessou para a avó que havia matado o pato. "Eu sei, Johnny", disse ela, abraçando-o. "Eu estava na janela e vi tudo. Por amar você, eu o perdoei. Eu estava me perguntando até quando você permitiria que Sally o fizesse de escravo".

Satanás é um mentiroso, mas uma de suas armas favoritas para nos atormentar é meramente nos lembrar dos pecados passados. Ele é vigilante nos seus esforços para fazer com que nos encolhamos sob o peso da própria vergonha. A culpa e a vergonha fazem com que sintamos que Deus está zangado, nos retiremos da Sua presença e vivamos vidas fracas e dignas de pena.

Todos nós pecamos e estamos destituídos da glória de Deus. Nenhuma pessoa é sem pecado, e todos nós sentimos culpa às vezes, mas quando continuamos presos a ela por muito tempo, depois de já termos sido perdoados, a culpa se transforma em vergonha. Sentimos culpa pelo que fizemos e sentimos vergonha de nós mesmos.

Satanás tem boa memória. Ele se lembra de cada pequena coisa que fizemos de errado e traz lembretes que não são bem-vindos. Deus não apenas nos perdoou, como se esqueceu dos nossos pecados e não se lembra mais deles. Precisamos parar de nos lembrar do que Deus se esqueceu. Quando satanás nos lembra de um pecado passado, devemos abrir a boca e dizer: "Não sei do que você está falando. Não me lembro de ter feito isso". Ou pelo menos devemos dizer: "Obrigado pela recordação. Ela me ajuda a lembrar o quanto é grande a misericórdia de Deus para comigo e o quanto sou grato pelo Seu perdão total".

Estou usando o termo "perdão total" frequentemente porque quero enfatizar que o perdão de Deus não é parcial, ou quase, mas é completo. Quando alguém peca contra nós, podemos perdoar um pouco, mas ainda guardar um pouco de rancor. Isso, é claro, não é o verdadeiro perdão. O tipo de perdão de Deus é completo. Dedique um instante para pensar na pior coisa que você se lembra de já ter feito. Agora, entenda que você foi *completamente* perdoado. A bondade de Deus é maior que qualquer coisa má que você já fez ou poderia vir a fazer. Isso deve lhe trazer um suspiro de alívio e uma sensação de alegria varrendo toda a sua alma.

Deus procura nos mostrar insistentemente em Sua Palavra que em Cristo somos novas criaturas, que as coisas velhas já passaram e tudo se fez novo (2 Coríntios 5:17). Um modo de viver inteiramente novo nos é oferecido. Temos novidade de vida. Uma nova aliança com Deus selada no sangue de Jesus. Jesus nos deu um novo mandamento: devemos amar uns aos outros assim como Ele nos ama. Tudo o que Deus oferece é novo. Tudo que é velho precisa ser deixado para trás. Não há espaço no futuro para os erros do passado. Na verdade, você tem um futuro tão brilhante pela frente que deveria precisar de óculos escuros para olhar para ele.

Precisamos deixar para trás as velhas maneiras de pensar e os velhos padrões de comportamento. Nós nos despimos do velho homem e nos revestimos do novo homem. Não vivemos mais sob a velha aliança da Lei, das obras, do pecado e da morte. Somos instruídos a nos desapegar do que ficou para trás a fim de abrir caminho para o novo. Jesus disse que vinho novo não pode ser derramado em odres velhos. Na nova vida que Deus tem para nós não há espaço para o velho. Fazer um estudo bíblico sobre todas as coisas que Deus tornou novas é muito encorajador. Você está preso a coisas velhas enquanto, ao mesmo tempo, está tentando viver uma nova vida em Cristo? Se for esse o caso, você só se sentirá frustrado e derrotado. Todo dia pode ser um novo começo.

Satanás tenta desesperadamente nos manter presos ao passado, nos fazendo sentir culpados pelas coisas antigas e nos lembrando o tempo todo de nossos erros, fraquezas e imperfeições. Tome a decisão de começar de novo todos os dias, deixando o que ficou para trás e se alegrando com o dia que Deus lhe deu.

Anteriormente neste livro, falamos sobre o caráter de Deus. É fácil satanás nos enganar se não conhecemos o caráter de Deus. Mais uma vez, deixe-me dizer que Deus não é como as pessoas. A maior parte da nossa culpa é causada pelo que pensamos serem as expectativas de Deus e a maneira como pensamos sobre o pecado e a solução para ele.

O pecado só é um problema se nos recusarmos a admiti-lo e a confessá-lo. É espiritualmente saudável e emocionalmente libertador simplesmente concordar com Deus, assumir a responsabilidade pelos erros, receber o dom gratuito do perdão e pedir a Ele para nos ajudar a mudar.

> *Se admitirmos [francamente] que pecamos e confessarmos os nossos pecados, Ele é fiel e justo [fiel à Sua própria natureza e promessas] e perdoará os nossos pecados [esquecerá a nossa iniquidade] e nos purificará [continuamente] de toda injustiça [tudo que não está em conformidade com a Sua vontade em propósito, pensamento e ação].*
>
> — 1 João 1:9

Se encararmos o que Deus já sabe, que somos pecadores imperfeitos e falhos que precisam dele a cada instante, então o pecado não é um problema. Se um de meus netos derrama algo no chão, digo depressa: "Não se preocupe, não tem problema. A vovó pode limpar isso. Tenho uma coisa que vai deixar o chão limpo outra vez". Percebi que às vezes, quando eles derramam alguma coisa, imediatamente olham assustados, como se fossem ter problemas. Então digo para não se preocuparem o mais depressa que posso, porque não quero que eles se sintam mal porque cometeram um erro.

Quando cometemos erros, Jesus sente o mesmo. É como se Ele estivesse dizendo: "Não se preocupe, tenho exatamente aquilo que vai limpar essa sujeira, e não vai ficar nenhuma mancha". Quando o pecado é removido e limpo com o sangue de Jesus, ele não deve deixar nenhuma mancha de culpa!

Deus não espera que não cometamos erros. Ele já sabe sobre cada erro que cometeremos, e já decidiu nos perdoar. O pecado tem de ser pago, mas nós não precisamos pagar! É como se você fosse até a companhia elétrica para pagar sua conta e o atendente olhasse para você e dissesse: "Alguém pagou sua conta ontem". Seria uma tolice você insistir em pagar a conta que já foi paga! É exatamente isso que fazemos às vezes com relação ao nosso pecado. Pedimos a Deus que nos perdoe, Ele o faz, no entanto, continuamos tentando pagar com nosso sentimento de culpa. Precisamos aprender a pedir e receber. Pedir é o primeiro passo, mas receber completa o processo. Devemos pedir e receber para que nossa alegria possa ser completa (João 16:24).

Se não soubermos como receber o dom gratuito da graça misericordiosa de Deus, então puniremos a nós mesmos com a culpa. Sacrificamos nossa paz e alegria, mas nossos sacrifícios não são aceitáveis para Deus porque eles não bastam. Só Ele poderia se tornar o perfeito sacrifício sem pecado pelos nossos pecados. Pare de tentar pagar uma dívida que você não pode pagar.

Saindo da Cidade do Remorso

Contei essa história antes, mas ela precisa ser repetida aqui, porque é muito boa. Ela é uma alegoria sobre o remorso que enfatiza a importância de escolher cuidadosamente o caminho que iremos seguir.

Eu não havia planejado fazer uma viagem naquela época do ano, no entanto, me vi fazendo as malas apressadamente. Esta viagem seria desagradável e eu sabia de antemão que nada bom resultaria disso. Estou falando sobre a minha Viagem da Culpa anual.

Comprei os bilhetes para voar para lá nas Linhas Aéreas Quem Me Dera Se Eu Tivesse. Foi um voo extremamente curto. Eu estava com a bagagem que não pude despachar. Preferi levá-la comigo o tempo todo. Ela estava pesada com mil lembranças do que aconteceu. Ninguém me cumprimentou quando entrei no terminal para o Aeroporto Internacional da Cidade do Remorso. Digo internacional porque pessoas de todo o mundo visitam essa cidade sombria.

Quando fiz o check-in no Hotel do Último Recurso, percebi que eles iriam sediar o evento mais importante do ano, o Festival Anual da Autopiedade. Eu não iria perder aquela grande ocasião social. Os principais habitantes da cidade estariam lá.

Primeiramente, estaria lá a família Está Feito, Devia Ter Feito, Teria Feito e Poderia Ter Feito. Depois viria a família Eu Tivesse. Você provavelmente conhece o velho Gostaria Que Eu Tivesse e todo o seu clã. É claro que as Oportunidades estariam presentes, a Perdida e a Arruinada. A maior família seria dos Ontem. Há tantos deles que é impossível contá-los, mas cada um teria uma história muito triste para testemunhar.

Depois, os Sonhos Desfeitos sem dúvida apareceriam por lá. E A Culpa é Deles nos alegraria com histórias (desculpas) sobre como as coisas haviam falhado, e cada história seria aplaudida de pé por Não Me Culpe e Eu Não Pude Evitar.

Bem, para resumir, fui àquele evento deprimente sabendo que isso não traria nenhum benefício real. E, como sempre, fiquei muito deprimida. Mas, ao pensar em todas as histórias de fracassos que foram trazidas do passado, ocorreu-me que todas essas viagens para as "festas de autopiedade" — a atual e as futuras — podiam ser canceladas por mim! Comecei a entender que eu de fato não tinha de estar ali. Eu não tinha de ficar deprimida. Uma coisa continuou passando pela minha mente: NÃO POSSO MUDAR O ONTEM, MAS TENHO O PODER PARA FAZER DO HOJE UM DIA MARAVILHOSO. *Posso ser feliz, alegre, realizada, encorajada, e também alguém que encoraja os outros. Sabendo disso, saí da Cidade do Remorso imediatamente e não deixei endereço para correspondência. Lamento pelos erros que cometi no passado? Sim! Mas não existe um meio físico de desfazê-los.*

Portanto, se você está planejando uma viagem de volta à Cidade do Remorso, por favor, cancele todas as reservas agora. Em vez disso, faça uma viagem para um lugar chamado Começar de Novo. Gostei tanto de lá que fixei residência permanente ali. Meus vizinhos, a família Eu Perdoo a Mim Mesmo e a família Novo Começo, são muito prestativos. E por falar nisso, você não precisa carregar uma bagagem pesada, porque o fardo é retirado dos seus ombros na chegada. Deus o abençoe para que você encontre essa cidade incrível. Se tiver dificuldades em encontrá-la, ela está no seu coração. Ao chegar lá, procure por mim. Moro na rua Eu Posso Fazer.

Imaginação

Todos nós temos uma área em nossa vida mental chamada "imaginação". É ali que vemos imagens mentais de como acreditamos que as coisas são. As imagens podem ser corretas ou incorretas. Se você se vê como um fracasso, quando na verdade é um filho de Deus perdoado, então sua imaginação precisa ser renovada. A Bíblia nos ensina a destruir as fortalezas mentais e ideias que não estão de acordo com a Palavra de Deus. É nossa função, com a ajuda do Espírito Santo, levar todo pensamento cativo à obediência de Cristo (ver 2 Coríntios 10:4-5). Em termos simples, precisamos aprender a pensar e a imaginar como

Deus pensa e imagina, se quisermos ver Seu bom plano para nós se cumprir. Você pode pensar ou imaginar coisas deliberadamente. Não precisa apenas esperar passivamente para ver o que surge em sua mente e depois meditar nisso sem parar até que se torne parte de você. Deus planta ideias em nossa mente, mas satanás também o faz, e é vital que conheçamos a fonte dos nossos pensamentos, bem como daquilo que imaginamos. Muitas vezes, quando estou me preparando para ensinar a Palavra de Deus, me imagino ou me vejo diante das pessoas, e prego o sermão na minha mente antes de chegar à igreja ou ao centro de conferências. Creio que isso ajuda a me preparar.

Estou a caminho de casa agora e faz alguns dias que não vejo Dave, então estou ansiosa para revê-lo. Vamos sair do aeroporto direto para um restaurante, e diversas vezes vi uma imagem na minha mente do local aonde vamos e da refeição que vamos pedir quando chegarmos lá. Posso nos ver ali, aproveitando o momento e colocando em dia o que aconteceu conosco enquanto estivemos separados. O aniversário da minha filha é hoje, e imaginei o quanto ela gostará do seu presente quando eu o entregar a ela.

Nossa imaginação e nossa mente nos preparam para a ação. Elas podem nos preparar para o sucesso ou o fracasso, para a alegria ou a infelicidade, e a escolha cabe a nós. Se você pensar nos pecados passados e em todas as coisas que você fez de errado, isso só o enfraquecerá. Isso o limita quando você tenta viver o futuro que Deus tem para você. Independentemente do que você fez no passado, aprenda a se ver como uma nova criatura em Cristo. Veja em sua mente o que você quer que aconteça, não se contente em viver no passado.

Meditar acerca do passado alimenta uma falsa culpa que, por fim, se tornará uma fortaleza em sua mente. Uma fortaleza é uma área na qual o inimigo cavou e se enterrou. É muito mais difícil derrubar uma fortaleza que adquirir o hábito de dizer "não" aos pensamentos errados cada vez que eles se apresentam.

Precisamos parar de pensar nos nossos fracassos passados se quisermos derrotar a culpa e a vergonha. Precisamos parar de focar no pecado que foi perdoado e tratado, e começar a louvar a Deus, agradecendo a

Ele pela solução do problema. Pense em como é maravilhoso ser completamente perdoado. A seguir, veja alguns versículos para meditar que o ajudarão a derrotar satanás quando ele tentar lançar uma falsa culpa sobre você.

> *Bendiga [louve afetuosamente e com gratidão] ao Senhor, ó minha alma, e não se esqueça [de nenhum] dos Seus benefícios. É Ele quem perdoa [cada uma das] suas iniquidades, quem cura [cada uma de] todas as suas enfermidades,*
> *Quem redime a sua alma da cova e da corrupção, Quem adorna, dignifica e coroa você com bondade e terna misericórdia.*
> — Salmos 103:2-4

> *Assim como está longe o oriente do ocidente, assim Ele afastou de nós as nossas transgressões.*
> — Salmos 103:12

> *Venham agora, e vamos argumentar juntos, diz o Senhor. Embora os seus pecados sejam como a escarlata, eles serão tão brancos como a neve; embora sejam vermelhos como a carmim, se tornarão como a lã.*
> — Isaías 1:18

> *Portanto, agora não há nenhuma condenação para os que estão em Cristo Jesus.*
> — Romanos 8:1

> *Se confessarmos os nossos pecados, Ele é fiel e justo para nos perdoar todos os pecados, e nos purificar de qualquer injustiça.*
> — 1 João 1:9

Meditar na Palavra de Deus é a melhor maneira de se defender contra os ataques do diabo em sua mente.

Vergonha

Uma coisa é ter vergonha de algo que você fez de errado, outra coisa totalmente diferente é ter vergonha de si mesmo. Na verdade, a vergonha é muito mais profunda e danosa do que a culpa. Não fui capaz de me curar do abuso sofrido em minha infância até que entendi que eu sofria de uma vergonha tóxica que contaminava minha alma. Tinha vergonha de quem eu era e essa vergonha envenenava tudo em minha vida.

Estou certa de que quando meu pai começou a abusar sexualmente de mim eu sentia vergonha do que ele estava fazendo, e lembro-me claramente de me sentir culpada, embora fosse pequena demais para entender por que me sentia assim. Em algum momento, à medida que o abuso continuava a acontecer, passei a levar essa vergonha para dentro de mim e a sentir vergonha porque ele estava abusando de mim. Eu pensava que havia algo de terrivelmente errado comigo por meu pai querer fazer as coisas que ele estava fazendo. Ele me dizia que o que ele estava fazendo era bom e que fazia isso porque me amava muito. Mas ele me advertia constantemente para não contar a ninguém, de modo que isso não fazia sentido para mim. Se o que ele estava fazendo era bom como ele me dizia que era, por que eu não podia contar a ninguém? E se era tão bom, por que todo mundo não fazia o mesmo? Eu tinha certeza de que não faziam. Como eu disse, me sentia confusa com tudo isso e não tinha respostas, mas estava profundamente envergonhada de mim mesma e tinha certeza de que algo estava desesperadamente errado comigo! A trilha sonora, "O que há de errado comigo? O que há de errado comigo? O que há de errado comigo?", tocou sem parar na minha mente até quase os meus quarenta anos. Então descobri os efeitos devastadores da vergonha e com a ajuda de Deus fui liberta dela.

Ao longo dos muitos anos de abuso, desenvolvi uma natureza que tinha como base a vergonha. Enquanto vivem dessa maneira, as pessoas não conseguem superar o sentimento de culpa. Elas não apenas se sentem culpadas pelas ofensas reais, como frequentemente se sentem culpadas por ofensas imaginárias. Qualquer coisa que fosse ainda que remotamente agradável fazia com que eu me sentisse culpada como se não tivesse direito de me divertir. A vergonha distorcia tudo em minha vida. Era como se eu estivesse usando um par de óculos com as lentes sujas de lama, e tudo parecia sujo para mim porque eu me sentia suja por dentro.

Se isso é um problema para você, tenho notícias maravilhosas! Jesus levou a reprovação do pecado (a culpa e a vergonha). Ele declarou você *inocente* e o transformou em uma criatura totalmente nova em Cristo (2 Coríntios 5:17). Quando você se sente condenado, não é Jesus condenando você; é o diabo, e você precisa resistir a ele. Quando estiver tendo um ataque de culpa e vergonha, lembre-se de quem você é em Cristo. Recomendo que você diga em voz alta: "Deus me ama incondicionalmente e perdoou todos os meus pecados".

Não somos nada em nós mesmos, mas em Cristo somos perdoados, transformados em novas criaturas, justificados, santificados, purificados e comparecemos retos diante de Deus. Deus não está bravo com você; Ele não está decepcionado ou insatisfeito. Ele o ama! Estou certa de que você fez um bom trabalho recebendo a culpa e a condenação; agora faça um trabalho ainda melhor recebendo a justiça de Deus através de Cristo.

CAPÍTULO 9

Religião

Algumas pessoas têm religião suficiente para tornar suas vidas miseráveis.

Harry Emerson Fosdick

A religião nos dá regras e promete que se seguirmos essas regras, Deus se agradará de nós. O problema é que não podemos seguir todas elas, e se formos culpados por quebrar uma, Deus nos vê como culpados por quebrar todas (ver Tiago 2:10). Se escolhermos viver pelo legalismo religioso e por um sistema de cumprimento de regras, então a fraqueza simplesmente não é uma opção, de modo que nos esforçamos para ser fortes em todas as áreas, mas sempre falhamos. Se falhamos em cumprir todas as regras, então sentimos que pecamos, e sentimos toda a miséria e culpa do pecado. Também temos a sensação de estarmos separados de Deus. Ele nunca nos deixa, mas nossa culpa cria uma separação entre nós e Ele. Quando temos uma visão equivocada do que Deus espera de nós, isso abre a porta para uma vida inteira à procura de algo que nunca podemos alcançar, gerando uma imensa frustração e decepção.

Por outro lado, Jesus nos oferece o extremo oposto da religião. Ele nos oferece um novo coração, uma nova natureza e um relacionamento íntimo com Deus por meio dele. Tudo isso é nosso ao colocarmos nossa fé nele. Se acreditarmos no que a Palavra de Deus nos ensina sobre o que Jesus fez por nós, recebemos essas promessas e elas nos libertam da tirania de tentar conquistar o amor e a aceitação de Deus com nosso esforço próprio.

> *Portanto, se alguém está [enxertado] em Cristo (o Messias), é uma nova criação (uma criatura completamente nova); o velho [o antigo estado moral e espiritual] passou. Eis que o novo chegou!*
>
> — 2 Coríntios 5:17

Jesus nos mostra como viver através do Seu exemplo, nos dá o desejo de fazê-lo e, por meio do poder do Espírito Santo, Ele nos capacita, fortalece e ajuda. Quando entendemos o que Deus fez por nós através de Jesus e aprendemos a receber Seu incrível amor incondicional, nós o amamos em troca e queremos agradá-lo sendo como Ele e fazendo o que acreditamos que Ele faria em todas as situações. Querer fazer algo e se esforçar movido por esse desejo é totalmente diferente de se sentir pressionado a fazer algo por obrigação e de sentir medo caso não o faça.

A religião diz: "Você precisa fazer estas coisas", mas ela não lhe dá poder para fazê-las. Jesus diz: "Eu lhes darei um novo desejo; farei com que vocês queiram fazer as coisas certas e eu até os capacitarei a fazê-las". Agora eu pergunto a você, qual desses dois planos lhe parece melhor? A Lei diz: "Estas são as regras a seguir". Mas ela não nos oferece qualquer tipo de ajuda para fazer a coisa certa. Jesus nos dá o desejo de fazer o que é certo e depois nos envia um Ajudador, o Espírito Santo, que permanece conosco por toda a nossa vida para nos fortalecer, capacitar, convencer, ensinar, e para orar através de nós (ver João 14:26). Um sistema nos leva ao descanso, ao passo que o outro é um fardo pesado. A religião gera cativeiro, mas Jesus nos dá graça, justiça, paz e alegria.

Soube da história de um casal que não se amava de verdade. O marido era muito exigente, a ponto de preparar uma lista de regras e regulamentos para sua esposa seguir. Ele insistia que ela devia lê-los todos os dias e obedecer-lhes ao pé da letra. As proibições e ordens incluíam a hora que ela devia se levantar pela manhã, quando o café da manhã dele devia ser servido e como o trabalho da casa devia ser feito. Depois de vários anos, o marido morreu. À medida que o tempo passou, a mulher se apaixonou por outro homem que a amava ternamente. Logo eles se casaram. Esse marido fazia tudo o que podia para fazer sua nova esposa feliz, dizendo-lhe continuamente palavras amorosas e demonstrando apreço. Certo dia, enquanto estava limpando a casa, ela encontrou, enfiada em uma gaveta, a lista de ordens que seu primeiro marido havia escrito para ela. Ao passar os olhos pela lista, a mulher se deu conta de que embora seu atual marido não tivesse dado nenhuma espécie de lista, mesmo assim ela estava fazendo tudo que a lista do seu primeiro marido exigia. Então percebeu que era tão dedicada ao seu atual marido que seu desejo mais profundo era agradá-lo por amor, e não por obrigação.

Jesus não morreu por nós para que pudéssemos ter uma religião de regras e regulamentos, mas para que, através dele, pudéssemos desfrutar de um relacionamento íntimo com o Pai, o Filho e o Espírito Santo. Precisamos perguntar a nós mesmos se temos uma religião ou um relacionamento. Durante muitos anos, tive uma religião. Eu frequentava a igreja, aprendia as regras (a Lei) e me esforçava muito para cumpri-las. É claro que eu as quebrava o tempo todo e ficava frustrada e decepcionada. Eu queria cumpri-las para poder me sentir bem comigo mesma e acreditar que Deus não estava zangado comigo e que Ele me aceitava, mas como falhava na maior parte do tempo, eu geralmente me sentia mal comigo mesmo e vivia com um sentimento de que Deus não estava satisfeito comigo. Isso lhe parece familiar?

Em raras ocasiões, quando tinha alguns poucos dias bons, eu me sentia orgulhosa de mim mesma e me dava o crédito por uma suposta bondade. Todos nós temos algumas coisas nas quais somos bons; entretanto, se formos religiosos, provavelmente julgaremos as pessoas que não são tão boas como nós. Mas se soubermos que qualquer bem que fizermos é Cristo operando em nós e através de nós, então damos o crédito a Ele. Estar plenamente cientes da nossa incapacidade de fazer tudo certo nos capacita a ser misericordiosos com as outras pessoas quando elas cometem erros.

O sistema religioso como um todo foi devastador para a causa de Cristo, afastando muitas pessoas de Deus em vez de atraí-las a Ele.

Dois Tipos de Religião

O teólogo dinamarquês do século XIX Soren Kierkegaard identificou dois tipos de religião: a religião A e a religião B. A primeira é "fé" apenas no nome (ver 2 Timóteo 3:5). É a prática de frequentar a igreja sem a fé genuína no Senhor vivo. A religião B, por outro lado, é uma experiência transformadora, que muda vidas e destinos. É um compromisso definitivo com o Salvador crucificado e ressurreto, que estabelece um relacionamento pessoal progressivo entre um pecador perdoado e um Deus gracioso.

Kierkegaard continua dizendo que C.S. Lewis teve grande dificuldade em se tornar um cristão porque a religião A o havia cegado para a religião B. O apóstolo Paulo disse que ele teve de morrer para a Lei a fim de viver para Cristo e por Cristo (ver Gálatas 2:19). A infância de C.S. Lewis tinha lhe proporcionado o que ele mencionou como sendo uma doença espiritual através da obrigação de ir à igreja durante seu tempo de escola e a aridez da religião oferecida por uma igreja semipolítica.

Muitos jovens tiveram uma experiência negativa com a religião logo cedo na vida, e isso geralmente faz com que eles rejeitem qualquer coisa que faça alusão à religião ou à igreja. Talvez eles tenham tido pais religiosos que eram muito legalistas nas suas expectativas com relação aos filhos, e o dano causado a essas crianças pode ser devastador. Se elas nunca aprenderem a diferença entre religião e um relacionamento íntimo com Deus através de Cristo, elas sofrerão a agonia da separação de Deus durante toda a sua vida.

Meu pai teve uma experiência semelhante. O pai dele era muito religioso, mas muito mau. Era grosseiro, rígido e legalista, mas frequentava a igreja duas vezes por semana. Essa experiência foi muito prejudicial à visão que meu pai tinha acerca de Deus e da religião. Ele sempre teve a opinião de que as pessoas que frequentavam a igreja eram hipócritas, porque essa fora sua experiência quando jovem. Ele cresceu cheio de amargura e nunca superou isso, de modo que se tornou mau e abusivo como o próprio pai.

Devemos nos perguntar se temos a religião A ou a religião B, e garantir que tenhamos a certa. Do contrário, isso afetará não apenas a nós, mas as pessoas que influenciamos também.

Não apenas existem dois tipos de religião, como também existem dois tipos de justiça. A primeira, a justiça A, é uma justiça que tentamos conquistar através das nossas boas obras. A segunda, a justiça B, é a justiça de Deus que é dada como um dom gratuito àqueles que sinceramente creem em Jesus. A justiça A gera esforço, frustração e esterilidade, mas a justiça B nos permite descansar em Deus e valorizar Seu amor e misericórdia.

Jesus convida as pessoas que estão se esforçando em prol da justiça fundamentada nas próprias obras a abrirem mão dela e receberem a justiça fundamentada na fé.

> *Venham a Mim, todos vocês que trabalham e estão cansados e sobrecarregados, e Eu os farei descansar [Eu acalmarei, aliviarei e refrigerarei as suas almas].*
>
> *Tomem o Meu jugo sobre vocês e aprendam de Mim, porque Eu sou gentil (manso) e humilde (modesto) de coração, e vocês encontrarão descanso (alívio, calma, refrigério, recreação e bendita tranquilidade) para as suas almas.*
>
> *Porque o Meu jugo é benéfico (útil, bom — não duro, rígido, grosseiro ou pressionador, mas confortável, gracioso e agradável), e o Meu fardo é leve e fácil de levar.*
>
> — Mateus 11:28-30

Minha batalha pessoal para cumprir as regras e conquistar a justiça A era intensa e causou muitos anos de agonia. Toda a minha visão acerca de Deus estava equivocada. Eu o via como um Deus exigente que nos impôs regras e ficava irado quando não lhes obedeciam. Tentava chegar a Deus por intermédio do meu bom comportamento e sempre tinha a sensação de que não estava conseguindo alcançar meu objetivo. Com o estudo da Palavra de Deus e a ajuda do Espírito Santo como meu professor, finalmente aprendi sobre a justiça B, e que ela é a justiça recebida através da fé em Cristo.

> *Pois ninguém será justificado (tornado justo, inocentado e julgado aceitável) aos olhos Dele observando as obras prescritas pela Lei. Pois a [verdadeira função da] Lei é fazer os homens reconhecerem e serem conscientes do pecado [não uma mera percepção, mas um conhecimento do pecado que trabalha em prol do arrependimento, da fé e do caráter santo].*

> *Mas agora a justiça de Deus foi revelada independentemente e completamente separada da Lei, embora na verdade ela seja atestada pela Lei e os Profetas.*
>
> *A saber, a justiça de Deus que vem pela fé com confiança pessoal e dependência em Jesus Cristo (o Messias). [E ela é destinada] a todo aquele que crê. Pois não existe distinção.*
>
> — Romanos 3:20-22

Deus não nos dá uma lista de regras a serem seguidas e depois fica de pé no canto enquanto observa nosso fracasso. Ao contrário, Ele nos dá um novo coração e depois nos ajuda a realizar tudo o que nos deu o desejo de fazer. Precisamos aprender a depender inteiramente de Jesus para nos justificar perante Deus e para nos ajudar a fazer o que é certo aos Seus olhos. Devemos adquirir o hábito de depender de Deus em todas as coisas. A diretriz essencial para o cristão que deseja ser o que Deus quer que ele seja é: "Sem Mim nada podeis fazer" (João 15:5). O apóstolo João compara nosso relacionamento com Cristo com o relacionamento entre a videira e o galho. Todo o potencial de vida e crescimento do galho está na videira, e só pode ser recebido pelo galho se ele permanecer nela. O galho depende totalmente da videira para receber tudo que precisa para crescer e dar fruto. Essa é uma bela analogia de como nossa vida com Cristo deve ser.

Cumprir a Lei Nunca Produz Bom Fruto

O apóstolo Paulo era um fariseu religioso que cumpria as regras, no entanto, a Bíblia nos ensina que ele perseguia cristãos. Não é interessante que as pessoas religiosamente legalistas persigam os verdadeiros cristãos? Paulo finalmente viu a luz e escolheu ser encontrado e conhecido como estando em Cristo, não tendo qualquer suposta justiça alcançada por si mesmo que fosse fundamentada nas exigências da Lei, mas possuindo aquela justiça genuína que vem por meio da fé em Cristo (ver Filipenses 3:9).

Há muitos anos, eu estava ministrando um seminário na minha cidade e minha filha perguntou ao administrador do seu condomínio se podia colocar panfletos nas caixas de correio. Ela recebeu permissão, e a única reclamação que teve foi de uma mulher que era conhecida por ser muito religiosa. Embora a mulher não me conhecesse, formara uma opinião negativa simplesmente porque eu não era exatamente como ela. Estou certa de que ela seguia todas as regras da sua seita religiosa, no entanto ela não demonstrou o fruto do Espírito Santo com relação a mim.

Posso dizer verdadeiramente que algumas das mágoas mais profundas que experimentei em minha vida vieram de pessoas religiosas que cumpriam regras, mas não andavam em amor. Se acharmos que não temos falhas, então encontraremos defeitos em quase todo mundo. Mas se soubermos que precisamos de perdão, seremos capazes de dar perdão. Se soubermos que precisamos de misericórdia e de paciência longânime da parte de Deus, seremos capazes de dar isso a outros. É impossível dar o que não recebemos primeiramente de Deus.

Uma atitude religiosa é uma das piores atitudes que uma pessoa pode ter. Ela sempre lida com os outros com superioridade e espírito crítico. Jesus disse que as pessoas religiosas podem facilmente dizer aos demais o que fazer, mas elas mesmas nem sempre fazem o que dizem. Também colocam fardos pesados sobre as outras pessoas, exigindo que elas tenham um desempenho perfeito, mas não querem levantar nem um dedo sequer para ajudar. Quando fazem boas obras, elas as fazem a fim de serem vistas, de modo que até mesmo os seus motivos para fazer essas obras são egocêntricos (ver Mateus 23:1-5).

Devemos orar para que Deus nos revele a beleza da intimidade com Ele e a verdadeira justiça. Nunca se satisfaça com uma falsificação barata daquilo que Jesus morreu para dar a você.

Regras Extrabíblicas

Deus deu a Moisés dez mandamentos para dar ao povo, mas li que quando Jesus veio, esses dez haviam sido expandidos pelos rabinos e se tornado cerca de dois mil e duzentos! O que precisamos entender sobre um sistema religioso legalista é que ele nunca está satisfeito. Não importa quantas coisas você faça corretamente, elas nunca são o bastante. Por essa razão, regras adicionais são constantemente acrescentadas. Mateus revelou que João Batista nem comia nem bebia com os outros, e os fariseus religiosos diziam que havia um demônio dentro dele. Jesus comia e bebia, e eles diziam que Ele era um glutão (ver Mateus 11:18-19).

Satanás usou as diferentes opiniões acerca de quais deveriam ser as regras para dividir o povo de Deus. Ouvi a seguinte história sobre um jovem que disse: "Levo a sério a necessidade de abandonar 'o mundo' e seguir a Cristo. Mas fico confuso com relação às coisas do mundo. O que preciso abandonar?". A resposta dada foi: "Roupas coloridas em primeiro lugar. Livre-se de tudo no seu armário que não seja branco. Pare de dormir com um travesseiro macio. Venda seus instrumentos musicais e não coma mais pão branco. Se você é sincero no que se refere a seguir a Cristo, não pode mais tomar banho quente ou raspar a barba. Barbear-se é mentir contra Aquele que nos criou, é tentar melhorar a obra dele".

É claro que isso parece absurdo, mas essa era a resposta dada por algumas das escolas cristãs mais renomadas do segundo século! Elizabeth Elliot disse: "É possível que as regras adotadas por muitos cristãos do século XX soem igualmente absurdas para os seguidores sinceros de Cristo daqui a alguns anos?".

A lista de mandamentos extrabíblicos tem mudado constantemente ao longo dos últimos mil e oitocentos anos. Precisamos desesperadamente seguir a Palavra de Deus em vez de seguir as doutrinas do homem, a não ser que essas doutrinas estejam em concordância com a Palavra de Deus. Cada pessoa deve conhecer a Bíblia por si mesma e jamais ser totalmente dependente do que as outras pessoas lhe dizem. Precisamos conhecer a Deus pessoalmente, e não nos satisfazermos com uma fé de "segunda mão" recebida por intermédio de outra pessoa.

Na carta de Paulo aos Gálatas, ele os encarregou de permanecerem livres e não serem aprisionados pelos laços do legalismo. Suplicou que eles se mantivessem como ele, livres do cativeiro do ritualismo e das ordenanças. O apóstolo queria que eles fossem guiados pelo Espírito Santo de Deus, e não por ordenanças legalistas fundamentadas no cumprimento de regras. Ele os advertiu que tomassem cuidado com a persuasão maligna do legalismo que procurava constantemente encontrar espaço na vida deles. Paulo disse que até um pouco de fermento do legalismo podia perverter todo o conceito da fé e desencaminhar a igreja. Eu o incentivo a estudar o Livro de Gálatas para ter um entendimento saudável da diferença entre a Lei e a Graça.

Jesus disse que estava dando a nós um novo mandamento, e que esse mandamento era que amássemos uns aos outros assim como Ele nos amou, por isso todos os homens saberiam que somos Seus discípulos (João 13:34-35). Como mencionei, li que os Dez Mandamentos haviam se transformado em duas mil e duzentas regras, mas Jesus resumiu tudo em uma coisa: foquem no amor! Se amarmos de todo o coração, cumpriremos a vontade de Deus e teremos prazer em fazer isso.

> Em contraste com o único mandamento de Cristo para amarmos, os fariseus tinham desenvolvido um sistema de 613 leis compostas de 365 ordenanças negativas e 248 leis positivas. Quando Cristo veio, esse sistema havia produzido um tipo de justiça frio, arrogante e sem coração. Como tal, ele continha pelo menos dez imperfeições trágicas.
>
> - Novas leis precisavam ser reinventadas continuamente para situações novas.
> - Com ele, a prestação de contas a Deus foi substituída pela prestação de contas aos homens.
> - Reduziu a capacidade de discernir as coisas de maneira pessoal.
> - Ele gerou um espírito julgador.
> - Com esse sistema, os fariseus confundiam as preferências pessoais com a lei divina.
> - Gerou incompatibilidades.
> - Gerou um falso padrão de justiça.
> - Tornou-se um fardo para os judeus.
> - Era estritamente externo.
> - Foi rejeitado por Cristo.
>
> Extraído de *Fan the Flame* (Assopre a Chama), de J. Stowell

Há alguns anos, ouvi uma história acerca de um pastor que encontrou as estradas bloqueadas em um domingo pela manhã porque um rio havia congelado. Ele foi obrigado a patinar sobre o rio para chegar até a igreja. Quando o pastor finalmente chegou, os presbíteros ficaram horrorizados com o fato de que seu pregador havia patinado no Dia do Senhor. Depois do culto, fizeram uma reunião na qual o pastor explicou que ou ele fazia aquilo ou não poderia ter chegado. Finalmente, um presbítero perguntou: "Você se divertiu?". Quando o pregador respondeu "não", a diretoria decidiu que estava tudo bem!

Não é impressionante? Desde que o pregador não se divertisse no Dia do Senhor, ele podia continuar como pastor da igreja. O ladrão da religião vem para roubar e matar toda a nossa alegria, mas Jesus veio para que pudéssemos ter e desfrutar a vida abundantemente (João 10:10). Pessoas religiosas que cumprem as regras têm quase sempre a expressão fechada e são contra todo tipo de diversão.

Um homem que trabalha no nosso ministério como pastor da equipe me contou que durante toda a sua vida havia sido um sujeito muito jovial até se tornar religioso. Ele disse que gradualmente se tornou cada vez mais legalista até que não se divertia mais de modo algum, transformando-se em alguém cuja companhia não era agradável. Sua esposa perguntou a ele o que havia acontecido com o sujeito divertido com quem ela se casara. Felizmente, ele viu a verdade e foi liberto do cativeiro do legalismo, voltando a ser alguém que é temente a Deus e ama se divertir.

Nada pode sufocar o coração e a alma impedindo-nos de andar com Deus como o legalismo. Deus realmente quer que sejamos pessoas disciplinadas, mas a disciplina saudável é completamente diferente do legalismo rígido. Leia a história de Hans, o alfaiate.

Devido à sua reputação, um empreendedor influente que estava visitando a cidade encomendou um terno sob medida. Mas quando foi pegar a encomenda, o cliente descobriu que uma manga estava virada para um lado e a outra para o outro; um ombro estava voltado para dentro e o outro para fora. Ele puxou o tecido e conseguiu entrar no terno. Quando voltou para casa no ônibus, outro passageiro percebeu sua aparência estranha e perguntou se Hans, o alfaiate, havia feito seu terno. Ao receber uma resposta afirmativa, o homem observou: "Incrível! Eu sabia que Hans era um bom alfaiate, mas não imaginava que ele poderia fazer um terno tão perfeito para alguém tão deformado quanto você".

Geralmente, é exatamente isso que fazemos na igreja. Temos uma ideia de como deve ser a fé cristã; então empurramos as pessoas e as enfiamos nos moldes mais grotescos até que elas se encaixem maravilhosamente neles! Isso é morte. É um legalismo inflexível que destrói a alma.

Precisamos nos lembrar de que Deus não fica bravo se não seguirmos todas as regras, porque, para início de conversa, não foi Ele quem estabeleceu todas as regras criadas pelo homem. Ele dá nova vida e novos desejos. Ele nos capacita a segui-lo com um novo coração que é cheio de paixão por agradá-lo, e não cheio de medo de desagradá-lo.

CAPÍTULO 10

Triste, Furioso ou Alegre?

Sirvam ao S<small>ENHOR</small> com alegria! Venham perante a Sua presença com cânticos!

— Salmos 100:2

Certa vez, um garoto foi passar a semana com seu avô na fazenda. Enquanto andava pela região, ele começou a prestar atenção nas galinhas que estavam ciscando e brincando. O rapazinho disse: "Elas não têm". Em seguida ele viu um potro no campo brincando e levantando os calcanhares, ao que ele respondeu: "Ele não tem". Depois de examinar todos os animais da fazenda de seu avô e de ver que nenhum deles "tinha", o menino finalmente encontrou o velho burro no celeiro. Quando viu o rosto comprido e sério do burro e a maneira triste como ele simplesmente estava ali de pé, ele gritou para seu avô ir depressa. "Encontrei! Encontrei!", o menino gritava. Quando seu avô perguntou o que ele havia encontrado, ele disse: "Vovô, encontrei um animal que tem o mesmo tipo de religião que o senhor tem".

Autor desconhecido

Nosso relacionamento com Deus e a realidade do que significa ser um filho de Deus amado e perdoado deveria nos dar uma alegria inimaginável, então por que tantas pessoas que afirmam ser cristãs são tão tristes? Creio que é porque elas não entendem a realidade de ser uma nova criatura em Cristo e a herança que é nossa através da fé nele. Até entendermos as coisas incríveis que Deus fez por nós, sempre trabalharemos para conquistar e merecer o que Deus já nos deu por Sua graça como um dom gratuito.

Sempre ficaremos frustrados e decepcionados porque até o nosso melhor esforço em viver uma vida piedosa não nos justificará perante Deus. Nós nos sentiremos esgotados, cansados e sobrecarregados, e o resultado será a perda completa da verdadeira alegria. Acabaremos furiosos e tristes, em vez de ficar alegres, como Deus deseja que sejamos. O salmista Davi falava com frequência sobre estar alegre, afinal ele tinha uma visão exata de Deus e do seu relacionamento íntimo com Ele. No Salmo 16:11, Davi disse: "Na Tua presença há plenitude de alegria". Obviamente Davi não tinha medo de que Deus estivesse zangado com ele ou não teria tido alegria na Sua presença.

Tu transformaste o meu lamento em dança; Tu tiraste o meu pano de saco e me cingiste de alegria.

— Salmos 30:11

Esse versículo descreve o que o nosso relacionamento com Deus deve fazer por nós. Você está alegre? Você tem alegria na maior parte do tempo? Em uma escala de um a dez, quanta alegria você tem? Depois de muitos anos sendo cristã e ministra do Evangelho, precisei responder a essas perguntas, e percebi que passava mais tempo furiosa e triste do que alegre. Eu também sabia que tinha de mudar. Eu era uma pessoa dedicada que trabalhava duro e era muito responsável, mas não estava desfrutando plenamente o que fazia. Era algo que eu desejava, então por que não desfrutava as coisas que fazia? Levei alguns anos para desfazer todas as malas — minha bagagem — e chegar à raiz do meu problema. A bagagem são as velhas suposições e comportamentos que inevitavelmente trazemos para os novos relacionamentos. Eu trouxe a bagagem do meu passado para meu relacionamento com Dave, e demorou muito tempo para eu desfazer completamente as malas. Ainda hoje, às vezes, encontro algo no fundo de uma delas do qual havia me esquecido e tenho de lidar com isso. Levamos nossa bagagem para as amizades, para o casamento e para o relacionamento com Deus. Carregamos coisas do nosso passado, como dor, medos, inseguranças, dúvidas, mal-entendidos, defesas e expectativas. Nós fazemos nossas malas e as levamos conosco o tempo todo, e elas se tornam realmente pesadas. Precisamos desfazer as malas. À medida que começamos a confrontar os problemas, deixamos a tristeza e a ira para trás e temos alegria como nunca tivemos antes.

O objetivo mais importante deste livro é tirar de você o fardo que você carregou para o seu relacionamento com o Senhor — mágoa, ensinamentos errados, visões distorcidas da figura paterna, fé baseada em obras, um temor a Deus equivocado e outras coisas que são itens pesados na bagagem que roubam a sua alegria.

O Salmo 100 nos diz para servirmos ao Senhor com alegria, e creio que isso é o mínimo que podemos fazer depois de tudo o que Ele fez por nós. Imagine como você se sentiria se fizesse tudo que pudesse para dar uma vida maravilhosa aos seus filhos e eles ainda assim se recusassem a ser alegres e a desfrutá-la. Deus nos deu tudo o que precisamos para valorizá-lo, gostarmos de nós mesmos e da vida que Ele nos deu, e é hora de pararmos de ficar zangados ou tristes e ficarmos alegres!

Por que tantas pessoas descobrem que perdem o amor à felicidade quando começam a abraçar o dever da religião? Em primeiro lugar, não devemos ver nosso relacionamento com Deus como uma obrigação, mas sim como um privilégio. Não é algo do qual devemos participar, mas algo do qual temos o privilégio e a bênção de participar. Também é possível não amarmos e valorizarmos a felicidade como deveríamos.

Ao pesquisar as raízes da minha falta de alegria, uma das coisas que descobri foi que eu não entendia verdadeiramente o grande valor e a grande importância da alegria. A alegria é para a vida como a gasolina para o motor. Sem gasolina, o motor não funciona; sem alegria, não creio que os seres humanos possam funcionar bem também. A alegria nos dá energia física de verdade — ela dá o ânimo e o entusiasmo que precisamos ter em nossa vida! De acordo com o profeta Neemias, "a alegria do Senhor é a nossa força" (Neemias 8:10).

> A alegria é para a vida como a gasolina para o motor. Sem gasolina, o motor não funciona; sem alegria, não creio que os seres humanos possam funcionar bem também.

Sem alegria, tudo fica "para baixo" (negativo, sombrio e sem sabor). Nossos pensamentos ficam negativos, nossa atitude fica negativa, nos sentimos emocionalmente para baixo (deprimidos) e até nossa cabeça, os ombros e os braços ficam caídos, frouxos. Jesus não morreu para nos dar uma vida "para baixo"; Ele é nossa glória e Aquele que levanta nossa cabeça!

Quanto mais alegria eu tenho, menos cansada me sinto. A alegria me torna mais criativa e parece até mesmo me tornar mais amigável. Creio que a falta de alegria é um problema maior do que pensamos. As estatísticas dizem que 340 milhões de pessoas sofrem de depressão, e li que somente nos Estados Unidos uma pessoa tenta cometer suicídio a cada quatorze minutos e meio. Se acrescentarmos a esses números todas as pessoas que estão tristes e zangadas, o resultado é muita infelicidade. Você talvez esteja pensando: *Bem, Joyce, gostaria de me sentir mais feliz, e estou certo de que todas essas pessoas gostariam de se sentir mais felizes.* Não podemos ficar sentados passivamente e desejar nos sentir alegres; precisamos tomar uma atitude e descobrir por que estamos infelizes. Deus nos deu alegria, de modo que se não a sentimos, é porque certamente a diluímos de alguma maneira a ponto de ela não ser mais potente o bastante para dar sabor à nossa vida.

Se tenho um copo de limonada e começo a colocar água dentro dele, a limonada se diluirá a ponto de não ter mais gosto de limonada. Foi o que fiz com a minha alegria — e possivelmente o que muitas pessoas fizeram com a delas.

A Alegria é um Dom de Deus

Quando recebemos Jesus em nossa vida como nosso Salvador, recebemos tudo o que Ele é dentro do nosso espírito. Recebemos o Espírito Santo e todo o fruto do Espírito, inclusive o fruto da alegria.

> *Mas o fruto do Espírito [Santo] [a obra que a Sua presença dentro de nós realiza] é amor, alegria (satisfação), paz, paciência (um temperamento tranquilo, moderação), gentileza, bondade*

(benevolência), fidelidade, afabilidade (mansidão, humildade), domínio próprio (continência, comedimento).

— Gálatas 5:22-23

A Bíblia afirma que recebemos alegria (satisfação), assim como todos os demais frutos do Espírito Santo. O primeiro passo para fazer uso de alguma coisa é crer que você a possui. Uma pessoa poderia ter um milhão de dólares, mas se ela não sabe que o possui, ela poderia passar pela vida como um indigente. Ouvimos falar de casos como esse e ficamos impressionados com eles. Mas posso lhe dizer que existem mais pessoas espiritualmente pobres do que financeiramente. Cristãos tristes são pessoas que simplesmente não sabem o que possuem em Cristo. Eles não sabem o que Cristo fez por eles. Talvez nunca tenham sido informados ou podem já ter ouvido a verdade, mas se recusado a acreditar que ela possa ser uma realidade em sua vida, porque pensam que Deus está bravo com eles ou que não merecem Suas bênçãos. Algumas pessoas até acreditam que não merecem ser felizes — portanto, elas nunca serão.

Tenho a convicção de que somente as pessoas que têm um relacionamento com Deus podem experimentar a verdadeira alegria. Outras pessoas podem experimentar várias versões de felicidade de tempos em tempos, mas essa felicidade vai e vem com base nas suas circunstâncias. Entretanto, a alegria é um prazer calmo que podemos ter o tempo todo independentemente das nossas circunstâncias. Ela é um dom de Deus e é totalmente impossível tê-la de qualquer outra maneira.

Temos alegria em nós! Primeiramente precisamos acreditar que a temos, e se não a estivermos experimentando, precisamos perguntar a nós mesmos o que a está diluindo.

Coisas que Diluem a Alegria

Uma visão equivocada acerca de Deus certamente diluirá nossa alegria. Acabo de falar com uma mulher sobre o título deste livro. Seu marido morreu repentinamente há cerca de quatro anos, e tem sido muito difícil superar o luto. Ela foi solteira até por volta dos quarenta anos, e quando por fim se casou, seu relacionamento era maravilhoso. Mas depois de dez anos, seu marido morreu no hospital vítima de uma infecção depois de uma cirurgia muito simples na qual não deveria ter havido problema algum. Quando ouviu o título do meu livro, ela disse: "Muitas vezes me perguntei se Deus estava bravo comigo porque venho tendo muita dificuldade para superar a morte do meu marido". Isso reafirmou para mim o quanto essa mensagem é importante. Pode até existir mais pessoas do que imaginei que sofrem com essa visão errada de Deus, pensando que Ele se ira e se decepciona facilmente conosco se não conseguimos reagir perfeitamente a cada situação na vida.

Deus não está zangado com essa mulher, Ele entende a sua dor. Deus é nosso Consolador, e não nosso atormentador! Até entendermos plenamente o caráter de Deus e termos uma visão adequada a Seu respeito, o medo de não satisfazê-lo será como um veneno que permeará nosso pensamento e comprometerá nossa vida. Assim como o garotinho entendia o filhotinho aleijado na história que contei anteriormente, Deus entende toda a nossa dor, e Ele é o Deus de toda Consolação que nos consola em toda aflição (ver 2 Coríntios 1:3-4).

O diabo usará praticamente qualquer coisa para nos fazer acreditar que Deus está bravo conosco e para fazer com que fiquemos irados com nós mesmos. Eis outra história que ilustra o que quero dizer.

Francie sofreu de uma depressão debilitante que durou meses em determinado período de sua vida. Segundo os médicos, a depressão era causada por uma anormalidade nas sinapses ou reações químicas em certas áreas do seu cérebro. Embora ela conseguisse trabalhar e levar uma vida relativamente normal, Francie sofria terrivelmente durante muitos episódios paralisantes.

Certa vez, ela foi contratada como agente publicitária de uma atriz famosa. O trabalho de Francie era marcar turnês para promover a carreira de sua chefe. Nesse momento específico, estava se aproximando a data de uma turnê que passaria por trinta cidades, e Francie precisava ligar para uma série de programas de rádio e televisão, revistas e jornais para programar a cobertura.

Mas, durante esse período, ela estava passando por uma grande crise de depressão. Francie mal conseguir se vestir e chegar ao escritório todos os dias, muito menos montar uma turnê publicitária de trinta dias.

Quando olhou para as vinte páginas vazias do itinerário esperando para serem preenchidas, Francie tentou reunir a força necessária para começar a dar os telefonemas, mas simplesmente não conseguia dar conta daquela tarefa. Ela começou a repreender a si mesma. *Você é tão preguiçosa,* ela pensava. *Você é um ser humano desprezível. Você deveria sentir vergonha.* Francie dizia a si mesma sem parar como era um fracasso miserável.

Enquanto continua contando sua história, o rosto de Francie, uma cristã comprometida, adquire uma expressão de encanto. Até agora, anos depois do incidente, ela fica obviamente comovida com o que aconteceu em seguida.

"Do nada, comecei a 'ouvir' uma pergunta, não literalmente, mas no meu pensamento: *Se você tivesse uma amiga que sofresse como você, e ela estivesse na sua situação, como você gostaria que fosse sua reação?*". Francie decidiu que se sentiria triste pela amiga que estivesse passando por uma crise. *E se a pessoa não fosse sua amiga, mas apenas uma conhecida?,* ela ouviu em seguida. Francie sabia que ainda assim sentiria muito pela pessoa. Então ela ouviu uma terceira pergunta: *Se essa pessoa fosse alguém que a tivesse tratado terrivelmente, que fosse má e horrível com você, como você se sentiria?*

Mesmo assim, Francie sabia que teria um pouco de compaixão.

Francie nunca esquecerá o que veio à sua mente em seguida: *Então, se você tratasse a si mesma da forma como trataria seu pior inimigo, você ainda assim estaria melhor do que está agora.*

Francie acredita que o Espírito Santo estava falando com ela naquele dia, indicando que muitas vezes nós somos o nosso pior juiz. Jesus disse para amarmos nossos inimigos. Se devemos amar nossos inimigos, então é lógico que devemos amar a nós mesmos também.

É somente através de Cristo que podemos fazer qualquer coisa. Uma vez que saibamos disso, podemos aceitar que não apenas Deus não está bravo conosco, como não temos de estar — nem devemos — bravos com nós mesmos quando deixamos a desejar. A experiência de Francie mudou sua visão acerca de Deus e de como Ele lida com Seus filhos.

Bill Bright disse: "Tudo em nossa vida — atitudes, motivos, desejos, atos e até nossas palavras — é influenciado pela nossa visão de Deus".

A.W. Tozer disse: "O que vem à nossa mente quando pensamos em Deus é a coisa mais importante que temos". Você se sente confortável e relaxado quando pensa em Deus, ou se sente tenso e até mesmo temeroso? Pelo fato de a nossa visão acerca de Deus afetar todas as nossas escolhas, ela pode ser comparada à fundação de um prédio. Se a fundação estiver errada, mais cedo ou mais tarde o prédio desabará.

Uma visão errada de Deus não é um problema novo. No Antigo Testamento, o povo escolhido de Deus passou a ter uma visão incorreta a respeito dele. Depois de ser escravo no Egito por muitos anos, Deus o tirou com mão poderosa e muitos milagres impressionantes. Ele abriu o mar Vermelho e o povo atravessou em terra seca; Ele tirava água da rocha para o povo beber e enviava um pão do céu, chamado maná, todos os dias para o povo comer; no entanto, eles ainda assim não conseguiam ver Deus como um Pai bom e amoroso. "Eles murmuraram contra Moisés e disseram: 'Por que nos tiraste do Egito para matar a nós, nossos filhos e nosso gado de sede?'" (Êxodo 17:3). Depois de tudo que haviam visto Deus fazer por eles por causa da Sua bondade, eles ainda o viam como um Deus irado e mau. *Uau!* É difícil acreditar como eles ou, melhor dizendo, nós, podemos fazer isso. Mas se não conhecermos o verdadeiro caráter de Deus e entendermos que Ele é bom em todo o tempo, nós também vamos acabar murmurando e reclamando. É absolutamente essencial lembrar sempre que, mesmo quando não recebemos o que queremos ou as circunstâncias ao nosso redor parecem difíceis, a intenção de Deus continua sendo boa. Ele fará algo bom em nós através da dificuldade que estamos enfrentando se continuarmos a vê-lo corretamente e se colocarmos nossa confiança nele.

Algumas pessoas podem até acreditar erroneamente que quando elas têm problemas na vida, é porque Deus está bravo com elas por algum pecado cometido no passado. Ouvi pessoas dizerem coisas como: "Sofri um aborto e estou me perguntando se Deus está me punindo pela maneira como vivi no passado" ou "Descobri que estou com câncer e me pergunto se Deus está me punindo por ter feito um aborto quando eu era adolescente". Afirmações como essas provam que essas pessoas têm uma visão incorreta de Deus. Ele não nos pune pelos pecados passados fazendo com que coisas ruins aconteçam em nossa vida. Nossos problemas não são um sinal de que Deus está zangado conosco! Estamos no mundo e Jesus disse que no mundo teríamos aflições. Ele também nos disse para termos bom ânimo porque Ele havia vencido o mundo (João 16:33).

Há mais de vinte anos, tive um câncer de mama e precisei passar por uma cirurgia. A palavra "câncer" assusta a todos nós, mas lembro-me de que a primeira coisa que Deus falou ao meu coração foi que eu continuasse crendo e dizendo: "Deus é bom. Ele me ama e esta circunstância cooperará para o meu bem no final". Permanecer positivo e continuar a acreditar na bondade de Deus durante os tempos de provação e tribulação impedirão que nossa alegria seja diluída.

A preocupação e a ansiedade dissolvem nossa alegria. Deus nos dá a escolha de lançarmos todos os nossos cuidados sobre Ele e de acreditarmos que Ele cuidará de nós, ou podemos nos preocupar, o que não adianta de nada, é uma completa perda de tempo, e mostra que não confiamos em Deus. Preocupação e alegria não combinam. Depois de ensinar a Palavra de Deus por aproximadamente trinta e cinco anos, creio que é essencial ensinar as pessoas a não se preocuparem. Mas não creio que nenhum de nós pare de se preocupar até termos experiência suficiente com a fidelidade de Deus para entender que Ele é realmente melhor em solucionar problemas do que nós.

Cada dificuldade que atravessei na vida me ajudou a passar pela seguinte de uma maneira melhor. Deus é fiel, e confiar nisso traz alegria para nossa vida. Como costumo dizer: preocupar-se é como ficar balançando para frente e para trás em uma cadeira de balanço o dia inteiro; ela nos mantém ocupados, mas não nos leva a lugar algum. Quanto mais entendemos o amor infinito de Deus por Seu povo, mais somos capazes de parar de nos preocupar e de confiar nele em toda espécie de situação. Mesmo quando Jesus estava morrendo dolorosamente na cruz, Ele entregou-se e entregou tudo a Deus porque sabia que era impossível Deus falhar com Ele.

A racionalização é outra coisa que dilui a alegria de Deus em nossa vida. Todos nós queremos respostas, mas muitas vezes Deus retém o entendimento porque deseja que confiemos nele mesmo sem entender. Precisamos aprender a ser alegres, conhecendo Aquele que sabe todas as respostas, em vez de nos esforçarmos para que *nós* saibamos as respostas. Li recentemente que "a vida caminha para frente, mas infelizmente só podemos entendê-la de trás para frente". Como isso é verdade! Todos nós podemos olhar para trás, para as coisas que permitimos roubar nossa paz e nossa alegria enquanto estavam acontecendo, e dizer: "Agora entendo o que Deus estava fazendo naquela situação".

Abrir mão da racionalização foi muito difícil para mim porque eu queria estar no comando e não ter surpresas na vida. Então eu passava muito tempo tentando entender as coisas. "Por que Deus, por quê?", era a minha oração mais frequente. Talvez você se identifique com isso. Mas quando realmente abri mão de racionalizar e deixei Deus assumir o comando, minha alegria aumentou significativamente.

Outra coisa que dilui a alegria é ser complicado. Creio que todos nós precisamos simplificar nossa maneira de encarar a vida. Duvido que a vida vá ficar mais simples do que ela é, mas podemos mudar nossa maneira de vivê-la. Por exemplo, não temos de competir com todo mundo. Seu amigo pode estar afundado em dívidas para ter uma casa grande e um carro caro, mas se um apartamento menor e um carro mais barato se encaixam melhor no seu orçamento, você não precisa competir com ele. Deus não exige que sejamos ninguém além de nós mesmos. Não precisamos nos parecer com os outros, ou fazer o que eles fazem. Aprender a ser a pessoa única e incrível que você é representa um passo vital para ter alegria — discutirei isso em detalhes no próximo capítulo.

Aprender a perdoar rápida e completamente é uma das chaves mais importantes para mantermos a alegria na vida. Assim como Deus nos perdoou, Ele espera que perdoemos as outras pessoas pelas injustiças cometidas contra nós. Creio que existem mais pessoas no mundo iradas com alguém do que pessoas que não o estão. É um dilema global. Satanás ganha mais terreno na vida das pessoas através da falta de perdão do que de qualquer outra coisa. Assim como precisamos receber o perdão de Deus e acreditar plenamente que Ele não está zangado conosco, também precisamos perdoar as pessoas, e não ficar zangados com elas. A ira dilui nossa alegria de maneira rápida e imediata. É impossível ficar irado e alegre ao mesmo tempo.

Algumas pessoas enterram a ira no fundo da alma e depois passam a vida se perguntando por que não conseguem ter paz e alegria. Elas passam pela vida pensando que têm motivo para estar com raiva, mas nunca podemos justificar o que Deus condena. Incentivo você a se recusar a viver dominado pela ira. Por que continuar irado com alguém que está desfrutando a vida e talvez nem saiba — ou sequer se importe — que você está angustiado?

Desperdicei anos odiando meu pai por ter abusado de mim, e digo "desperdicei" porque foi exatamente isso que fiz. Toda a minha raiva e ódio não mudaram nada. Não mudaram meu pai e não mudaram o que aconteceu. Mas mudaram a mim, de uma maneira muito negativa e antiprodutiva. Permitir que a ira o domine é como tomar veneno e esperar que seu inimigo morra. Isso só fere você! Faça um favor a si mesmo e perdoe. Você voltará a ter alegria, e perdoando e confiando em Deus para lidar com a situação, verá resultados. Nossos inimigos não podem nos restituir o que tiraram de nós, mas Deus pode, e o fará se confiarmos nele.

Aprender a ser misericordiosos com as falhas dos outros libera a alegria em nossa vida. Podemos optar por confrontar cada mínima coisa que alguém faça para nos afligir, ou podemos ser misericordiosos e compreensivos. Existem coisas que precisamos confrontar, mas muitas coisas que transformamos em problemas enormes poderiam ser facilmente ignoradas se optássemos por ser mais misericordiosos. Sou muito grata por Deus não fazer uma tempestade em um copo d'água por cada pequeno erro que cometemos, e você? Ele realmente nos castiga para o nosso bem, mas Ele não nos lembra o tempo todo de nossas falhas. Se Deus fizesse isso, ficaríamos sobrecarregados e seríamos incapazes de seguir em frente.

Creio que o pecado escondido dilui nossa alegria. Precisamos viver na luz e ser rápidos em nos arrepender e em receber perdão. Deus já sabe tudo a nosso respeito, e a melhor coisa a fazermos é encarar nossos erros e pedir ajuda a Ele. O salmista Davi pediu a Deus para purificá-lo até dos pecados dos quais ele não tinha consciência (Salmos 19:12). Ele não queria ter nada na sua consciência,

> *Permitir que a ira o domine é como tomar veneno e esperar que seu inimigo morra. Isso só fere você!*

nem mesmo algo do qual não estivesse totalmente ciente. Uma consciência culpada é um fardo pesado e definitivamente um ladrão da alegria.

Eu poderia facilmente escrever um livro inteiro sobre as coisas que diluem nossa alegria, mas encorajo você a considerar as coisas que eu disse, e depois orar para que Deus lhe mostre qualquer outra coisa que possa estar diluindo a alegria de sua vida. Recuse-se a viver sem alegria. Jesus morreu para que tivéssemos vida e a desfrutássemos em abundância e ao máximo (João 10:10). Deus é alegre. Ele não é triste ou irado, e Ele quer que vivamos da mesma forma. Ele nos ofereceu vida eterna e isso significa a vida como Deus a vive. "Alegrem-se sempre no Senhor. Mais uma vez lhes digo, alegrem-se!" (Filipenses 4:4).

CAPÍTULO 11

Seja a Pessoa que Deus o Criou para Ser

Ser você mesmo em um mundo que está constantemente tentando transformá-lo em outra coisa é uma grande realização.

Ralph Waldo Emerson

Você precisa ser a pessoa que Deus o criou para ser se quiser se sentir realizado. Deus não vai ajudá-lo a ser outra pessoa. Ele criou cada um de nós cuidadosa e intricadamente com as próprias mãos enquanto estávamos no ventre de nossas mães, e Deus não comete erros. Eu incentivo você a amar e a abraçar a si mesmo e a nunca se esforçar para tentar ser algo ou alguém que você não é.

Gosto do que Oscar Wilde disse: "Seja você mesmo porque todas as outras personalidades já têm dono". Se tentarmos ser outra pessoa, estaremos condenados à frustração, porque estaremos tentando o impossível. Embora os outros possam ser exemplos para nós, eles nunca devem ser nosso padrão.

Autoaceitação

Você gosta de si mesmo? A maioria das pessoas não gosta, sabia? Algumas sabem que não gostam de si mesmas, enquanto outras sequer têm noção de que o fato de rejeitarem a si mesmas é a raiz de muitos de seus problemas. Por exemplo, se não convivemos bem com nós mesmos, não poderemos conviver bem com os outros. Tive muita dificuldade em manter relacionamentos pacíficos e saudáveis com as pessoas nos meus primeiros quarenta e cinco anos de vida. Fui uma adolescente e uma jovem adulta solitária e nunca senti que realmente me encaixava em lugar algum. Meu primeiro casamento fracassou porque me casei com alguém que tinha mais problemas que eu, e tudo que fazíamos era causar problemas um ao outro. Ele não sabia como me amar e eu não sabia como amá-lo. Ele foi infiel em inúmeras ocasiões e finalmente o relacionamento terminou.

Felizmente, Deus enviou Dave para minha vida quando eu tinha vinte e três anos, mas eu ainda tinha muitas bagagens, e Dave teve de lidar com mais do que o esperado. Mas meu marido permitiu que Deus trabalhasse através dele para ser um bom exemplo da vida que eu poderia ter, uma vida de autoaceitação, paz e alegria em Cristo.

Reserve algum tempo consigo mesmo e faça uma lista de como você se sente acerca de sua pessoa. Que tipo de imagem você tem de si mesmo em sua mente? A autoimagem é como as fotos que carregamos na carteira. Quando se olha, você vê alguém que não tem valor, que não tem nenhum talento ou habilidade específica, que não tem nada a oferecer ao mundo, vê alguém que não é amado, desejado e necessário? Você sente que cometeu erros demais e que é muito tarde para você? Ou se vê recriado em Cristo Jesus, uma nova criatura com uma nova natureza; a casa de Deus; amado, criado à imagem de Deus, perdoado e no limiar de um futuro empolgante e realizador? Você pode escolher em que acredita! Deus coloca diante de cada um de nós a vida e a morte, o bem e o mal, e nos dá a responsabilidade de escolher qual deles seguiremos.

Por ter crescido em um lar abusivo e cheio de ira, faltava-me autoestima e confiança. Eu me sentia imperfeita e não me amava, por isso era incapaz de amar qualquer outra pessoa como devia. A Palavra de Deus nos diz para não desejarmos meramente ter um relacionamento pacífico com Deus, com nós mesmos e com os outros, mas para perseguirmos e buscarmos essas coisas (1 Pedro 3:11). A palavra "perseguir" significa ir atrás de algo, em uma busca apaixonada e proposital. Você é apaixonado ou passivo?

Busque a Deus e a vontade dele para você. Persiga a paz com Ele, consigo mesmo e com as outras pessoas. Persiga o conhecimento acerca de quem você é nele e seus privilégios como filho de Deus. Essa será a busca de toda uma vida, porque estamos sempre aprendendo e entendendo de maneira mais profunda e clara os mistérios de Deus. Para mim, a jornada se tornou a parte mais empolgante do meu relacionamento com Deus. Amo atingir meus objetivos, mas também estou sempre ciente de que, enquanto eu viver, sempre haverá novas metas à minha frente.

Receba e Dê

À medida que eu buscava seriamente o conselho de Deus sobre por que eu tinha tanta dificuldade com relacionamentos, Ele me ensinava que eu não podia dar o que não tinha. Eu não tinha recebido o amor incondicional de Deus, portanto não podia dá-lo aos outros. Não tinha recebido o perdão completo de Deus, então não podia dá-lo às pessoas que faziam parte da minha vida e que precisavam dele.

Eu via Deus como um Deus que estava irado com alguma coisa na maior parte do tempo, e eu também estava irada com alguma coisa na maior parte do tempo. Estava irada comigo mesma pelas minhas falhas e irada também com as outras pessoas pelas falhas delas. Eu ainda não tinha aprendido que nossa visão acerca de Deus afeta nosso relacionamento com Ele e todos os nossos outros relacionamentos também. Não precisamos esperar até sermos perfeitos para receber o amor de Deus, e não devemos exigir a perfeição dos outros também. Se o fizermos, isso colocará sobre eles um fardo que não poderão carregar, e destruirá o nosso relacionamento com eles.

Vocês receberam gratuitamente, deem gratuitamente.

— Mateus 10:8

Por que achamos tão difícil receber? Creio que é porque temos a mentalidade de que temos de "trabalhar para ganhar". Receber algo de Deus — ou de qualquer outra pessoa, a propósito — que não sentimos ter conquistado ou merecer é algo que precisamos aprender a fazer graciosamente e com ações de graças. A salvação é um dom; ela não pode ser conquistada ou merecida. Ela vem pela maravilhosa graça de Deus e é recebida através da fé (a simples confiança e dependência em Deus).

> *Pois é pela graça gratuita (favor imerecido de Deus) que vocês são salvos (libertos do juízo e feitos participantes da salvação de Cristo) através [da sua] fé. E essa [salvação] não vem de nós mesmos [ou dos nossos próprios atos, não vem através dos nossos próprios esforços], mas é dom de Deus.*
> — Efésios 2:8

Assim como não podemos conquistar a salvação, não podemos conquistar nenhuma das bênçãos de Deus. Se amarmos a Deus, nós nos esforçaremos para fazer o que é certo; não para receber algo em troca, mas por causa do que nos foi dado gratuitamente pela Sua graça.

Aprenda a receber gratuitamente tudo o que Deus quer dar a você. Ele deseja demonstrar Seu amor por você de formas palpáveis. Ele lhe concederá favor, abrirá portas de oportunidade, suprirá suas necessidades e o abençoará de formas impressionantes. Mas se você não puder receber o que Ele dá, interromperá o processo antes que se complete. Deus é um Deus doador, e precisamos receber dele antes de termos alguma coisa para dar às outras pessoas. Amo o versículo a seguir, e peço que você dedique algum tempo para refletir de verdade no que ele lhe diz pessoalmente.

> *Porque da Sua plenitude (abundância) todos nós temos recebido (todos tivemos participação e fomos todos supridos com) uma graça após outra e bênçãos espirituais sobre bênçãos espirituais, e favor sobre favor e dom [acumulado] sobre dom.*
> — João 1:16

Contei a seguinte história em meu livro *Tenha Sucesso Sendo Você Mesmo*, mas vale a pena contá-la de novo aqui:

> Um homem de Deus me contou que um carro muito caro tinha sido dado a ele de presente. Aquele homem foi fiel no ministé-

rio por muitos anos. Ele havia trabalhado duro e feito muitos sacrifícios. Um grupo de homens de negócios que o conhecia e o admirava quis abençoá-lo dando-lhe o automóvel que sabiam que ele admirava, mas jamais poderia ter sem uma intervenção sobrenatural.

O homem me contou que estava pensando em vendê-lo. Perguntei a ele se isso ofenderia ou magoaria os homens que lhe deram o presente. Ele respondeu que eles haviam dito que ele podia fazer com o carro o que lhe agradasse. Lembro-me de perguntar por que ele queria vendê-lo, já que era algo que sempre desejou e Deus obviamente havia lhe proporcionado. Lembro-me de suas palavras em detalhes: "Sei que eu não deveria me sentir assim, mas para dizer a verdade, não me sinto digno de dirigir um carro tão caro".

Na verdade, ele estava correto ao dizer que não era digno porque nenhum de nós é, e isso torna a bondade de Deus realmente incrível. Felizmente, não recebemos de Deus o que merecemos, mas o que Ele escolhe nos dar, e deveríamos aprender a receber e a ficar maravilhados e muito gratos.

Embora não possamos conquistar ou merecer o bem que Deus faz por nós, Ele nos abençoa quando fazemos a coisa certa, mas somente quando ela é feita pelo motivo correto. Se fizermos coisas boas para conseguir algo em troca (para conquistar ou merecer), então nossos motivos estão errados. Mas se as fizermos porque é simplesmente assim que somos, então isso é agradável e aceitável para Deus. Faça todas as boas obras que puder fazer, mas lembre-se sempre de que nosso motivo para o que fazemos é o mais importante para Deus. Não faça as coisas para ser visto e admirado pelos homens, ou para se sentir bem consigo mesmo, mas simplesmente porque, como filho de Deus, você é um despenseiro da graça de Deus a todos os que entram em contato com você. Precisamos lembrar que nem sequer saberíamos o que é o "bem" se Deus não o revelasse a nós. Todas as coisas boas vêm de Deus; não existe outra fonte (Tiago 1:17).

O Que Seu Futuro Reserva?

Todos nós gostaríamos de saber o que o futuro nos reserva, mas talvez não percebamos que o que acontece no nosso futuro depende em parte de nós. Deus realmente tem um plano para cada um de nós para termos um bom futuro, mas precisamos aprender a cooperar com Seu plano em vez de fazer as coisas que o frustram. Deus quer que vivamos a boa vida que Ele preordenou e disponibilizou para nós (Efésios 2:10). Precisamos dizer como o apóstolo Paulo: "Prossigo para lançar mão (agarrar) e tomar posse daquilo para que Cristo Jesus (o Messias) lançou mão de mim e me tornou Seu" (Filipenses 3:12).

Para prosseguir, precisamos esquecer o que ficou para trás. No futuro, não há espaço para o passado. Pegue as coisas boas que você aprendeu com o passado e leve com você, mas deixe qualquer coisa que o esteja detendo ou aprisionando ao medo ou à insegurança de qualquer espécie. Deixar algo para trás não é tão difícil quanto você pensa. Comece não pensando mais nas coisas que o deixaram angustiado ou irado, ou nos erros que o decepcionaram. Não fale mais sobre eles. Quanto mais repetimos alguma coisa, mais provável que continuemos praticando-a. À medida que você mudar a maneira que pensa e fala, seus sentimentos começarão a mudar. Você pode ter esperança em vez de desesperança. Lembre-se, não importa quantos erros você cometeu no passado... DEUS NÃO ESTÁ BRAVO COM VOCÊ!

Comece hoje a acreditar que seu futuro está cheio de coisas boas e recuse-se a desistir até que você esteja desfrutando de todas elas. Comece hoje a ser a pessoa que Deus o criou para ser!

> *Tentei orar como uma conhecida minha, seguir o programa de estudo da Bíblia de outra, ser doce e amável como outra amiga, e até tentei ter um jardim como uma mulher que conheci. Quando fiquei exausta emocionalmente por tentar ser outra pessoa, finalmente aprendi que Deus só me ajudaria a ser eu mesma!*

Aprenda a Gostar de Si Mesmo

Você nunca será capaz de ser qualquer outra pessoa além de você mesmo, de modo que é melhor começar a gostar de si próprio. Se você tem a tendência de se comparar com as outras pessoas e depois se esforça para tentar fazer o que elas fazem, eu o incentivo a parar! Fui infeliz por anos tentando ser como as outras pessoas — a esposa do meu pastor, minha vizinha, meu marido e muitos outros. Eu não gostava nem dava valor a quem eu era, então contava com os outros para me dizerem o que eu deveria ser. Não permita que outras pessoas decidam por você, porque você é o único que terá de lidar com os resultados de suas decisões. Uma vizinha bem intencionada me incentivou a aprender a costurar. Ela amava costurar e estava certa de que eu amaria também. Fiz aulas de costura e comprei uma máquina, mas eu detestava costurar. Ver-me aprender a costurar era algo realizador para ela, mas um tormento para mim.

Tentei orar como uma conhecida minha, seguir o programa de estudo da Bíblia de outra, ser doce e amável como outra amiga, e até tentei ter um jardim como uma mulher que conheci. Quando fiquei exausta emocionalmente por tentar ser outra pessoa, finalmente aprendi que Deus só me ajudaria a ser eu mesma! É verdade, eu não era como as outras pessoas; não podia fazer todas as coisas que elas faziam, mas eu podia fazer o que eu podia — e era hora de começar a fazê-lo.

Nunca peça desculpas por ser quem você é. Isso seria como uma macieira pedir desculpas por não ser uma bananeira. Se você é uma macieira, então produza maçãs; se você é uma bananeira, então produza bananas! É preciso todo tipo de fruta para fazer uma salada de frutas. Meu ponto é que Deus criou a todos nós muito diferentes de propósito. Cada um de nós é único e temos algo a oferecer. Quando nos tornarmos o melhor que pudermos ser nós mesmos, então o propósito de Deus poderá ser realizado.

Deus não está aborrecido com quem você é. Ele o criou e só espera que você seja você. Embora seja verdade que todos nós fazemos coisas que não deveríamos e que precisamos melhorar, também é

> *Nunca peça desculpas por ser quem você é. Isso seria como uma macieira pedir desculpas por não ser uma bananeira. Se você é uma macieira, então produza maçãs; se você é uma bananeira, então produza bananas! É preciso todo tipo de fruta para fazer uma salada de frutas.*

verdade que não precisamos tentar mudar quem somos. Mudar nosso comportamento é algo que Deus nos ajudará a fazer, mas, como eu disse, Ele não nos ajudará a ser outra pessoa.

Corra Sua Corrida

Vocês não sabem que em uma corrida todos os corredores competem, mas [só] um leva o prêmio? Portanto corra [a sua corrida] para que você possa lançar mão [do prêmio] e tomar posse dele.

— 1 Coríntios 9:24

Somos encorajados a correr nossa corrida, e não a de outra pessoa. Entretanto, se estivermos tentando correr a corrida de outra pessoa, então estamos destinados a perder. Se admiramos as qualidades de outra pessoa, podemos pedir a Deus para nos ajudar a desenvolver essas qualidades, mas, mesmo assim, elas fluirão de nós de uma forma diferente da que vemos nas pessoas que admiramos. Conheço centenas de mestres da Bíblia e de pregadores da Palavra de Deus, mas cada um de nós entrega a Palavra de uma maneira diferente. Alguns enfatizam uma coisa e outros, outra. Todos eles são bons e todos são únicos. O mesmo acontece com um artista ou cantor. Os designers e decoradores são todos criativos, mas criam coisas diferentes e, se forem sábios, poderão apreciar e celebrar o talento dos outros sem tentar copiá-lo.

Eu poderia apreciar a criatividade de minhas vizinhas na costura, na jardinagem e em muitas outras coisas sem tentar copiá-las, mas não sabia disso naquela época. Enquanto pensarmos que não temos valor e que alguma coisa está errada conosco, nos esforçaremos para ser alguém que não somos, e nunca teremos a alegria da autoaceitação. Você está se comparando com as outras pessoas e tentando ser quem elas são? Nesse caso, este é o dia para apreciar quem elas são e o que podem fazer, mas sem competir com elas de modo algum. É hora de você ser você mesmo!

... corramos com perseverança a corrida que nos está proposta.

— Hebreus 12:1

Crescer e alcançar a plenitude da pessoa que Deus pretende que você seja levará tempo. Você precisa correr sua corrida com perseverança, mas pode também desfrutar cada fase da jornada. É possível divertir-se durante cada fase de crescimento e aperfeiçoamento. Enquanto estiver perseguindo a vontade perfeita de Deus para você, Ele estará satisfeito. Deus não fica contrariado porque não chegamos ainda, mas quer que continuemos avançando.

O Espírito Santo é nosso treinador na vida. Desde que corramos nossa corrida e não a de outra pessoa, Ele estará sempre correndo conosco, nos dando força e capacidade a cada passo que dermos.

Relaxe e divirta-se. Aprenda a permitir-se ser um ser humano imperfeito. Se todos nós aprendermos a rir de nós mesmos um pouco mais, nunca nos faltará diversão.

Pare de Tentar Impressionar a Si Mesmo

Creio que muito da nossa angústia por causa de nossas falhas e fraquezas têm origem na tentativa de impressionar a nós mesmos com nossa perfeição. Queremos desesperadamente nos sentir bem com nós mesmos, mas não percebemos que podemos fazer isso mesmo quando cometemos erros, principalmente quando lamentamos por eles e queremos melhorar. Deus vê seu coração! Ele está mais interessado em você que no seu desempenho. Se tem filhos, você sabe que nunca se zangaria por eles caírem enquanto tentavam andar, ou por derrubarem comida enquanto tentavam aprender a comer sozinhos. Você não apenas não ficaria irado com eles, mas também os consolaria, os encorajaria a tentar novamente e limparia qualquer sujeira que eles fizessem. Deus é assim conosco também, e se sabemos que Ele não está zangado, então não precisamos ficar zangados com nós mesmos também.

> *Creio que muito da nossa angústia por causa das nossas falhas e fraquezas têm origem na tentativa de impressionar a nós mesmos com nossa perfeição.*

Preciso lhe dizer isto, e espero que a notícia não o entristeça muito, mas você sempre cometerá erros enquanto estiver em um corpo humano aqui na Terra. Virá o dia em que Jesus voltará para nós e então seremos aperfeiçoados, mas, até então, graças a Deus por Ele ter enviado Jesus para se colocar no meio da nossa fraqueza e nos dar Sua força.

Pelo fato de que nossa autoimagem é tão importante, quero terminar este capítulo com algumas afirmações para você refletir e começar a declarar sobre sua vida. Ao fazer isso, elas ajudarão a remodelar a imagem que tem de si mesmo, e você poderá começar a se ver como Deus o vê.

1. Sei que Deus me criou, e que Ele me ama incondicionalmente.
2. Tenho falhas e fraquezas, mas quero mudar. Creio que Deus está trabalhando em minha vida. Ele está me transformando diariamente. Enquanto Ele está trabalhando em mim, posso ainda assim desfrutar minha vida e gostar de mim mesmo.
3. Todos têm falhas, de modo que não sou um fracasso só porque não sou perfeito.
4. Vou trabalhar com Deus para superar minhas fraquezas, mas entendo que sempre terei de lidar com algumas delas; portanto, não vou ficar desanimado quando Deus me convencer de áreas na minha vida que precisam ser aperfeiçoadas.
5. Quero fazer as pessoas felizes e fazer com que elas gostem de mim, mas meu senso de valor não depende do que os outros pensam a meu respeito. Jesus já afirmou meu valor pela Sua disposição em morrer por mim.
6. Não serei controlado pelo que as outras pessoas pensam, dizem ou fazem. Ainda que elas me rejeitem totalmente, sobreviverei. Deus prometeu nunca me rejeitar ou condenar enquanto eu crer nele.
7. Independentemente de quantas vezes eu falhar, não desistirei, porque Deus está comigo para me fortalecer e sustentar. Ele prometeu nunca me deixar ou abandonar (Hebreus 13:5).
8. Gosto de mim mesmo. Não gosto de tudo o que faço e quero mudar — mas recuso-me a rejeitar a mim mesmo.
9. Estou justificado diante de Deus através de Jesus Cristo.
10. Deus tem um bom plano para a minha vida. Cumprirei meu destino e serei tudo o que puder ser para a Sua glória. Tenho dons e talentos dados por Deus, e pretendo usá-los para ajudar outros.

11. Não sou nada, no entanto, sou tudo! Em mim mesmo nada sou, no entanto, em Jesus, sou tudo o que preciso ser.
12. Posso todas as coisas que Deus me chama para fazer, através de Seu Filho Jesus Cristo (ver Filipenses 4:13).

CAPÍTULO 12

Desenvolvendo o Seu Potencial

Todos têm dentro de si uma boa notícia. A boa notícia é que você não sabe o quão incrível pode ser, o quanto pode amar, o que pode realizar e qual é o seu potencial.

Anne Frank

Anne Frank foi uma menina judia que vivenciou a invasão da Holanda por Hitler. Os judeus eram seu alvo, e Anne e sua família encontraram um esconderijo onde viveram por dois anos antes de serem presos. Anne foi morta, mas escreveu um diário enquanto estava escondida que inspirou milhões de pessoas. Embora Anne sofresse diariamente a ameaça de ser capturada e morta, ela pensava no potencial que tinha. Sem dúvida, não temos desculpas para não pensar no nosso próprio potencial e desenvolvê-lo.

Lembro-me de falar com um jovem da nossa equipe que tinha um grande potencial, no entanto, havia recusado duas promoções que lhe oferecemos. Eu sabia que ele tinha talento, mas que também era inseguro e estava sendo impedido de progredir pelo medo do fracasso e pela falta de confiança. Ele estava aprisionado nas suas inseguranças! Estava fazendo seu trabalho de forma excelente e recebendo muito encorajamento das pessoas que o cercavam, mas achava que era simplesmente mais fácil e mais confortável permanecer onde estava do que pensar em mudar. Preferia se sentir seguro com o que já estava acostumado em vez de mudar, dar um passo de fé e correr o risco de falhar. Ninguém pode desenvolver o potencial que possui sem cometer alguns erros ao longo do caminho, mas se sabemos que somos amados, esse pensamento não deve nos assustar. Embora possamos cometer erros, também teremos muito sucesso, e é nisso que devemos focar.

Conversei com o jovem e encorajei-o. Ele disse que sabia que eu estava certa e que queria começar a se arriscar. Ele estava pedindo a Deus para deixá-lo fazer algo novo e diferente, mas cada vez que a oportunidade surgia, ele a recusava. A insegurança, a dúvida e o medo podem definitivamente nos impedir de atingirmos nosso potencial.

Uma das maiores tragédias da vida é não desenvolver o próprio potencial. Quando você não o desenvolve, está deixando de dar sua contribuição ao mundo. Talvez você diga: "Joyce, tentei fazer algumas coisas e falhei, por isso agora tenho medo". Você pode se libertar entendendo que seu potencial não está no seu passado. Todas as vezes que tentamos e falhamos, aprendemos algo do qual podemos nos beneficiar no futuro se não desistirmos. Desenvolver nosso potencial requer paciência e a determinação de não desistir.

A história sobre o inventor da primeira gelatina com sabor é realmente irônica. Em 1897, Pearl Wait se dividia entre dois trabalhos. Ele era um operário da construção civil que se aventurava patenteando medicamentos. Pearl vendia seus remédios para leves indisposições de porta em porta. Em meio aos seus experimentos, ele teve a ideia de misturar aromatizante de frutas com gelatina granulada. Sua esposa chamou-a de "Jell-O" e Wait tinha mais um produto para negociar. Infelizmente, as vendas não foram tão bem quanto ele esperava, então, em 1899, Pearl vendeu os direitos da Jell-O para Orator Woodward por 450 dólares. Woodward conhecia a importância do *marketing*, de modo que, em apenas oito anos, o vizinho de Wait transformou um investimento de 450 dólares em um negócio de 1 milhão de dólares. Hoje, nem um único parente de Pearl Wait recebe royalties dos 1,1 milhão de caixas de Jell-O vendidas todos os dias. Por quê? Porque Wait simplesmente não foi capaz de esperar.

> *Todas as vezes que tentamos e falhamos, aprendemos algo do qual podemos nos beneficiar no futuro se não desistirmos.*

Só Deus sabe quantas oportunidades incríveis nunca se tornaram realidade por causa da impaciência. Uma coisa é ter um sonho, mas para ver os sonhos se realizarem é necessário esforço, sacrifício e paciência. O que separa o potencial do sucesso é o tempo. Pearl Wait tinha um produto com potencial, mas ele nunca teve êxito porque não foi paciente. Na sociedade de hoje, em que tantas pessoas estão acostumadas com a gratificação instantânea, vemos cada vez menos o desenvolvimento do potencial e da criatividade.

Se quiser fazer alguma coisa incrível com a sua vida, você terá de aprender a trabalhar e esperar! Desenvolver nosso potencial requer uma fé sólida, e não apenas o desejo de fazê-lo. Quando Deus me deu a oportunidade de desenvolver meu potencial em comunicação ensinando Sua Palavra, pensei que alcançaria o sucesso da noite para o dia. Isso, é claro, não aconteceu, o que de fato aconteceu foi um progresso lento ao longo de muitos anos de determinação que finalmente se tornou um ministério internacional.

Eu tinha grandes sonhos, e creio que isso é bom. O que eu não tinha era o entendimento de quanto tempo levaria para desenvolver meus sonhos completamente. Não faça planos pequenos. Oro para que você sonhe com algo maior do que o que você tem agora, mas oro também para que possa desfrutar cada passo da sua jornada e entender que o sucesso requer investimento de tempo e muito trabalho árduo. Muitas pessoas nunca alcançam seu propósito porque não estão dispostas a pagar o preço no início da jornada. Elas se contentam com algo menor do que o melhor que Deus tem planejado para elas porque não querem fazer coisas difíceis ou correr riscos. Costumo dizer que em nossa sociedade somos viciados em conforto e facilidade, e creio nisso, mas qualquer pessoa pode nadar contra a corrente da cultura na qual está inserida se realmente desejar.

Muitas pessoas adotam soluções rápidas e paliativas para tudo. Elas querem gratificação instantânea e o que as faz se sentir bem imediatamente. Não estão dispostas a investir no futuro. Ao final, lamentarão a decisão que tomaram, porque o futuro virá e não trará o que elas gostariam que ele trouxesse.

Milhões de pessoas olham para trás diariamente, contemplam suas vidas e dizem: "Gostaria de ter feito isto" ou "gostaria de não ter feito aquilo", e tudo que elas têm é remorso. Recuso-me a acabar assim e espero que você também.

Não Tenha Medo de Tentar

Deus é incrivelmente criativo, e Seu Espírito habita em nós. Fomos criados à Sua imagem, isso significa que somos criativos também. Pense no quanto Adão teve de ser criativo para dar nome a todos os animais no Jardim do Éden, e mesmo depois disso, estou certa de que ele mal havia usado a capacidade que Deus lhe dera.

Você vive uma vida de mesmice e tédio porque tem medo de tentar qualquer coisa nova? Você presume que vai fracassar antes mesmo de tentar? Há uma enorme criatividade dentro de cada um de nós, e precisamos aprender a aproveitá-la e expressá-la sem medo. Muitas vezes, em vez de exercitar a criatividade, ficamos repetindo as mesmas coisas, mesmo quando estamos entediados com elas, simplesmente porque temos medo de dar um passo de fé e fazer algo diferente. Ainda que nos sintamos mais seguros e mais confortáveis com aquilo que já estamos acostumados, ainda assim precisamos de variedade em nossa vida.

Deus certamente é a favor da variedade, ou Ele não teria criado um mundo tão variado. Como costumamos ouvir: "A variedade é o tempero da vida". Às vezes, até uma pequena alteração na mesmice é renovadora.

Algumas pessoas têm o mesmo emprego ou vivem no mesmo lugar a vida toda porque sentem que esses ambientes e atividades são seguros. Ainda que detestem seus empregos e não se sintam realizadas, pelo menos elas sabem como fazer seu trabalho e se sentem confortáveis com ele — a ideia de conseguir um emprego diferente é aterrorizante para elas! Elas pensam em todas as coisas ruins que poderiam acontecer. *E se eu deixar meu emprego e acabar não me saindo bem no novo? Tenho amigos onde trabalho e me sinto aceito. E se as pessoas no lugar novo não gostarem de mim? Eu seria o mais novo naquele lugar, de modo que se houvesse um corte eu seria o primeiro a ser dispensado.* Elas pensam nesse tipo de coisas até se convencerem a não mudar.

Indivíduos mais ousados, que estão determinados a alcançar seu potencial, pensam de modo diferente. Eles talvez pensem assim: *Ficarei entusiasmado em fazer algo totalmente novo. Preciso de um novo desafio. Estou empolgado em fazer novos amigos. Creio que contribuirei para a nova empresa e serei promovido rapidamente.* Podemos nos convencer a fazer uma coisa ou a não fazer, dependendo do quanto somos confiantes. Felizmente, descobri que não tenho de me *sentir* confiante para *ser* confiante. A verdadeira confiança está em Cristo, e não em nós mesmos. Sei que não posso fazer nada sem Ele, mas aprendi a acreditar que posso fazer qualquer coisa que Ele me levar a fazer através dele.

Não estou encorajando as pessoas a correrem atrás de cada capricho que passe pela mente ou para adotarem cada novidade que cruzar seu caminho. Não há nada de errado em ter o mesmo emprego a vida toda se você se sente realizado em fazer o que faz e realmente acredita estar alcançando seu potencial. Caso contrário, eu o incentivo a começar a orar e a pedir a Deus que abra novas portas de oportunidade para você, e quando Ele o fizer, saia da sua zona de conforto — e comece a fazer coisas novas.

Você Não é um Fracasso a Não Ser que Pare de Tentar

Falhar em algo não faz de alguém um fracassado. Tive de aprender isso antes de abandonar os erros do passado e desenvolver o potencial que havia dentro de mim. A maioria das pessoas que fizeram grandes coisas ou inventaram coisas maravilhosas falhou muitas vezes antes de ter êxito. Abraham Lincoln disse: "Minha grande preocupação não é se você falhou, mas se ficou satisfeito com seu fracasso".

Por que temos tanto medo de não sermos bem-sucedidos em algo que nem sequer tentamos? Creio que é por causa dos medos que temos com relação a nós mesmos. No fundo, muitas pessoas morrem de medo de serem imperfeitas e não querem fazer nada que deixe essas imperfeições aparecerem. Também acredito que nos importamos demais com o que as outras pessoas pensam. Nunca seremos livres até que não tenhamos necessidade de impressionar os outros. Também acredito que ter medo de que Deus não fique satisfeito conosco se falharmos impede muitas pessoas de dar um passo de fé.

Nunca seremos livres até que não tenhamos necessidade de impressionar os outros.

Pessoalmente creio que Deus admira a ousadia e a coragem. Precisamos lembrar que Ele disse na Sua Palavra para não termos medo de nada. Às vezes nos sentimos mais inclinados a dar um passo e tentar algo se não temos consciência de que não podemos fazê-lo. Quando Deus me chamou para ensinar Sua Palavra, posso dizer verdadeiramente que eu não estava qualificada e não tinha absolutamente nenhum conhecimento quanto a como fazer isso, mas não me ocorreu que eu não pudesse fazê-lo. Eu não sabia que não podia fazê-lo, então, eu o fiz. Cerca de dois anos depois de ter começado a ministrar meu primeiro estudo bíblico, uma experiência muito bem-sucedida, um grupo de pessoas mais instruídas me disse: "Você não pode fazer isso, você é mulher, não é instruída e não foi treinada". Era tarde demais para eu acreditar nelas, porque já estava tendo êxito no que elas me disseram que eu não podia fazer. Muitas pessoas lhe dirão que você não pode fazer nada que seja fora do comum, mas o que não é comum e ordinário, pode ser extraordinário.

Você Tem o Potencial Necessário

O dicionário Noah Webster da língua inglesa de 1828 define a palavra *potencial* como "existente em possibilidade, e não em ação". O fato de termos uma habilidade não significa que faremos o necessário para desenvolvê-la. Em outras palavras, onde há potencial, todas as peças necessárias para o sucesso estão presentes, mas elas ainda não foram colocadas em ação. Ainda precisam de algo para impulsioná-las, algo para lhes dar força e motivá-las. Elas geralmente estão em forma embrionária — precisam ser desenvolvidas. A pessoa que possui o potencial precisa decidir tomar uma atitude e não desistir até ter êxito. Precisa decidir antecipadamente que mesmo se falhar vinte vezes, tentará novamente. Deve estar completamente decidida a não apenas existir sem desenvolver seu potencial.

> *Muitas pessoas lhe dirão que você não pode fazer nada que seja fora do comum, mas o que não é comum e ordinário pode ser extraordinário.*

É bom estar contente. É uma qualidade divina, mas não queremos estar tão satisfeitos a ponto de nunca realizar uma mudança. O melhor plano é ser feliz onde você está, enquanto está a caminho do lugar para onde está indo. Até mesmo no nosso relacionamento com Deus devemos sempre ter fome de conhecer Sua Palavra mais profundamente e de conhecê-lo mais intimamente. Não se satisfaça com um casamento medíocre, mas esforce-se para torná-lo o melhor possível. Ser medíocre é ficar no meio do caminho entre o sucesso e o fracasso, e esse não é o lugar que Deus ordenou para o Seu povo.

Creio que existe tanta mediocridade no mundo hoje que podemos facilmente nos afundar nela sem sequer nos darmos conta disso. Peço que você examine sua vida e seu coração e veja se você não sabe bem lá no fundo que está perdendo o melhor de sua vida. Se estiver, é hora de tomar algumas decisões. Você também terá de se esforçar e ser paciente. Todos têm dentro de si uma mina de ouro escondida, mas temos de cavar para retirar o ouro. Precisamos estar dispostos a ir além da nossa velha maneira limitante de pensar. Precisamos ir além da maneira como nos sentimos, ou do que é conveniente. Se cavarmos fundo o bastante, encontraremos Deus esperando para nos dar uma força que jamais soubemos que tínhamos. Tudo o que Ele quer ver é persistência e determinação, e Ele será seu parceiro, ajudando-o a ser o melhor que você puder ser.

Se você vê o desenvolvimento do potencial como algo destinado somente àqueles que têm algum talento especial, pode ser que você não se veja como um deles. Embora seja verdade que as pessoas têm diferentes dons e talentos, a Palavra de Deus nos garante que todos nós partilhamos dos dons dados por Deus. Talvez você não seja um pintor, um cantor, um designer, um conferencista ou um escritor, mas você é alguma coisa. E o que quer que você seja é importante para Deus e para o resto de nós. A Bíblia nos ensina que, embora nossos dons possam ser diferentes, somos mutuamente dependentes uns dos outros, assim como as diversas partes do nosso corpo físico cooperam juntas apesar de serem distintas entre si (Romanos 12:4-5). A participação de cada pessoa é uma grande contribuição ao todo que precisa ser realizado. Uma mãe, um pai, um professor, um auxiliar, um administrador, um organizador, um encorajador ou qualquer outra função, são vitalmente necessários. Você não precisa ser outra pessoa, mas precisa ser você por completo!

Não Permita que a Insegurança o Detenha

"Sou inseguro" pode se tornar uma desculpa para você não se levantar e tentar. Talvez seu coração se encha de medo diante dessas palavras. Se for esse o caso, isso é uma indicação clara de que você é exatamente a pessoa para quem Deus está falando através de mim neste momento. Não permita que o medo roube o propósito para o qual você foi destinado. Satanás usa o medo para nos impedir de alcançar nosso potencial. Parto do princípio de que sempre que ele tenta me amedrontar e me impedir de fazer algo, provavelmente aquilo é exatamente o que preciso fazer.

Talvez alguém tenha lhe dito no passado que você não é capaz, então você parou de tentar. Mas eu estou lhe dizendo que você pode. Qualquer coisa que Deus nos direcione a fazer é algo que podemos fazer com a ajuda dele. Tudo é possível com Deus! Desprezo o medo, a falta de confiança e a insegurança por causa do que eles roubam das pessoas. O mundo está cheio de pessoas que vivem vidas insatisfatórias por causa dos pensamentos e sentimentos negativos que têm acerca de si mesmas. Essas coisas talvez tenham origem em pais que não fizeram um bom trabalho ao criá-las, ou em um professor que não foi bondoso, ou em colegas que as ridicularizaram, mas independentemente de onde vieram, é hora de sair.

Isso não acontecerá da noite para o dia, nem simplesmente porque você leu este livro, mas este pode ser um começo. Nunca temos um fim sem um começo, portanto vamos começar. Uma das coisas que as pessoas que passam por esse tipo de problema precisam fazer é mudar sua maneira de pensar e falar sobre si mesmas. Não diga: "Tenho medo", "Sou inseguro" ou "Não tenho autoconfiança". Mesmo que você se sinta assim, pare de dizer isso! Só isso já o ajudará a superar seus sentimentos. Se uma maneira de pensar nos trouxe um problema, continuar pensando da mesma maneira não nos tirará dele. Temos de mudar nossa mente antes de termos qualquer outra mudança na vida. Uma das maneiras de renovar a mente é declarando em voz alta o que você quer, e não o que você tem. Sim, isso é bíblico! Deus chama à existência as coisas que ainda não são, como se elas já existissem (Romanos 4:17).

A próxima coisa que sugiro é que você comece dando pequenos passos, e depois, à medida que for percebendo que consegue fazer pequenas coisas, você verá que tem mais coragem para fazer coisas maiores. Quando comecei a ensinar a Palavra de Deus, eu não estava em uma plataforma com vinte mil pessoas diante de mim. Comecei com um pequeno estudo bíblico de doze mulheres, e depois de algum tempo ele aumentou para vinte, então para trinta e finalmente para quinhentas. Dei outros passos, e cada passo que eu dava me assustava, mas eu sabia que tinha de tentar. Estou certa de que você ouviu o ditado que diz: "é melhor ter tentado e falhado do que nunca ter tentado", e concordo com ele. A única maneira de descobrir o que você pode ou não fazer é tentando. Lembre-se de que Deus o ama incondicionalmente e que Ele não ficará zangado se você experimentar algumas coisas que não funcionam enquanto está buscando descobrir o que funciona para você. Nunca esqueça que Deus não espera que vivamos sem cometer erros. Ele não fica bravo conosco quando isso acontece, mas, em vez disso, Ele está sempre presente para nos ajudar a aprender com esses erros e nos recuperarmos com entusiasmo para tentar de novo.

Deixe-me esclarecer que não estou sugerindo que você tente algo a não ser que acredite que Deus o está dirigindo a fazê-lo. Ele é o Autor e o Consumador da nossa fé, mas Ele não é obrigado a nos ajudar a terminar nada do qual Ele não seja o Autor. Se você fez tudo o que pode para definir se está sendo direcionado por Deus ou não e ainda não sabe com certeza, dê um pequeno passo e veja se Deus o abençoa. Se Ele o fizer, dê outro passo e mais outro. Se Ele não abençoar, então pelo menos você agiu e fez um esforço para descobrir.

Declare guerra ao medo! Viva com ousadia e coragem! Esteja determinado deste dia em diante a alcançar o seu potencial!

CAPÍTULO 13

A Misericórdia é Maior que a Ira

A misericórdia de Deus é tão grande que é mais fácil escoar a água do mar, privar o sol da sua luz, ou tornar o universo estreito, do que diminuir a grande misericórdia de Deus.

C. H. Spurgeon

João Crisóstomo, arcebispo de Constantinopla de 347 a 407, disse: "A misericórdia imita Deus, e decepciona satanás".

Deus é misericordioso! Sua misericórdia é grande e se renova todos os dias. Sua misericórdia é maior que Sua ira. Você deve lembrar que na introdução deste livro eu disse que Deus pode se irar e se ira, mas Ele não é um Deus irado. Sua ira é contra o pecado, mas Ele concede misericórdia aos pecadores.

> "Volta, ó infiel Israel", diz o SENHOR, "e Eu não farei com que o Meu semblante caia sobre vocês e os olhe com ira, porque Sou misericordioso", diz o SENHOR; "não conservarei para sempre a Minha ira".
>
> — Jeremias 3:12

A misericórdia de Deus não pode ser compreendida pela nossa mente finita, apenas recebida no coração. Nos capítulos a seguir, pretendo citar mais versículos que nos capítulos anteriores, e eu o incentivo firmemente a não lê-los apressadamente. Em vez disso, leia cada versículo lentamente duas vezes. Em nossa mente, queremos que tudo seja justo, mas a misericórdia não é justa. Ela vai além de qualquer coisa que possamos entender. Então lhe peço que leia os versículos lentamente, digerindo-os e permitindo que entrem em seu espírito (coração). Deus nos dará a fé para crer na misericórdia embora talvez não a entendamos. Não há como explicar por que um Deus justo e sem pecado decidiria não punir aqueles que merecem ser punidos, mas, em vez disso, lhes conceder graça, favor, bênção, perdão e amor, qualidades que fluem da Sua misericórdia. Mas podemos ser gratos por Ele ter feito isso!

Porque a Sua ira não passa de um instante, mas o Seu favor é por toda a vida, ou no Seu favor está a vida.

— Salmos 30:5

Quero repetir que Deus se ira com o pecado, com a injustiça e com nossas tolices, mas Sua natureza e Seu caráter não são os de um Deus irado. Deixe-me tentar explicar assim. Por exemplo, meu pai era um homem irado e castigava rapidamente as pessoas por cada pequena infração às suas regras. Estar perto dele fazia minha mãe, meu irmão e eu ficarmos com medo, nervosos e tensos, nos sentindo culpados e condenados por algum motivo o tempo todo. Embora tentássemos nos esforçar muito para fazer o que ele queria, era impossível, porque as regras dele eram intermináveis e mudavam frequentemente. Vivíamos em uma atmosfera onde esperávamos constantemente ser castigados. Meu marido, Dave, não é um homem irado. Ele pode ficar irado se eu fizer alguma coisa realmente tola ou se falar com ele de modo desrespeitoso, mas isso só dura um instante. Dave sabe que minha personalidade às vezes é um pouco mal-humorada e que lamento quando me comporto mal, de modo que ele me concede misericórdia e está sempre disposto a perdoar o erro e retornar à paz.

Lidar com uma pessoa irada é muito diferente de lidar com alguém que *pode ficar* irado, mas não tem desejo de *permanecer* assim.

"Deus tem muito mais prazer na Sua misericórdia do que na Sua ira", diz Daniel Fuller em *A Unidade da Bíblia*. E continua:

Assim, para mostrar que Sua misericórdia tem prioridade, Ele precisa colocá-la contra o pano de fundo da Sua ira. Como a misericórdia de Deus poderia ser plenamente demonstrada como Sua grande misericórdia a não ser que fosse concedida a pessoas que estivessem sob Sua ira e, portanto, não pudessem pedir misericórdia? Seria impossível compartilharem com Deus o prazer que Ele tem em Sua misericórdia a não ser que elas vissem claramente a grandeza da poderosa ira da qual Sua misericórdia os livra.

Oh, deem graças ao Senhor, porque Ele é bom; porque a Sua misericórdia e bondade duram para sempre.

— Salmos 136:1

O Salmo 136 contém vinte e seis versos, e cada um deles termina com "porque a Sua misericórdia e a Sua bondade duram para sempre". Você e eu nunca podemos errar o suficiente a ponto de não restar mais misericórdia para nós. Onde abunda o pecado, a graça (misericórdia) é muito mais abundante (ver Romanos 5:20). Deus está mais disposto a perdoar do que a punir.

A seguinte história é um lembrete maravilhoso disso.

Em uma tarde chuvosa, uma mãe estava dirigindo para casa por uma das principais ruas da cidade. De repente, seu filho Matthew, relaxadamente sentado no banco de trás, disse: "Mamãe, estou pensado em uma coisa". Esse anúncio geralmente significava que ele estava refletindo em alguma coisa por algum tempo e agora estava pronto a expor tudo o que a sua mente de sete anos de idade havia descoberto. Sua mãe estava ansiosa para ouvir. "Em que você está pensando?", ela perguntou. "A chuva é como o pecado e os limpadores de para-brisa são como Deus, limpando os nossos pecados". "Muito bom, Matthew", ela respondeu. Mas ela ficou curiosa e se perguntou até onde Matthew levaria aquela revelação. Então ela perguntou: "Você percebeu como a chuva continua caindo? O que isso lhe diz?". Matthew não hesitou nem por um instante em responder: "Nós continuamos pecando, e Deus apenas continua nos perdoando".

O S%%%%%%%%%%%
O S<small>ENHOR</small> é gracioso e cheio de compaixão, lento para irar-se e abundante em misericórdia e bondade.
O S<small>ENHOR</small> é bom para com todos, e as Suas ternas misericórdias estão sobre todas as suas obras [a totalidade das coisas criadas].

— Salmos 145:8-9

O Que Você Está Olhando?

É importante tirar nossa mente da estrada que ficou para trás. O que aconteceria se, ao dirigir, você passasse a mesma quantidade de tempo olhando para o retrovisor traseiro que passa olhando para a estrada diante de você? Imagino que você bateria em alguma coisa! Há momentos em que é apropriado olhar para trás na vida a fim de avaliar o que aprendemos e usar isso da melhor maneira possível. Há momentos em que apreciamos olhar para trás para relembrar. A experiência é boa professora, e olhar para as experiências que ficaram para trás é sábio. Mas se olhamos demais para trás, então não manteremos nossos olhos na estrada que está adiante de nós.

Da mesma forma, se focarmos nos nossos erros do passado e nas nossas escolhas erradas, então estaremos permanecendo no passado, o que geralmente não é útil no presente.

Cada um de nós comete erros, falha e peca, mas a misericórdia de Deus se renova a cada dia! Considerando que a misericórdia é um dom, ela não pode ser conquistada ou merecida de modo algum. Ela só pode ser recebida pela fé. Para receber misericórdia para as coisas que ficaram para trás (e lembre-se de que qualquer momento que não seja aquele que você está vivendo ficou para trás), você precisa tirar sua mente do fracasso passado e colocá-la em Jesus. Paulo nos ensina em Hebreus que devemos tirar os olhos de tudo que nos distraia e colocá-los em Jesus (Hebreus 12:2). Quan-

> Você e eu nunca podemos errar o suficiente a ponto de não restar mais misericórdia para nós.

do ora, você tem comunhão com seu pecado ou com Jesus? Podemos pensar tanto no que fizemos de errado que deixamos de ver a incrível misericórdia de Deus.

Aquilo para o qual olhamos no nosso coração é muito importante. Quanto tempo você passa meditando nos seus erros, nas suas fraquezas, nos seus fracassos e pecados e se sentindo mal por eles? Devemos reconhecê-los e nos arrepender (nos afastar deles), mas quando nos afastamos, precisamos nos virar para outra coisa (Jesus), do contrário voltaremos direto para eles. Mantenha seus pensamentos no que Jesus fez por você na cruz. A misericórdia de Deus é maior que Sua ira. Deus não para de nos amar nem por um só instante, nem mesmo quando fazemos coisas erradas. Sua misericórdia é oferecida em um esforço para nos curar e restaurar.

Olhar para trás nos dá a oportunidade constante de voltar (Hebreus 11:15). O homem finalmente segue a direção que ele permite que seus pensamentos tomem. Deus não é apenas misericordioso para com nossos pecados, mas Ele escolhe não se lembrar mais deles (Hebreus 8:12). Isso significa claramente que Deus quer que façamos o mesmo. Houve um tempo em minha vida em que se você me pedisse uma lista dos meus pecados recentes, eu poderia listá-los facilmente porque tinha todos eles em minha mente. Se você me fizesse essa mesma pergunta hoje, eu poderia lhe dizer algo que fosse muito recente, mas certamente não poderia fornecer uma lista, porque não tenho mais uma lista. Quando peco e o Espírito Santo me convence, digo a Deus que sinto muito, porque realmente sinto, recebo Seu perdão e Sua misericórdia, peço a Ele que me ajude a não repetir o mesmo erro e mantenho meus olhos na bondade de Deus. Sigo em frente tratando de viver a vida ao máximo.

Se Deus quisesse que fôssemos infelizes, não teria nos oferecido misericórdia! Devemos definitivamente lamentar pelos nossos pecados. O apóstolo Tiago até sugere que devemos sofrer por eles (Tiago 4:9), mas ele diz, no versículo seguinte, que à medida que nos humilharmos na presença de Deus, Ele nos levantará e tornará nossas vidas significativas. Deus não quer que nos sintamos diminuídos e insignifi-

> *Se Deus quisesse que fôssemos infelizes, não teria nos oferecido misericórdia!*

cantes porque pecamos; Ele quer que encaremos nossas falhas, recebamos misericórdia e sigamos em frente.

Uma jovem mãe recentemente me disse que passa a maior parte do dia pensando nos seus pecados e tentando ter certeza de que confessou cada um deles para poder voltar à comunhão com Deus. Ela está focada no próprio pecado. Ela está vivendo sob a Lei e está completamente exausta espiritualmente devido ao seu entendimento errôneo dos caminhos de Deus. Nunca devemos ser excessivamente introspectivos nem ficar obcecados a cada falha. Confie no Espírito Santo para lhe trazer convicção e convencê-lo do pecado e da justiça. Ele nos mostra o que estamos fazendo de errado, e também nos mostra a maneira certa de fazer as coisas. Ele não permite que fiquemos nos debatendo na tentativa de mudar nossos caminhos na nossa própria força, mas nos dá a graça (a força) para realizá-lo.

> Deus não quer que nos sintamos diminuídos e insignificantes porque pecamos; Ele quer que encaremos nossas falhas, recebamos misericórdia e sigamos em frente.

Quando Jesus subiu ao céu, Ele enviou o Espírito Santo para estar em íntima comunhão conosco e disse:

> *Quando Ele vier, convencerá o mundo e fará demonstração a ele do pecado e da justiça (retidão de coração e justificação com Deus) e sobre o juízo.*
>
> — João 16:8

Por favor, observe que o Espírito Santo não apenas nos convence do pecado, ele vai mais longe e nos convence da justiça. Estamos justificados com Deus através do sangue de Jesus, e precisamos sempre nos lembrar disso — principalmente quando pecamos. Não perdemos nossa comunhão com Deus cada vez que cometemos um erro. Ele nunca nos deixa ou abandona, mas está sempre conosco. No instante em que você for convencido do pecado, volte-se para Jesus, porque é somente o sangue dele que nos salva.

> *O pecado não é um problema para Deus porque Ele pode perdoá-lo, esquecê-lo e conceder misericórdia ao pecador. O pecado só é um problema para nós se continuarmos nele depois de nos ter sido mostrado o quanto ele é terrível.*

Correndo o risco de ser acusada de heresia, deixe-me dizer que creio que costumamos ficar preocupados demais com o nosso pecado. Talvez demos a ele uma importância maior do que Deus dá. Ele já providenciou uma solução para o pecado. O pecado não é um problema para Deus porque Ele pode perdoá-lo, esquecê-lo e conceder misericórdia ao pecador. O pecado só é um problema para nós se continuarmos nele depois de nos ter sido mostrado o quanto ele é terrível. Se nos recusarmos deliberadamente a nos desviarmos dele, então ele nos consumirá. A graça de Deus nos encontra onde estamos, mas ela nunca nos deixa onde nos encontrou. Portanto, abandone o que ficou para trás e siga em frente!

O apóstolo Paulo disse algo que indica, a meu ver, que o pecado pode ser tratado mais facilmente do que costumamos imaginar.

> *Meus filhinhos, escrevo-lhes estas coisas para que vocês não transgridam a lei de Deus e pequem. Mas se alguém pecar, temos um Advogado (Alguém que intercederá por nós) junto ao Pai — [é] Jesus Cristo, o [totalmente] justo [reto, que se conforma à vontade do Pai em todo propósito, pensamento e ação].*
>
> — 1 João 2:1

Que versículo glorioso da Bíblia! É claro que nosso desejo deve ser o de não pecar, mas se pecarmos, Deus já cuidou disso. Podemos contar com Jesus, que foi e é perfeito em nosso lugar. Ele se conforma perfeitamente à vontade do Pai em todas as áreas, e Ele intercede por nós junto a Deus. Deus nos perdoa por causa de Jesus. Quando vamos a Deus em nome de Jesus, Ele vê Jesus, e não o nosso pecado. Ele honrará eternamente o sacrifício que Jesus fez por nós em obediência a Ele.

Não consigo me lembrar de nenhum dos heróis da Bíblia, os homens e mulheres do passado que admiramos, relembrando e discutindo pecados passados. Paulo mencionou o dele apenas com o propósito de explicar o quanto a graça de Deus é impressionante. Pedro negou Cristo três vezes e nunca mencionou novamente essa falha. Abraão, Moisés e Elias, todos eles tinham falhas. Abraão mentiu porque teve medo, Moisés teve um acesso de mau humor, e Elias teve medo de Jezabel e ficou deprimido. Maria chamada de Madalena havia sido uma prostituta e foi liberta de sete demônios. Deus tratou com essas pessoas com relação ao pecado de cada uma, mas, na Bíblia, elas nunca os mencionaram novamente. Verdadeiramente, em Cristo somos novas criaturas, as coisas velhas já passaram e todas as coisas se tornam totalmente novas!

Elias é usado como exemplo de um homem que tinha a natureza semelhante à nossa (fraca), no entanto, ele orou para que não chovesse e não caiu chuva sobre a terra por seis meses. Então ele orou novamente, desta vez pedindo chuva, e os céus derramaram a chuva (Tiago 5:17-18). A natureza humana fraca de Elias só foi mencionada para nos ajudar a entender que embora sejamos imperfeitos, ainda assim podemos nos aproximar com ousadia do trono de Deus e fazer orações eficazes.

Eu imploro que você receba a grande e abundante misericórdia de Deus, pare de olhar para trás e desfrute de uma parceria eficaz com Deus. Ele precisa que sejamos fortes nele, e não fracos e ineficazes por causa de nossos pecados e falhas. Deus ainda tem muito a fazer na Terra. E Ele pretende trabalhar através do Seu povo. Não perca de vista a parte que Ele deseja que você faça por estar focado no passado. Você pode acabar perdendo o que Deus tem para você agora.

Todos os Pecados São Iguais?

É tão fácil para Deus perdoar um pecado quanto outro. Todos os nossos pecados, passados, presentes e futuros, foram pagos quando Jesus morreu na cruz. Não existe pecado tão ruim que Deus não possa perdoar completamente, mas nem todo pecado é igual com relação ao efeito que ele exerce sobre nós e sobre as nossas vidas.

Uma pessoa pode perder a calma e dizer ou fazer alguma coisa que virá a lamentar; pode admitir seu fracasso, receber misericórdia e seguir em frente rapidamente. Uma pessoa pode cometer adultério e destruir sua família e ainda ser perdoada com a mesma facilidade, mas pode levar mais tempo para se recuperar por causa dos danos causados não apenas a ela, mas também à sua família e a outros.

> *Em comunhão com Deus, olhamos diariamente para fora de nós mesmos — e dos nossos pecados — e olhamos para Jesus.*

Admito prontamente que algumas coisas são mais fáceis de perdoar que outras, de modo que quando digo que devemos parar de olhar para o nosso pecado, entendo que muitas vezes é necessário um tempo para sermos curados. Se alguém assassina outra pessoa, pode receber perdão e misericórdia de Deus, mas poderá passar a vida na prisão e se lembrar diariamente do motivo pelo qual está confinado em uma cela. Entretanto, ainda pode se recuperar espiritual, emocional e mentalmente. Essa pessoa pode ter um relacionamento íntimo com Deus e até ser usada por Ele enquanto está na prisão.

Em comunhão com Deus, olhamos diariamente para fora de nós mesmos — e dos nossos pecados — e olhamos para Jesus. Uma pessoa pode passar a vida na prisão por um crime que cometeu, e embora esteja aprisionada fisicamente, ela pode ser espiritual, mental e emocionalmente livre por meio da graça, do favor, do amor, do perdão e da misericórdia de Deus.

Existem coisas erradas que faço das quais estou convencida e recebo misericórdia para todas em menos de cinco segundos. Mas ocasionalmente existem coisas das quais me convenço, recebo misericórdia, mas tenho de lidar com elas dentro da minha alma por alguns dias. Creio que existem vezes em que Deus mantém uma pressão amorosa que só Ele pode aplicar às nossas almas por um período a fim de imprimir em nós a importância de alguma coisa. Se seu filho derrama leite descuidadamente todas as noites na mesa de jantar, você poderá eventualmente retirar seu privilégio de brincar por um dia a fim de deixar claro que ele precisa ser mais cuidadoso. Mas se ele continuamente corre para a rua no meio do trânsito, você pode retirar os privilégios dele por um mês porque o resultado do erro poderia ser mais devastador se ele não entender claramente e se lembrar do que você lhe disse. Isso é feito por causa do amor dos pais pelo filho e por nenhuma outra razão.

Deus disciplina aqueles a quem Ele ama ternamente, e devemos valorizar e abraçar isso. Embora possamos ainda sentir o castigo de Deus, isso não significa que não fomos completamente perdoados. Significa apenas que Deus está fazendo uma obra mais profunda em nós para que não venhamos a repetir os mesmos erros. De acordo com a Palavra de Deus, estamos destinados a ser moldados à imagem de Jesus Cristo (Romanos 8:29). Se você fosse um pedaço de argila e um oleiro o estivesse moldando em uma forma diferente da habitual, posso lhe garantir que não seria agradável e que você se sentiria tentado a resistir. Quando Deus está trabalhando para nos moldar à imagem de Jesus, geralmente não é agradável. Pode doer por muito mais tempo do que pensamos poder suportar, mas Deus sabe exatamente o que está fazendo, e tudo cooperará para o bem no final. O fato de ainda estarmos sofrendo não significa que não fomos perdoados. A dor não significa que Deus está zangado conosco, ou que Ele está nos punindo. Ela significa apenas que Ele está trabalhando e mudando as coisas para melhor.

O pedaço de argila sem forma, frio e cinzento pode resistir a ser remodelado pelo oleiro e a ser colocado no forno vez após vez, mas quando finalmente estiver pronto ele será admirado por muitos porque se tornou uma bela peça de louça.

Coopere sempre com a obra que Deus está fazendo em você. Quanto mais resistimos, mais ela demora. Não permita que a maneira como você se sente dite o amor de Deus por você. Ele sempre nos ama, mesmo quando as circunstâncias ao nosso redor não nos fazem sentir bem.

CAPÍTULO 14

A Misericórdia Não Pode Ser Conquistada

A misericórdia não pode ser conquistada. A sua necessidade é evocada pela indignidade, do contrário não haveria necessidade para ela. Porque pecamos, precisamos de misericórdia, e não porque obedecemos.

Bob LaForge

Como nossa experiência na vida nos leva a crer que precisamos conquistar e merecer qualquer coisa de bom que recebemos, geralmente pensamos ser difícil simplesmente receber misericórdia. A misericórdia é fantástica! Quem faz algo de bom por quem é mau? Deus faz! Em vez de recebermos o que merecemos como pecadores, temos a oportunidade de permanecer para sempre na presença de Deus. Recebemos a justificação em Deus. Ele nos vê como justos em vez de injustos!

John MacArthur nos lembra de que "até a condenação mais severa de Jesus — uma crítica violenta aos líderes religiosos de Jerusalém em Mateus 23 — termina com Cristo chorando sobre Jerusalém (v. 37). A compaixão coloria tudo o que Ele fazia".

Jesus parecia estar muito irado em Seu discurso registrado em Mateus, mas a ira é rapidamente engolida por compaixão e misericórdia. Felizmente, o símbolo do

> *Felizmente, o símbolo do Cristianismo é a cruz, e não a balança. Deus não pesa ou mede todas as nossas falhas, nem nos acusa de acordo com elas. Ele prefere simplesmente pagar a conta Ele mesmo.*

Cristianismo é a cruz, e não a balança. Deus não pesa ou mede todas as nossas falhas, nem nos acusa de acordo com elas. Ele prefere simplesmente pagar a conta Ele mesmo.

> *Mas Deus — como Ele é rico em Sua misericórdia! Por causa do Seu grande, maravilhoso e intenso amor com que nos amou, e a fim de satisfazê-lo, mesmo quando estávamos mortos (destruídos) pelas nossas [próprias] imperfeiçoes e transgressões, Ele nos deu vida em comunhão e em união com Cristo; [Ele nos deu a vida do próprio Cristo, a mesma nova vida com a qual Ele o reviveu, pois] é pela graça (Seu favor e misericórdia que vocês não mereciam) que vocês são salvos (libertos do juízo e feitos participantes da salvação de Cristo).*
>
> — Efésios 2:4-5

Agora, lembre que eu lhe pedi para ler esses versículos duas vezes lentamente e para pensar sinceramente na beleza do que eles dizem. Deus teve de fazer o que Ele fez por nós a fim de satisfazer Seu intenso amor. Houve ocasiões em que meu amor por um de meus filhos me encheu com tamanha intensidade que eu definitivamente tive de fazer algo por ele. Você provavelmente já teve a mesma experiência com relação a alguém que ama. Se podemos nos sentir assim acerca de seres humanos imperfeitos, tente imaginar como Deus se sente amando-nos com Seu perfeito amor. Ele simplesmente não pode nos deixar aprisionados no pecado sem uma resposta. Ele não espera que mereçamos qualquer benefício, mas corre para nos socorrer porque se sente compelido a isso.

Somos ensinados que no Seu amor Ele nos escolheu, nos tornou santos, consagrados e irrepreensíveis aos Seus olhos, e permitiu que vivêssemos perante Ele sem censura (sem qualquer sentimento de culpa ou vergonha). Ele faz isso por um único motivo: esse é o Seu desejo. É vontade dele fazer assim porque isso o agradou e foi a Sua boa intenção (ver Efésios 1:4-5). Impressionante! Não há outra palavra que possamos usar além dessa.

Creio que quando concedemos misericórdia, isso nos torna mais felizes. É um ato de doação, e a Palavra de Deus diz que seremos abençoados quando dermos aos outros.

Como eu disse, a misericórdia é absolutamente fantástica. Em *A Graça de Dar*, o Dr. Stephen Olford conta uma história que ilustra esse princípio de maneira magnífica.

> *Nos dias da guerra revolucionária norte-americana, havia um modesto pastor batista chamado Peter Miller na cidade de Efrata, Pensilvânia, que era amigo do General Washington. Também morava naquela cidade Michael Wittman, um homem perverso, que fazia tudo que podia para se opor a esse pastor e ofendê-lo. Michael Wittman cometeu um ato de traição contra o governo, foi preso e condenado à morte. O velho pregador percorreu ao todo cento e doze quilômetros a pé até Filadélfia a fim de implorar pela vida daquele homem. Ele foi admitido à presença de Washington e suplicou pela vida do traidor. "Não, Peter", disse Washington, "não posso lhe conceder a vida de seu amigo". "Meu amigo", explicou o pregador, "ele é o pior inimigo que tenho!". "O quê?", perguntou Washington. "Você caminhou cento e doze quilômetros para salvar a vida de um inimigo? Isso coloca as coisas sob uma luz diferente. Concederei o perdão." E ele o fez. E Peter Miller tirou Michael Wittman da própria sombra da morte, e o levou de volta ao seu lar em Efrata — não mais como um inimigo, mas como um amigo.*

O amor de Miller fez com que um ato que normalmente requereria justiça fosse resolvido, em vez disso, pela misericórdia. É assim que Deus trata conosco.

Para receber a misericórdia de Deus, principalmente quando precisamos dela diariamente, precisamos ter uma mentalidade totalmente nova acerca de como Deus lida com o pecado e os pecadores. Em primeiro lugar, Ele odeia todo pecado, mas ama todos os pecadores! Deus nunca o amará mais do que o ama neste instante, porque Seu amor é perfeito em todo o tempo e não se baseia em nada que façamos ou deixemos de fazer. Nada que façamos para nos tornar melhores pode nos fazer conquistar mais do amor de Deus. Ele decidiu nos conceder misericórdia pelas nossas falhas para que possamos continuar a ter comunhão com Ele e receber a ajuda da qual necessitamos tão desesperadamente. Quando falhamos, não devemos nunca nos afastar de Deus, mas sim correr para Ele, pois Ele é a única esperança de nos recuperarmos dos erros que cometemos.

A graça leva embora a punição que merecemos e a misericórdia nos concede bênçãos que não merecemos. Você pode recebê-la? Você consegue suportar ser tão abençoado sem nenhum outro motivo a não ser o fato de que Deus é bom?

O Flagelo

Havia uma escola com uma turma de alunos com os quais nenhum professor conseguia lidar. Dois ou três professores haviam desistido e saído da escola no período de um ano por causa daqueles alunos terríveis. Um jovem, que havia acabado de sair da faculdade, ouviu falar sobre a turma e inscreveu-se para trabalhar na escola.

O diretor perguntou a ele: "Você sabe o que está pedindo? Ninguém foi capaz de lidar com esses alunos. Você está pedindo para passar por um terrível espancamento".

Depois de alguns instantes de oração silenciosa, o jovem olhou para o diretor e disse: "Senhor, com sua permissão, aceito o desafio. Apenas deixe-me tentar".

Na manhã seguinte, ele estava de pé diante da turma, dizendo aos alunos: "Jovens, vim aqui hoje para dar uma aula. Mas entendo que não posso fazer isso sozinho. Preciso da ajuda de vocês".

Um garoto chamado Tom Grandão, do fundo da sala sussurrou para os colegas: "Não vou precisar de ajuda nenhuma. Posso acabar com esse passarinho sozinho".

O jovem professor disse à turma que se eles quisessem ter aula, haveria algumas regras a serem seguidas. Mas também acrescen-

tou que permitiria que os alunos criassem as regras e que ele as escreveria no quadro negro.

Isso sem dúvida era diferente, pensaram os alunos!

Um jovem sugeriu: "NÃO É PERMITIDO ROUBAR".

Outro gritou: "NÃO SE ATRASAR PARA AS AULAS".

Logo eles tinham dez regras enumeradas no quadro negro. O professor então perguntou à turma qual deveria ser a punição por quebrar essas regras. "As regras de nada valem se não forem colocadas em prática", disse ele.

Alguém na turma sugeriu que se as regras fossem quebradas, eles deveriam receber dez golpes de vara nas costas, sem o casaco.

O professor achou que isso era muito duro, então perguntou à turma se eles apoiavam essa punição.

A turma concordou. Tudo transcorreu muito bem por dois ou três dias. Então Tom Grandão chegou um dia muito irritado. Ele declarou que alguém havia roubado seu almoço. Depois de falar com os alunos, eles chegaram à conclusão de que o pequeno Timmy havia roubado o almoço do Tom Grandão. Alguém havia visto o pequeno Timmy com o almoço do Tom!

O professor chamou o pequeno Timmy à frente da sala. Timmy admitiu que pegara o almoço do Tom Grandão.

Então o professor lhe perguntou: "Você sabe qual é o castigo?". O pequeno Timmy assentiu com a cabeça que sim. "Você precisa tirar o casaco", instruiu o professor.

O rapazinho estava usando um casado grande. Timmy disse ao professor: "Sou culpado e estou disposto a aceitar meu castigo, mas, por favor, não tire meu casaco".

O professor lembrou a ele quais eram as regras e a punição, e novamente lhe disse que ele precisava tirar o casaco e receber seu castigo como um homem. O rapazinho começou a desabotoar aquele velho casaco. Quando fez isso, o professor viu que ele estava sem camisa por baixo do casaco. E o que é pior, ele viu um tórax frágil e ossudo escondido por baixo do casaco. O professor perguntou ao pequeno Timmy por que ele havia ido para a escola sem camisa.

A Misericórdia Não Pode Ser Conquistada

Timmy respondeu: "Meu pai morreu e minha mãe é muito pobre. Só tenho uma camisa, e minha mãe a está lavando hoje. Usei o casaco do meu irmão para poder ficar aquecido".

Aquele jovem professor ficou ali olhando aquelas costas frágeis com a espinha dorsal sobressaindo contra a pele e as costelas em evidência. Ele se perguntou como poderia bater com a vara naquelas pequenas costas, sem sequer uma camisa por cima.

Ainda assim, ele sabia que precisava dar o castigo, ou as crianças não obedeceriam às regras. Então ele recuou para golpear o pequeno Timmy.

Nesse instante, Tom Grandão levantou-se e caminhou pelo corredor. Ele perguntou: "Existe alguma regra que diz que não posso receber o castigo do pequeno Timmy por ele?".

O professor pensou no assunto e concordou.

Com isso, Tom Grandão tirou o casaco, inclinou-se e ficou por cima do pequeno Timmy na carteira. Hesitante, o professor começou a golpear aquelas costas grandes com a vara.

Mas, por alguma estranha razão, depois de apenas cinco golpes aquela velha vara simplesmente se partiu ao meio. O jovem professor enterrou o rosto nas mãos e começou a soluçar. Ele ouviu uma comoção, olhou para cima e descobriu que não havia um único rosto sem lágrimas na sala. O pequeno Timmy havia se virado e se agarrado ao pescoço do Tom Grandão, pedindo desculpas a ele por roubar seu almoço. O pequeno Timmy pediu ao Tom Grandão que o perdoasse. Timmy disse a Tom Grandão que o amaria até o dia da sua morte por levar aquela surra por ele.

Você não está feliz porque Jesus foi espancado em nosso lugar? Por Ele ter derramado Seu precioso sangue no Calvário para que você e eu pudéssemos ter vida eterna com Ele?

Somos indignos do preço que Ele pagou por nós, mas você não está feliz por Ele nos amar tanto assim?

— Autor desconhecido

A Misericórdia de Deus e Nossos Erros

Muitos dos nossos erros são cometidos quando estamos tentando fazer a coisa certa.

Muitos dos nossos erros são cometidos quando estamos tentando fazer a coisa certa. O apóstolo Paulo disse que embora quisesse fazer o que era certo, descobriu que continuava fazendo o que era errado. Ele tinha o desejo de fazer o que era certo, mas nenhum poder para executá-lo (Romanos 7:18). Todos nós passamos por isso, e precisamos aprender a receber misericórdia quando falhamos, a olhar para Jesus e confiar nele para continuar trabalhando em nós até que nossa transformação seja completa. Em Romanos 12, aprendemos que devemos ser completamente transformados pela total renovação da nossa mente. Fomos feitos novas criaturas em Cristo quando o recebemos como nosso Salvador e Senhor, e estamos aprendendo diariamente a viver de acordo com a nova natureza que recebemos. De acordo com o ensinamento do apóstolo Paulo, precisamos aprender a nos "revestir da nova natureza" (Efésios 4:24). A simples verdade é que Deus fez algo maravilhoso em nós, e estamos aprendendo a permitir que Ele traga isso à tona em nossa vida. Filipenses 2:12-13 nos instrui a desenvolver nossa salvação com temor e tremor, sendo sérios e cautelosos, e vigilantes contra a tentação. Não podemos fazer isso com nossa própria força, mas precisamos deixar Deus trabalhar em nós e através de nós.

Podemos ser sinceros, mas ainda assim estar sinceramente errados. Podemos ter boas intenções, e ainda assim bagunçar tudo. Deus vê nosso coração, nossos motivos e nossas intenções, e está disposto a consertar nossos erros enquanto estamos crescendo. Nunca precisamos ter medo que Deus fique zangado e desista de nós, porque Ele não fará isso.

Brandon, que tinha seis anos, decidiu fazer panquecas para seus pais em um domingo de manhã. Ele encontrou uma tigela grande e uma colher, puxou uma cadeira até perto da bancada, abriu o armário e tirou a velha lata de farinha, derramando-a no chão. Ele pegou um pouco da farinha colocando-a na tigela com as mãos, misturou uma xícara de leite e acrescentou um pouco de açúcar, deixando um rastro de farinha no chão, que a essa altura tinha algumas pegadas deixadas pela gata. Brandon estava coberto de farinha e estava ficando frustrado. Ele queria fazer algo que fosse muito bom para a mamãe e o papai, mas estava ficando horrível. Ele não sabia o que fazer em seguida, se colocava tudo no forno ou no fogão (e ele não sabia como o fogão funcionava!). De repente, ele viu sua gatinha lambendo a mistura da tigela e esticou a mão para empurrá-la, derrubando a caixa de ovos no chão. Ele tentou freneticamente limpar aquela bagunça monumental, mas escorregou nos ovos, sujando o pijama. E foi então que ele viu papai de pé na porta. Grandes lágrimas se acumularam nos olhos de Brandon. Tudo que ele queria fazer era algo bom, mas havia feito uma bagunça terrível. Ele tinha certeza de que lá vinha uma bronca, e talvez até uma surra. Mas seu pai apenas ficou observando-o. Depois, passando pela sujeira, ele pegou seu filho choroso, abraçou-o e amou-o, sujando o próprio pijama ao fazer isso. É assim que Deus lida conosco. Tentamos fazer algo bom na vida, mas acaba se transformando em uma bagunça. Nosso casamento se transforma em um caos ou insultamos um amigo criando um problema, ou não suportamos nosso emprego ou nossa saúde debilitada. Às vezes simplesmente ficamos ali, em lágrimas, porque não sabemos o que fazer além de chorar. É então que Deus nos apanha no colo, nos ama e nos perdoa, embora um pouco da nossa bagunça respingue sobre Ele. Mas não podemos parar de tentar "fazer panquecas" para Deus ou para os outros só porque talvez façamos um pouco de bagunça. Mais cedo ou mais tarde vamos acertar, e então eles ficarão felizes porque tentamos.

A misericórdia de Deus nos liberta para continuar tentando embora costumemos cometer erros. Lembro-me de algumas das bagunças que minhas meninas fizeram enquanto tentavam aprender a cozinhar, a limpar ou a usar maquiagem. Lembro-me de nossos filhos fazendo a mesma coisa em outros momentos. Eles pegavam as ferramentas de

> *Podemos ser sinceros, mas ainda assim estar sinceramente errados. Podemos ter boas intenções, e ainda assim bagunçar tudo. Deus vê nosso coração, nossos motivos e nossas intenções, e está disposto a consertar nossos erros enquanto estamos crescendo.*

> A misericórdia de Deus nos liberta para continuar tentando embora costumemos cometer erros.

Dave emprestadas e não as devolviam, ou pegavam o carro emprestado e o devolviam com o tanque vazio. Eles recebiam correção, mas recebiam amor e misericórdia vez após vez até conseguirem acertar.

Por favor, não tenha medo de Deus! Receba Sua misericórdia e permita que Ele o ame incondicionalmente. Quanto mais você o fizer, mais profundamente se apaixonará por Ele, e quando se der conta, você estará obedecendo ao Senhor cada vez mais e se esforçando cada vez menos para fazê-lo. Você conseguirá acertar se simplesmente não desistir!

Quando Vamos Acertar?

Gosto de implicar com Dave porque por melhor que seja sua contagem de pontos no golfe depois de uma partida, ele nunca está totalmente satisfeito com o jogo. Sempre existe alguma coisa que ele acha que poderia e deveria ter feito melhor. Às vezes somos assim com a vida. Por que não podemos acertar sempre? Certamente não é porque não queremos. Antes de ter um relacionamento sério com Deus, eu não me importava tanto com meu comportamento, mas quanto mais aprendia a amá-lo, mais eu desejava fazer o que era certo o tempo todo. Entretanto, eu tinha a sensação de que estava cometendo mais erros do que nunca. Certamente eu os cometia o tempo todo, mas então comecei a me dar conta de que eles existiam e a não gostar deles. Ainda que eu melhorasse em uma ou duas áreas, sempre havia outra prestes a ser revelada a mim da qual ainda não havia me dado conta. As pessoas falam comigo e expressam essa mesma frustração o tempo todo. Como podemos querer fazer o que é certo apaixonadamente e ainda assim fazer o que é errado? Eis um versículo sobre o qual podemos refletir:

> *Porque Deus entregou (encerrou) todos os homens à desobediência, apenas para que Ele pudesse ter misericórdia de todos eles [igualmente].*
>
> — Romanos 11:32

Uau, isso parece bastante injusto. Por mais que tentemos, vamos sempre ter algumas falhas. Por quê? Para que Deus possa demonstrar Sua incrível misericórdia em nossa vida. Experimentar a misericórdia de Deus nos atrai para mais perto dele. Deus garante que sempre necessitaremos dele. Ele deixa fraquezas até mesmo nos mais seletos dos Seus santos para lembrá-los que eles ainda precisam dele. Creio que precisamos parar de enumerar nossos erros! Pare de contá-los. Por que somos tão obcecados com o número de coisas que fazemos certo ou errado? Se Deus não está contando, por que nós estamos? A contagem não importa afinal, porque se fizermos alguma coisa certa, Deus é quem recebe a glória por isso, e se fizermos alguma coisa errada, só Deus pode consertá-la, de modo que, quer façamos o certo ou o errado, estamos "em Cristo", e pertencemos a Ele. Vamos simplesmente amá-lo tanto quanto pudermos, fazer o melhor que pudermos e confiar nele para cuidar de todas as coisas. Seja feliz no amor e na aceitação de Deus, desfrute Sua misericórdia e Seu perdão, cresça na Sua graça e deleite-se no Seu favor.

O apóstolo Paulo recebeu dois terços do conteúdo que lemos no Novo Testamento por revelação direta de Deus; entretanto, ele tinha fraquezas que Deus se recusou a remover, dizendo-lhe, em vez disso, que Sua graça era suficiente para ele (2 Coríntios 12:8-9). Paulo disse que a fraqueza, ou um espinho na carne, como ele a chamava, era para impedir que ele se enchesse de orgulho por causa da grandeza das revelações que lhe foram dadas. Após ouvir isso da parte de Deus, Paulo aparentemente deixou de ter problemas em relação à fraqueza. Na verdade, ele disse que se gloriaria em sua fraqueza para que o poder de Deus pudesse repousar sobre ele. Ele entendeu que era inútil lutar contra uma fraqueza através da qual Deus estava escolhendo trabalhar em vez de remover, e ele simplesmente entrou no descanso de Deus com relação a ela. Será que podemos fazer o mesmo? Oro para que possamos.

Como seres humanos, nos sentimos fortemente tentados a nos tornar orgulhosos, mas nada nos mantém mais humildes que perceber que cometemos erros como todos os outros. Uma das maneiras mais rápidas de uma de nossas falhas mostrar sua cara feia é julgarmos outra pessoa pelas falhas dela. Nem sempre entendemos a maneira como Deus lida conosco, mas podemos ter certeza de que Seus caminhos são perfeitos. Quando queremos realmente ser fortes e nos percebemos fracos, podemos confiar que a graça e a misericórdia de Deus são suficientes para nós. Talvez preferíssemos ser fortes sozinhos e não precisar da ajuda de Deus, mas tenho a sensação de que se pudéssemos ver tudo o que Deus vê, entenderíamos que precisar da Sua misericórdia é muito melhor que não precisar dela.

> *Ó profundidade das riquezas, da sabedoria e do conhecimento de Deus! Quão insondáveis (inescrutáveis, impenetráveis) são os Seus juízos (Suas decisões)! E quão imperscrutáveis (misteriosos, insondáveis) são os Seus caminhos (Seus métodos, Suas veredas)!*
> *Pois quem conheceu a mente do Senhor e quem entendeu os Seus pensamentos?...*
> *Ou quem primeiro deu a Deus alguma coisa para lhe ser devolvida ou para poder reivindicar uma recompensa?*
> *Porque Dele e por Ele e para Ele são todas as coisas [Pois todas as coisas têm origem Nele e vêm Dele; todas as coisas vivem através Dele, e todas as coisas estão centralizadas Nele e tendem a se consumar e a ter fim Nele]. A Ele a glória para sempre! Amém (assim seja).*
>
> — Romanos 11:33-36

CAPÍTULO 15

Maravilhosa Graça

A graça é tudo em troca de nada para aqueles que não merecem coisa alguma.

Autor Desconhecido

Quando penso no título *Deus Não Está Bravo com Você*, ouço a palavra "graça" — e que palavra maravilhosa de se ouvir. Se não fosse pela graça de Deus, Ele teria de ficar furioso conosco, porque Sua santidade exige justiça pelo pecado. Um sacrifício precisa ser feito para expiar o pecado, mas por causa da Sua graça, o próprio Deus fez o sacrifício ao oferecer a vida de Seu Filho por nós. Jesus levou a punição que nós merecíamos pelos nossos pecados, e oferece cuidar de nós e nos abençoar em vez de nos dar o que merecemos. Meu amigo, isso é graça!

Matinho Lutero disse:

> Embora por pura graça Deus não impute a nós os nossos pecados, Ele ainda assim não o quis fazer até que a completa e ampla satisfação da Sua Lei e da Sua justiça tivessem sido cumpridas. Uma vez que isso era impossível para nós, Deus ordenou por nós, em nosso lugar, Alguém que tomou sobre Si toda a punição que merecemos. Ele cumpriu a lei por nós. Ele desviou o julgamento de Deus de nós, e aplacou a ira de Deus. A graça, portanto, não nos custa nada, mas custou muito a Alguém consegui-la para nós. A graça foi comprada por um tesouro incalculável e infinito, o próprio Filho de Deus.

A ira e o medo nos reduzem a servos humilhados, mas Jesus disse: "Já não os chamo servos... em vez disso eu os chamei amigos" (João 15:15). Só a graça nos permitiria ser amigos de Deus.

A Palavra (Cristo) se tornou carne e habitou entre nós. Ele era cheio de graça (favor, bondade) e verdade (João 1:14). É pela graça de Deus que somos salvos através da nossa fé; ela é um dom de Deus, não de obras, para que nenhum homem possa se gabar ou tomar o crédito para si (ver Efésios 2:8-9). O dom da graça de Deus está disponível a todos. Tudo que precisamos fazer é recebê-la pela fé. A graça perdoa nossos pecados, nos purifica de toda injustiça e nos justifica diante de Deus. Ela é realmente maravilhosa!

> *[Todos] são justificados e tornado justos e em posição reta diante de Deus, gratuitamente e livremente por Sua graça (Seu favor e misericórdia imerecidos), através da redenção que é [suprida] em Cristo Jesus.*
>
> — Romanos 3:24

Poderíamos interpretar Romanos 3:24 deste modo: "Deus não está bravo com você". Somos convidados a um relacionamento íntimo com Deus por meio de Jesus Cristo. Ele não apenas nos salva, mas também nos ajuda em tudo o que precisamos fazer na vida. A mesma graça que nos salvou nos capacita a viver em vitória, com paz e alegria. Em muitas das epístolas do apóstolo Paulo às igrejas, ele abre com a saudação: "Graça e paz lhes sejam multiplicadas, por parte de Deus nosso Pai e de nosso Senhor Jesus Cristo". É impossível ter paz até entendermos a graça. Sem a graça, nos esforçamos e lutamos para conquistar ou merecer o que já é nosso como um presente.

Gosto de usar o exemplo de tentar se sentar em uma cadeira na qual já estamos sentados. Pense em como isso seria ridículo, frustrante e impossível, mas foi exatamente isso que fiz por muitos anos, e talvez você também tenha feito a mesma coisa. Eu tentava continuamente fazer coisas certas para estar bem com Deus, mas ficava sempre decepcionada e frustrada. Finalmente aprendi que eu não podia "conseguir" nada e que eu precisava simplesmente "receber". Como podemos pagar por algo que é totalmente gratuito?

Você Está Tentando "Conseguir" o que Deveria "Receber"?

"Conseguir" significa obter por esforço, mas "receber" significa simplesmente tomar o que está sendo oferecido. Relacionar-se com Deus e servir a Ele não deveria ser algo complicado. O apóstolo Paulo disse às pessoas a quem ministrava que ele tinha medo de que elas perdessem de vista a simplicidade que lhes pertencia em Cristo Jesus, e nós enfrentamos o mesmo perigo. O mundo em que vivemos hoje é muito complicado, e é improvável que ele mude, de modo que precisamos mudar nossa abordagem e manter nossa vida o mais simples possível. Devemos, em especial, manter a simplicidade do nosso relacionamento com Deus.

Podemos fazer isso crendo na Sua Palavra independentemente do que pensamos ou de como nos sentimos. Podemos receber pela fé tudo o que Ele nos oferece, embora saibamos muito bem que não o merecemos. Podemos ser gratos por cada favor que Ele nos concede. Podemos escolher depender dele, confiar nele e contar com Ele para suprir cada necessidade que temos em vez de nos preocuparmos e tentarmos entender as coisas. E com Sua ajuda (graça), podemos obedecer-lhe e crescer em maturidade espiritual sabendo que Sua vontade e Seus caminhos são sempre o melhor para nós.

Costumamos dizer que uma pessoa conseguiu a salvação. Essa é uma declaração imprecisa, porque ninguém pode "conseguir" a salvação. A salvação é um dom que nenhum de nós pode alcançar por nossos esforços. Não a "alcançamos" ou "conseguimos", mas a "recebemos".

Mas a todos quantos o receberam e lhe deram as boas-vindas, Ele deu a autoridade (o poder, o privilégio, o direito) de se tornarem os filhos de Deus.

— João 1:12

Algumas pessoas sentem que precisam melhorar antes que possam ter um relacionamento com Deus, mas a graça nos encontra onde estamos, no nosso estado imperfeito, e nos torna o que Deus deseja que sejamos. A graça nos encontra onde estamos, mas nunca nos deixa onde nos encontrou! A graça nos aceita da maneira como estamos! Gosto de dizer que quando Deus nos convida para Sua festa, é sempre uma festa do tipo "venha como está". Se um amigo o visse fora da sua casa varrendo folhas e parasse para dizer: "Ei, estamos dando uma festa na nossa casa agora. Por que você não vem?", talvez você dissesse: "Não estou vestido para uma festa". Mas se seu amigo dissesse: "Queremos que você esteja lá, venha como está", isso faria você se sentir muito especial. Em essência, isso é o que Deus está dizendo a qualquer um que não recebeu Jesus como Salvador ainda. A boa notícia é que você não precisa se consertar antes de se juntar à festa de Deus; você pode vir como está.

Não desperdice anos da sua vida tentando melhorar antes de ter um relacionamento com Deus. Jesus veio chamar os pecadores ao arrependimento, e não chamar os justos. Um médico não atende aqueles que são saudáveis, mas aqueles que estão doentes. Jesus veio para resolver a doença do pecado. Atenda ao chamado do Senhor. Venha como está.

> *Esperem e ouçam, todos os que têm sede! Venham às águas, e aquele que não tem dinheiro, venha, compre e coma! Sim, venham, comprem vinho e leite [sem preço, espiritual] sem dinheiro e sem preço [simplesmente pela rendição de si mesmo que aceita a bênção].*
>
> — Isaías 55:1

Por três vezes nesse versículo da Bíblia, somos convidados a "vir". A única coisa com a qual precisamos vir é com uma atitude de rendição de nós mesmos. Essa é uma atitude de alguém que está disposto a "receber" e não a "conseguir".

Depois que Mateus atendeu ao chamado do Senhor, ele preparou um banquete para que pudesse honrar e receber Jesus. Ele convidou muitos publicanos e pecadores para irem comer com eles. Enquanto eles estavam à mesa comendo, certos fariseus (pessoas religiosas) e seus escribas murmuraram. Eles não conseguiam entender por que o Senhor Jesus e Seus discípulos iriam querer comer e beber com pecadores! Eles reclamaram com Seus discípulos dizendo: "Por que vocês comem e bebem com os publicanos e pecadores?". Os discípulos não puderam responder, talvez porque eles mesmos não entendessem o motivo pelo qual o Mestre faria algo assim. Quando Jesus ouviu isso, Ele respondeu: "Eu não vim para chamar os justos, mas os pecadores, ao arrependimento" (Mateus 9:13). Esse era Seu propósito para vir ao mundo. Ele não se comprometia de forma alguma ao comer com publicanos e pecadores, nem estava no banquete por acaso. Ele veio com uma meta definida.

Jesus não esperava que os pecadores lhe dessem nada, mas Ele veio para lhes dar tudo, e tudo começou com Seu completo perdão e aceitação. Ele veio para fazer uma oferta gratuita e eles só precisavam receber. No mundo, quando ouvimos alguém dizer: "É grátis", geralmente desconfiamos que haja algum preço escondido, mas quando Jesus diz "grátis", Ele realmente está falando sério!

Jesus disse: "De graça (sem pagamento) vocês receberam, de graça (sem cobrar) deem" (Mateus 10:8). Quando aprendemos a receber a graça de Deus gratuitamente, somos capazes também de dá-la a outras pessoas. Receber graça (favor, misericórdia) de Deus é a primeira coisa que precisamos aprender a fazer, e a segunda é dá-la gratuitamente àqueles que necessitam. Deus nunca espera que façamos pelos outros o que Ele não está disposto a fazer por nós. Ele nos mostra o caminho para que possamos seguir Seu exemplo. Você deseja ser mais gracioso para com os outros? Nesse caso, você precisa começar recebendo quantidades abundantes da graça de Deus diariamente para si mesmo.

Receba a Palavra de Deus

Outra coisa que devemos receber é a Palavra de Deus. Alguns ouvem a Palavra de Deus, mas não a recebem, e isso não lhes adianta de nada. Em Marcos 4, lemos sobre a parábola de um semeador que plantou sementes (a Palavra de Deus) em diferentes tipos de solo. O solo representava os diferentes tipos de ouvintes. Aprendi que quando falo, nem todos ouvem a mesma coisa. Existem quatro tipos de ouvintes que são representados pelo solo nessa parábola. O primeiro é o solo que está ao longo do caminho. A semente não penetrou no solo, e os pássaros vieram e a comeram. Algumas pessoas não querem ouvir. Elas não têm interesse em conhecer a verdade, porque não têm interesse em mudar. Embora a vida delas possa ser infeliz, elas não estão dispostas a fazer mudanças.

O segundo tipo de ouvinte é o solo pedregoso. A semente entra nesse solo e imediatamente é recebida, bem-vinda e aceita com alegria, mas ela não tem raízes. Quando os problemas ou a perseguição vêm, ele se sente ofendido e vai embora. O terceiro tipo de ouvinte ouve a Palavra, mas os espinhos — os cuidados e ansiedades do mundo; as distrações desta era; e o prazer, o glamour e o engano das riquezas — impedem a semente de crescer. Podemos ver a partir disso que mesmo aqueles que estão dispostos a ouvir nem sempre ouvem plenamente, e da maneira correta. Somente um ouvinte nessa parábola recebe a Palavra, dá as boas-vindas a ela, a aceita e dá fruto. O desejo de Deus é que demos fruto. Muitos hoje ouvem e ouvem, mas não estão realmente escutando. Eles podem estar sentados no banco de uma igreja, mas não estão ouvindo com ouvidos espirituais. Ouvir casualmente as pessoas compartilharem a verdade da Palavra de Deus é como passar um pouco de perfume. Você sente a fragrância, mas dentro de pouco tempo o efeito acaba totalmente. É algo temporário, não tem valor duradouro.

Quando a Palavra de Deus é genuína e sinceramente recebida, ela tem em si o poder para realizar uma obra incrível em nossa alma. Ela renova nossa mente e nos transforma à imagem de Jesus Cristo.

Se você está sentado na igreja por muitos anos e não experimentou uma mudança genuína em seu caráter, pergunte a si mesmo se está realmente recebendo a Palavra de Deus. Se não, então tudo que você precisa é começar a ouvir com uma atitude diferente. Ouça com a atitude de alguém que está disposto a receber e agir de acordo com o que lhe foi dado.

Receba o Espírito Santo

Também somos instruídos a receber a direção diária do Espírito Santo. Quando Jesus subiu para sentar-se à destra do Pai, Ele enviou o Espírito Santo para representá-lo e agir em Seu nome. Ele está presente em nossa vida para nos ensinar, para orar através de nós, para nos trazer convicção de pecado e nos convencer da justiça. Ele está presente para nos conduzir e guiar em todos os aspectos da vida diária, tanto espirituais quanto práticos. Incentivo você a encarar o Espírito Santo como um socorro sempre presente. Ele é mencionado como "Ajudador". Felizmente, Jesus não nos deixou sozinhos para defendermos a nós mesmos. Gosto de dizer que estou feliz porque Ele não me lançou a bola (me salvou) e depois me disse para tentar fazer o gol sozinha. Ele nos salva por Sua graça e é um poder sempre presente em nossa vida, que está disponível a todos os que querem se render e receber Sua ajuda.

Existem muitas outras coisas que a Palavra de Deus nos diz para simplesmente recebermos. Elas são o perdão dos pecados, as recompensas, a misericórdia pelas nossas falhas, a convicção de pecado e direção, para citar apenas algumas. Independentemente do que Deus deseja nos dar, essas coisas não passam a ser nossas a não ser que as recebamos. Nunca desperdice sua energia tentando "conseguir" o que você pode simplesmente "receber" pela fé. Precisamos ser batizados com um novo modo de pensar. Nossa mente precisa ser completamente renovada para desfrutar a plenitude da bondade de Deus em nossa vida.

Lei e Graça Não Se Misturam

Embora a Lei tenha sido dada através de Moisés, a graça (favor imerecido e não conquistado, e bênção espiritual) e a verdade vieram através de Jesus Cristo.

— João 1:17

Muitos crentes da Nova Aliança ainda vivem sob a Velha Aliança, ou misturam a velha com a nova. Eles têm um pouco de graça e um pouco da Lei, mas, na verdade, não têm nenhuma delas. A Lei exige que nos esforcemos para cumpri-la. Ela requer sacrifício da nossa parte quando falhamos. O apóstolo Paulo ensinou que as obras da carne e a graça não podiam ser misturadas ou ambas se tornariam inúteis. Ele disse: "Mas se é pela graça (Seu favor e graciosidade imerecidos), não é mais condicionado às obras ou a qualquer coisa que os homens tenham feito. Do contrário, a graça não seria mais graça" (Romanos 11:6). Certamente poderíamos dizer que a graça é Jesus Cristo em ação, e a Lei é o homem em ação. Deus não precisa da nossa ajuda para nos salvar!

A Lei detecta o pecado, mas a graça o vence!

Santo Agostinho

Quando recebemos Cristo como nosso Salvador, precisamos nos revestir de novas vestes (a nova natureza), e não apenas costurar remendos novos na roupa velha. Jesus disse que ninguém coloca um pedaço de pano que nunca foi vestido (novo) em uma roupa velha, pois se ele o fizer, um rasgo pior acontecerá (Mateus 9:16). Quando vamos a Cristo, já estamos rasgados. Ele não quer remendar nossa roupa velha (nosso velho modo de vida), mas quer acabar com ele e nos dar uma roupa completamente nova. Ele nos oferece uma nova aliança e um novo modo de vida. Podemos viver pela fé, através da qual recebemos a graça de Deus, em vez de vivermos tentando cumprir a Lei para apaziguar a ira de Deus.

Embora seja verdade que Deus está irado com o pecado, aprendemos que Jesus "é a propiciação (o sacrifício expiatório) pelos nossos pecados" (1 João 2:2). Pense no buquê de rosas que um homem leva para sua esposa quando ela está zangada porque ele se atrasou para o jantar. Ele entra silenciosamente pela porta de casa segurando as rosas. Ele sabe que ela ama rosas e acredita que o presente irá apaziguar sua ira.

Jesus é a oferta a Deus que apaziguou Sua ira contra toda injustiça. Quando vamos ao nosso Pai em nome de Jesus, é como segurar um buquê de rosas e esperar que elas abram o caminho para sermos aceitos. Jesus disse: "Ninguém vem ao Pai a não ser por (através de) Mim" (João 14:6). Ele é a Porta através da qual entramos e encontramos aceitação e amor (João 10:9). Algumas boas ações não são suficientes para cobrir nosso pecado. Não podemos colocar remendos novos em roupas velhas.

Imagine uma mulher usando o mesmo vestido há cinco anos, o qual foi lavado muitas vezes e está desbotado e gasto. Ela rasga o vestido na segunda-feira e pega um pedaço de pano novo, com cores vivas, e o costura sobre o rasgo do velho vestido desbotado. Na terça-feira, o vestido passa a ter dois rasgos e ela faz a mesma coisa. Agora vamos imaginar que ela repita o processo todos os dias por um mês. Como será que o vestido ficaria? É assim que ficamos quando tentamos melhorar nossas vestes costurando remendos novos em vez de jogarmos fora as roupas velhas e vestir novas. Hoje, não precisamos fazer nada exceto confessar que nossas roupas estão rasgadas, que estamos corrompidos e somos incapazes de fazer algo de bom, e pedir a Deus que nos dê uma veste nova.

Jesus não veio para acrescentar à Lei de Moisés, mas para cumpri-la e nos dar uma maneira nova e melhor de nos aproximarmos de Deus. Ele veio com graça e verdade. Algumas pessoas pensam: *Sou um pecador, portanto devo jejuar duas vezes por semana, dar dinheiro e fazer boas obras e então serei aceitável a Deus*, mas isso está errado. O que o pecador precisa fazer é receber graça, perdão, favor e misericórdia como um presente, e ser grato por isso.

Então ele pode aprender a fazer coisas boas, mas não está mais fazendo essas coisas para conseguir que Deus o ame e aceite, mas apenas por causa da maravilhosa graça que recebeu gratuitamente!

Deus não está à venda! Ele não pode ser comprado com boas obras de qualquer espécie. Precisamos entender que nossos motivos são extremamente importantes para Deus. Sim, Ele realmente deseja que sigamos Seu exemplo e façamos coisas boas, mas isso precisa ser feito pelo motivo correto. Qualquer boa obra feita para "conseguir" alguma coisa está arruinada e não tem valor perante Deus. Somente as obras que são feitas porque "recebemos" algo incrível têm valor.

Deus não vai amar o homem que ora três horas por dia e lê grandes trechos da Bíblia nem um pouquinho a mais do que Ele ama alguém que lê e ora menos. O homem talvez se ame e se admire mais, mas Deus não vai amá-lo mais! Mais uma vez, deixe-me dizer claramente: Deus não está à venda!

Em *Seu Nome É Salvador* Max Lucado conta uma história comovente que quero compartilhar com você.

Ansiando deixar o bairro pobre em que morava no Brasil, Cristina queria ver o mundo. Descontente com uma casa que só tinha um colchão de palha no chão, uma bacia de lavar e um fogão a lenha, ela sonhava com uma vida melhor na cidade. Uma manhã, ela fugiu, partindo o coração de sua mãe. Sabendo como seria a vida nas ruas para sua filha jovem e atraente, Maria fez as malas apressadamente para encontrá-la. A caminho do ponto de ônibus, ela entrou em uma drogaria para pegar uma última coisa. Retratos. Ela sentou-se na cabine de fotografias, fechou a cortina e gastou tudo o que podia em retratos de si mesma. Com a bolsa cheia de pequenas fotos em preto e branco, embarcou no próximo ônibus para o Rio de Janeiro. Maria sabia que Cristina não tinha meios de ganhar dinheiro. Ela também sabia que sua filha era teimosa demais para desistir. Quando o orgulho se encontra com a fome, o ser humano faz coisas que antes eram inimagináveis. Sabendo disso, Maria iniciou sua busca. Bares, hotéis, boates, qualquer lugar frequentado por prostitutas. Ela foi a todos eles. E em cada lugar ela deixava seu retrato — colado no espelho do banheiro, preso ao quadro de avisos de um hotel, pendurado na cabine telefônica em uma esquina, e no verso de cada foto ela escreveu um bilhete. Não demorou muito para que o dinheiro e as fotos se esgotassem, e Maria tivesse de ir para casa. A mãe esgotada chorou quando o ônibus iniciou sua longa jornada de volta ao pequeno vilarejo.

Uma semana depois a jovem Cristina desceu as escadas do hotel. Seu rosto jovem estava cansado. Seus olhos castanhos não dançavam mais cheios de juventude, mas falavam de dor e medo. Seu riso estava quebrantado. Seu sonho havia se tornado um pesadelo. Por mil vezes ela havia ansiado trocar aquelas incontáveis camas pela segurança do seu colchão de palha. Seu pequeno vilarejo estava, de muitas formas, distante demais. Ao chegar ao final das escadas, seus olhos notaram um rosto familiar. Ela olhou novamente e ali, no espelho do *lobby*, estava um pequeno retrato de sua mãe. Os olhos de Cristina queimaram e sua garganta se apertou enquanto ela atravessava a sala e retirava a pequena fotografia. Escrito no verso estava este convite urgente: "Seja o que for que você tenha feito, seja o que for que você tenha se tornado, não importa. Por favor, volte para casa". E ela voltou.

Cristina não teve de comprar o amor de sua mãe de volta com boas obras. Ela não estava recebendo um pedido para fazer nada a não ser voltar para casa! O grito de Jesus ao mundo é: "Voltem para casa!". Quando faço viagens longas, e principalmente se estive em um país estrangeiro onde os costumes e a comida são muito diferentes do meu, fico empolgada em voltar para casa. Posso relaxar e descansar em casa de uma maneira que é diferente de qualquer outro lugar. Quando voltamos para casa e nos encontramos com Jesus, Ele quer que descansemos no Seu amor, que não tenhamos medo de Ele estar bravo conosco por causa da vida que vivemos no passado.

Antes de qualquer coisa, precisamos ter esse glorioso fundamento em nossa vida. Precisamos entender plenamente que, embora a Lei seja santa, ela não torna o homem santo, porque o homem não pode cumpri-la. Embora possa cumprir uma parte dela, ele nunca poderá cumpri-la integralmente, porque o homem é fraco e imperfeito. Deus não deu a Lei esperando que o homem a cumprisse, mas para que ao tentar cumpri-la e falhar, ele pudesse entender que precisava de um Salvador. Ele envia o Senhor Jesus como graça para o mundo.

CAPÍTULO 16

Maior Graça

Porque a graça é dada não porque fizemos boas obras, mas para que possamos ser capazes de praticá-las.

Santo Agostinho

Deus nos dá graça para a salvação, mas Ele não para por aí. Felizmente, Ele também nos dá mais graça para que possamos fazer tudo o que precisamos fazer por meio dela. Poderíamos dizer que a graça que recebemos para sermos salvos é uma graça para as questões espirituais da vida. Ela nos salva, nos perdoa completamente e nos faz justos perante Deus. Depois da salvação, há muitas questões práticas a serem tratadas, e Deus nos dá ainda mais graça para todas elas. Quer nossas necessidades sejam espirituais ou práticas, a graça de Deus está sempre disponível em abundância.

À medida que aprendemos a Palavra de Deus, descobrimos em nós mesmos um desejo de sermos obedientes ao que Ele nos pede, e de pararmos de fazer o que Ele não quer que façamos. Mas descobrimos bem depressa que, por mais que tentemos, não podemos fazer isso meramente tomando uma decisão ou usando força de vontade. Falhamos miseravelmente e nos sentimos frustrados por causa da nossa falta de capacidade de realizar o bem que desejamos fazer. Deus mudou nossos desejos, mas aparentemente Ele não deu a capacidade de realizá-los. Na verdade, Deus quer que aprendamos que Ele é a nossa capacitação. Ele quer que dependamos dele para absolutamente tudo, inclusive no que diz respeito à capacidade de fazer as coisas que Ele nos ordena. Precisamos entender que Deus nos ordenou, e só Ele pode nos capacitar.

Creio sinceramente que eu poderia ter morrido de frustração se não tivesse aprendido que "mais graça" nos é oferecida. Antes de começar a levar a sério meu relacionamento com Deus, eu não estava insatisfeita com meu modo de vida, pois não tinha consciência de que tinha tantos problemas quanto constatei mais tarde. Pensava que todo mundo tinha problemas e que os outros precisavam mudar para que eu pudesse ser feliz e me sentir confortável. Entretanto, estudando a Palavra de Deus, aprendi bem depressa que tinha problemas e que era eu quem precisava mudar. Eu queria mudar porque amava a Deus. Sabia que Ele me amava, mas agora eu queria amá-lo. Descobri que Jesus disse: "Se vocês [realmente] Me amam, guardarão (obedecerão) os Meus mandamentos" (João 14:15).

Fiz tudo o que podia para mudar a mim mesma, mas nada do que fiz funcionou. Na verdade, estava me comportando pior, e não melhor. Eu estava focando em todas as coisas que estavam erradas em mim e não percebia que aquilo em que colocamos o foco se torna maior e logo passa a ser tudo o que conseguimos ver. Eu clamava como o apóstolo Paulo: "Ó miserável, infeliz e desprezível homem que sou! Quem me libertará [das cadeias] deste corpo mortal?" (Romanos 7:24). Meu coração estava justificado com Deus, eu queria fazer a coisa certa, mas meu corpo (alma) estava me criando problemas. Depois de muito sofrimento, finalmente consegui enxergar o que o apóstolo Paulo viu quando disse a respeito de sua libertação: "Ó, graças a Deus!... por Jesus Cristo (o Ungido) nosso Senhor!" (Romanos 7:25). Quando vi que só Jesus podia me libertar e que eu não tinha de me esforçar para me libertar, senti como se um enorme peso saísse dos meus ombros.

Durante determinado período, comecei a encontrar uma série de versículos que me ensinaram que só a graça podia transformar meu comportamento. Quando tentamos nos salvar, isso é inaceitável para Deus, e não funciona; quando tentamos mudar a nós mesmos, acontece o mesmo. De fato precisamos mudar, mas precisamos pedir a Deus para nos transformar. Precisamos depender dele e contar com Ele para todas as coisas em nós que precisam mudar. Ele realmente nos transforma pouco a pouco, e os principais instrumentos que Ele usa são a Sua Palavra e o Espírito Santo.

> Ele nos concede mais e mais graça (poder do Espírito Santo para se opor completamente a essa tendência maligna e a todas as outras).
>
> — Tiago 4:6

O *Complete Expositionary Dictionary of Old and New Testament Words* de Vine diz o seguinte sobre Tiago 4:6: "Mas Ele concede mais graça (grego: 'uma graça maior'). 'Deus concederá uma graça ainda maior', a saber, tudo o que procede da humildade e de nos desviarmos do mundo". A nós cabe tomar a decisão de nos humilharmos e nos desviarmos do mundo; a parte de Deus é dar o poder (graça) para nos capacitar a fazer isso.

O apóstolo Tiago está falando de crentes que são como esposas infiéis, que têm um caso extraconjugal ilícito com o mundo. Ele afirma que o Espírito Santo que habita em nós anseia por ser bem-vindo em todas as áreas da vida. Ele está cheio de ciúmes divinos e deseja nossa atenção e nosso comprometimento de maneira plena. Tiago continua dizendo que o Espírito Santo nos concede mais graça (uma graça maior) para vencer totalmente essa inclinação maligna e todas as demais. Como é maravilhoso saber que Deus dá o poder para nos opormos a todas as nossas inclinações malignas, sejam elas quais forem ou com que frequência surjam. Crer nessa verdade nos dá a liberdade para vivermos sem o medo de sermos rejeitados por Deus por causa das nossas fraquezas.

Graça é Poder

Ouvimos que a graça é favor imerecido, e definitivamente é. É o favor imerecido manifesto em poder que nos capacita a fazer o que precisamos fazer nesta vida. Gosto de definir a graça assim: *A graça é o poder do Espírito Santo oferecido a nós sem ônus algum, capacitando-nos a fazer com facilidade o que não poderíamos fazer sozinhos independentemente do nosso esforço.*

Santificação

A santificação é a separação dos crentes das coisas e dos caminhos maus. Espiritualmente fomos santificados (feitos santos) quando nascemos de novo, mas, em termos práticos, isso acontece em nossas vidas pouco a pouco por meio da nossa parceria com o Espírito Santo. O Espírito Santo é o agente da santificação. Entramos nesse relacionamento com Deus pela fé em Cristo. A santificação é a vontade de Deus e Seu propósito ao nos chamar. Ela deve ser aprendida com Deus, como Ele a ensina através da Sua Palavra, e deve ser buscada pelo crente com um coração ardente e firme.

"Embora tenhamos nos tornado santos espiritual e legalmente por ocasião do Novo Nascimento em Cristo, o Caráter Santo não é vicário (isto é, delegado indiretamente)", diz o *Complete Expositionary Dictionary of Old and New Testament Words* de Vine. "Ele não pode ser transferido ou imputado, mas deve ser construído pouco a pouco em resultado da obediência à Palavra de Deus, e seguindo o exemplo de Cristo no poder do Espírito Santo. O Espírito Santo é o Agente da santificação."

É muito importante entendermos essa definição de santificação, de modo que vou colocá-la em minhas próprias palavras para torná-la ainda mais clara: quando nascemos de novo por meio da fé em Jesus Cristo, Deus nos dá uma nova natureza. Ele nos torna santos em nosso interior, mas essa santidade precisa ser desenvolvida no nosso caráter. Esse é um processo que ocorre pouco a pouco à medida que estudamos a Palavra de Deus e aprendemos a depender do Espírito Santo (graça).

Se eu tivesse uma camisa com uma enorme mancha e a lavasse com sabão em pó, poderia dizer que o sabão misturado com água foi o agente responsável por limpá-la. Do mesmo modo, a Palavra de Deus e o Seu Espírito Santo removem as manchas do nosso comportamento. É algo feito pela Sua graça, mas a escolha é nossa.

> *... Desenvolvam (cultivem, executem e completem plenamente) a sua própria salvação com reverência, assombro e tremor (desconfiança de si mesmos, com muita cautela, ternura de consciência, vigilância contra a tentação, evitando temerosamente tudo que possa ofender Deus e desacreditar o nome de Cristo).*
>
> *[Não na sua própria força], pois é Deus quem está ao mesmo tempo efetivamente operando em vocês [energizando e criando*

> *em vocês o poder e o desejo], tanto para querer quanto para efetuar, para o Seu prazer, satisfação e deleite.*
>
> — Filipenses 2:12-13

Quando Jesus subiu para sentar-se à destra de Seu Pai até que Seus inimigos sejam colocados como estrado para Seus pés, Ele sabia que precisaríamos de poder para viver a vida que morreu para nos dar. Então nos enviou esse poder através do Espírito Santo. Entretanto, assim como tivemos de aprender a depender de Jesus para sermos salvos, agora precisamos aprender a depender do Espírito Santo, que é o Espírito da graça para todas as outras coisas que precisamos na vida. À medida que perseguimos apaixonadamente o caráter santo de Deus, Ele nos dá a força e capacidade para mudar.

Digamos que eu vá à igreja no domingo e ouça um sermão motivador sobre ser bondoso para com meus inimigos. Bom, acontece que uma amiga recentemente feriu meus sentimentos profundamente e devo admitir que não tenho o desejo natural de ser bondosa com ela. Mas, por causa do meu amor a Deus, quero fazer isso em obediência a Ele. Se eu meramente for para casa e tentar ser gentil, vou falhar miseravelmente. Mas se eu for para casa dizendo a Deus que estou disposta a fazê-lo, mas não consigo sem Sua ajuda, descobrirei, ao ver minha amiga, que Deus de fato me ajudará. Sou grata a Ele, porque sei que por mim mesma eu fracassaria. Tenho a vitória, mas Deus é quem leva o crédito.

Uma Mudança que Nunca Termina

O processo da santificação nunca chega completamente ao fim até que Deus nos chame deste mundo e nos transforme completamente. Até então, continuaremos crescendo, e isso é tudo que Deus requer de nós. Ele quer que desejemos Sua vontade e que trabalhemos com Seu Santo Espírito para conquistá-la. Como diz o *Complete Expositionary Dictionary of Old and New Testament Words* de Vine, essa é uma santidade que é construída pouco a pouco através da obediência à Palavra de Deus.

Precisamos aprender que Deus não está bravo porque não chegamos ao destino desejado que é ter um caráter totalmente santo. Ele está satisfeito em nos ver diariamente prosseguindo para o alvo da perfeição. Quando cremos nisso, uma pressão enorme sai dos nossos ombros. Fico alegre em dizer: "Estou crescendo, não cheguei onde preciso estar, mas graças a Deus não estou onde estava antes — estou bem e estou a caminho!".

Quando comecei a estudar a Palavra de Deus há mais de trinta anos, pensei: *Como é possível uma pessoa precisar mudar tanto quanto eu?* Agora, depois de todos esses anos, me pergunto: "Como uma pessoa pode ter mudado tanto?". Mas também me pergunto se o processo algum dia chegará ao fim, porque ainda preciso passar por mudanças todos os dias. Há trinta anos isso me frustrava, mas hoje não me perturba nem um pouco. Dou graças a Deus pelo que Ele me mostrou; recebo-o como um castigo amoroso da parte dele e confio nele para me transformar à Sua maneira e no Seu tempo.

A Caixa de Ferramentas de Deus

O que Deus usa para nos transformar? Ele usa Seu Espírito Santo, o Espírito da graça. Ele também usa Sua Palavra, e as nossas experiências de vida (ver Provérbios 3:13). Cada um deles é igualmente importante e trabalham juntos para nos moldar à imagem de Jesus Cristo. Descobri que quando peço a Deus para me ajudar a amar as pessoas incondicionalmente, provavelmente irei deparar com pessoas difíceis de amar. Essa é a maneira como Deus me dá a oportunidade de praticar. Se eu orar pedindo paciência, terei provações. Se eu orar pedindo capacitação para dar mais, Deus me pedirá alguma coisa que quero ter para mim. Se eu orar para ser menos egoísta, descubro que as coisas na vida não acontecem do meu jeito ou como eu havia planejado. Deus diz que seremos "transformados" à imagem de Cristo. Ele não disse que faríamos uma oração e seríamos transformados à Sua imagem. É um processo, e Deus usa muitas ferramentas enquanto está operando Sua vontade completa e perfeita em nós.

A maioria de nós passa muitos anos lutando contra esse processo e procurando um caminho menos doloroso, mas não existem cruzes acolchoadas na vida. Não existe cruz sem dor. Devemos tomar (receber) nossa cruz, e seguir o exemplo de Jesus (Marcos 8:34). Para mim, isso significa simplesmente que devo abraçar as experiências que Deus coloca no meu caminho e crer que à medida que eu aplicar Sua Palavra e Seus princípios, eles cooperarão para o meu bem. Quando fazer a coisa certa for difícil, podemos dizer: "O desconforto que estou sentindo significa que estou crescendo espiritualmente". Quando aplicamos a Palavra de Deus em uma circunstância difícil na vida e fazemos isso com facilidade, significa que já nos fortalecemos espiritualmente naquela área. Existem coisas que no passado foram muito difíceis de atravessar sem perder minha estabilidade emocional e que atualmente não são mais, e existem outras coisas que ainda são muito desafiadoras para mim. Isso me ajuda a localizar as áreas nas quais ainda preciso aprender e crescer.

Aprender a confiar no método de Deus é uma parte importante em se tratando de lidar com as mudanças em nossa vida. Meu versículo favorito atualmente é:

Ele se entregava [e entregava tudo] Àquele que julga com justiça.

— 1 Pedro 2:23

Quando Jesus era injuriado e insultado, Ele não reagia fazendo o mesmo. Quando sofria abuso, Ele não ameaçava se vingar. Em vez disso, entregava a Si mesmo e todo o restante a Deus. Que imagem linda de alguém descansando em Deus em meio às circunstâncias que a vida lhe trouxe!

Essa também é a minha meta! Quero permanecer a mesma — como Jesus fez —, independentemente do que as pessoas façam ou de quais sejam as circunstâncias ao meu redor. Já percorri um longo caminho e tenho muito mais a percorrer, mas pelo menos tenho um objetivo.

Quando Judas o traiu, Jesus não mudou. Quando Pedro o negou, Ele não mudou. Quando Seus discípulos o decepcionaram, Ele não mudou. Jesus permaneceu estável enquanto as tempestades da vida estavam em fúria, e Seu exemplo transformou o mundo e continua transformando-o todos os dias.

Vamos buscar esse tipo de estabilidade santa, pedindo a Deus para nos moldar à imagem de Jesus Cristo!

Não Há Falta de Poder no Céu

Deus nunca esgota Seu poder. Enquanto continuarmos a receber esse poder, Ele continuará derramando-o. O apóstolo João nos exorta a permanecermos em Cristo — a vivermos, habitarmos e permanecermos nele. Sem Ele nada podemos fazer (João 15:5). Vamos acreditar nisso e agir de acordo com essas palavras. Nosso espírito de independência nos gera muitos problemas e atrasos na vida. Quanto mais cedo dependermos de Deus, mais cedo teremos a ajuda de que precisamos. Ele diz: "Vocês nada têm porque não pedem" (Tiago 4:2). É o orgulho, nada além dele, que torna tão difícil simplesmente dizer: "Deus, não posso fazer isto sem Ti. Por favor, ajuda-me!". Temos uma necessidade desesperada de fazer as coisas por conta própria para podermos levar o crédito, mas Deus não o permitirá. Por mais que lutemos e nos esforcemos, Deus prevalecerá no final.

Pedi a Dave várias vezes que fizesse algo e ele me dizia repetidamente que não queria fazê-lo. Por fim orei sobre o assunto e coloquei nas mãos de Deus. Recentemente, percebi que Dave estava fazendo aquilo que eu não havia conseguido convencê-lo a fazer para mim. A influência de Deus sobre as pessoas é sempre mais eficaz que a nossa. Quando desejar ver algo mudar em outra pessoa, ore sobre isso e saiba que Deus terá mais êxito do que você jamais teria. A graça de Deus operou em Dave a mudança que eu não pude fazer!

Podemos ter graça, e podemos ter mais graça (maior graça). Receba toda a graça que puder, e você ainda assim terá usado uma quantidade equiparável a apenas uma gota no oceano.

Há pouco tempo tive um resfriado terrível com muita tosse. Meu médico receitou um remédio e me instruiu a tomá-lo diariamente, conforme necessário. Eu não podia tomar a dose de remédio necessária para tratar da tosse no dia seguinte — eu tinha de tomar o remédio diariamente! Da mesma forma, precisamos tomar doses de graça. Talvez haja algo espreitando no futuro que o assuste e oprima, e você se sente totalmente despreparado para encarar isso. Todos nós temos coisas assim na vida e, na verdade, não estamos prontos para lidar com elas hoje. Mas quando o amanhã vier, teremos a graça que necessitamos para fazer o que for preciso. Crer nisso permite que desfrutemos o hoje sem temer o amanhã! Não sei o que o amanhã reserva, mas sei, com base na Palavra de Deus e nas minhas experiências de vida, que terei uma dose suficiente de graça que me permitirá lidar com o que vier, e você também terá. Lembre-se: *a graça é o poder de Deus colocado à sua disposição sem ônus algum, capacitando-o a fazer com facilidade o que você não poderia fazer sozinho independentemente do seu esforço.* Comece a viver na graça de Deus e a desfrutar cada segundo da sua vida!

A graça é o fato incompreensível de que Deus se agrada do homem, e de que o homem pode se alegrar em Deus.

Karl Barth

CAPÍTULO 17

Corra para Deus, Não Fuja Dele!

O nome do Senhor é uma torre forte; os justos correm para ela e ficam seguros.

— Provérbios 18:10

O medo da ira faz com que fujamos de quem imaginamos estar irado conosco. Ele cria um muro de separação entre nós, mas Deus nunca diz: "Fujam de Mim", Ele sempre diz: "Venham a Mim". Que glorioso convite! O Deus do Universo, o Todo-Poderoso, o Princípio e o Fim, o Autor e Consumador de todas as coisas faz um convite a todos... "Venham a Mim".

Seja qual for a condição que você esteja hoje ou em qualquer outro dia da sua vida, o convite de Deus é "Venha!". O convite dele não exige que estejamos em determinado estado para nos encontrarmos com Ele. Bons ou maus, felizes ou tristes, contentes ou zangados, o convite continua sendo simplesmente "Venha". Podemos ir quantas vezes desejarmos e nunca encontraremos a porta fechada, nunca descobriremos que Deus não está em casa. Felizmente, quando quiser falar com Ele, a linha nunca está ocupada.

Eu tinha medo da ira de meu pai quando era criança, e lembro-me de me esconder dele quando podia. Eu evitava deliberadamente ficar no mesmo aposento que ele sempre que possível. A presença dele me deixava tensa e desconfortável e eu detestava aquela sensação. Eu não conseguia relaxar nem apreciar nada. Quando eu precisava de ajuda, sempre pedia à minha mãe, e não a meu pai, ou tentava resolver as coisas sozinha antes de ter de procurá-lo. Eu até mesmo deixava de ter muitas coisas para não precisar pedir a ajuda dele. Felizmente, nosso Pai celestial não é como muitos pais terrenos, ou como outras pessoas com as quais lidamos na vida. Ele está sempre pronto a ajudar todos aqueles que simplesmente decidirem "ir".

Você está deixando de ter coisas que necessita e deseja porque tem medo de se aproximar de Deus e simplesmente pedir Sua ajuda? Talvez você sinta que não merece a ajuda dele, e a verdade é que você não merece mesmo. Nenhum de nós merece, mas Ele a oferece mesmo assim. Deus nos ajuda porque Ele é bom, e não porque nós somos bons.

Quando uma criança se machuca, a primeira coisa que ela faz é correr para a mamãe ou o papai o mais depressa possível, e se não consegue correr, ela chora até que a ajuda chegue. Uma criança não se preocupa com a última vez em que ela foi má, ou se ela merece ajuda. Ela apenas tem uma necessidade e corre automaticamente para aquele que pode supri-la. Devemos aprender a ser iguais a ela. Um filho que tem um bom relacionamento com seus pais nunca abandona esse desejo de correr para a mamãe ou o papai quando a vida o está machucando. Meus filhos adultos, cujas idades variam de trinta e dois a quarenta e seis anos, ainda fazem isso, e sinto-me honrada. Você consegue se imaginar dizendo para um de seus filhos: "Não corra para mim quando estiver sofrendo. Estou zangado com você porque você não tem sido bom". É algo ridículo e sabemos que nunca faríamos isso, então como podemos pensar que Deus o faria?

Jesus disse: "Se alguém tem sede, venha a Mim e beba!" (João 7:37). Que convite aberto! Se tivermos alguma necessidade, podemos simplesmente ir até Ele e ter a nossa sede saciada. Parece que a única exigência para nos aproximarmos de Deus é termos uma necessidade. Jesus promete nunca expulsar alguém que venha a Ele.

> *Todos os que meu Pai Me der (confiar) virão a Mim, e aquele que vem a Mim, certamente não expulsarei [nunca, jamais rejeitarei um daqueles que vierem a Mim].*
>
> — João 6:37

Uau! Como minha vida teria sido diferente se eu pudesse ter essa confiança no meu pai terreno. Eu não tive esse privilégio, assim como muitos de vocês também não tiveram, mas, felizmente, temos um Pai a quem podemos ir agora com a promessa de nunca sermos rejeitados. Um Pai que é muito melhor que até mesmo o melhor pai terreno.

> Talvez você sinta que não merece a ajuda dele, e a verdade é que você não merece mesmo. Nenhum de nós merece, mas Ele a oferece mesmo assim.

Você Está Cansado e Sobrecarregado?

A vida nem sempre é gentil conosco como gostaríamos que ela fosse. As pessoas vão nos magoar, as circunstâncias vão nos decepcionar e até que aprendamos a entrar no descanso de Deus, vamos nos sentir sobrecarregados com frequência. Eis um convite aberto feito por Jesus:

Venham a Mim, todos vocês que trabalham e estão cansados e sobrecarregados, e Eu lhes darei descanso [Eu acalmarei, aliviarei e darei refrigério às suas almas].

— Mateus 11:28

Qualquer um pode simplesmente ir. Fazer isso não requer nenhum talento especial. Precisamos apenas estar prontos para dizer que precisamos de ajuda e depois nos humilharmos e irmos ao trono da graça de Deus e receber pela fé a ajuda e o consolo que precisamos.

Jesus continua dizendo nos versículos seguintes que Ele é humilde, gentil, manso e modesto; Ele não é grosseiro, duro, rígido ou opressor. Ele está se certificando de que entendamos Sua natureza. Ele é um Auxiliador que tem prazer em levantar Seu povo. Quando o filho pródigo voltou para casa em Lucas 15, seu pai ficou satisfeito. Ele não teve uma atitude de "eu bem que lhe disse". Ele não disse: "Eu sabia que você desperdiçaria sua fortuna e voltaria rastejando para mim pedindo ajuda". Em vez disso, ele viu seu filho a uma grande distância e correu para ele. Amo a imagem mental que essa história nos oferece.

O filho decidiu voltar para a casa do pai, e quando o fez, encontrou favor e bondade sem precedentes. Seu pai abraçou-o e beijou-o. Ele ordenou que a melhor roupa fosse trazida para o filho. Na verdade, uma roupa festiva de honra foi colocada nele. Ele recebeu um anel, sandálias e uma festa.

Talvez possa parecer que o filho pródigo que gastou o dinheiro do pai e o constrangeu vivendo uma vida de pecado mereceria a punição, e não uma festa; mas Deus é bom mesmo quando nós não somos!

A misericórdia deu ao filho pródigo uma segunda chance; ela preparou um banquete para ele!

Max Lucado

Talvez você tenha se afastado de Deus em algum momento da sua vida e embora tenha voltado, nunca se sentiu realmente confortável. Você se pergunta se Deus está bravo com você, e esse medo o impede de entrar totalmente na Sua presença e de viver a vida que Ele quer que você tenha. Nesse caso, por favor, acredite que você não precisa sacrificar seu futuro para pagar pelo passado! Jesus já pagou e foi tudo pago na íntegra. Não existe nenhuma taxa que você tenha de pagar para ir à festa de Deus. Afinal, ela está sendo dada em sua honra, portanto seria uma vergonha se você não aparecesse.

Feche os olhos por um instante e imagine estas palavras estampadas em letras garrafais sobre a sua vida: TOTALMENTE PAGO. A Palavra de Deus nos diz que fomos comprados por um preço, com o precioso sangue de Cristo. Não devemos nada porque todos os nossos pecados, passados, presentes e futuros, foram pagos. É muito boa a sensação de não dever nada! Vá em frente e sinta a liberdade... Sem dívidas! Parece bom demais para ser verdade? É claro que sim, mas eu o incentivo a acreditar nisso mesmo assim. Acredite em Deus pelo que diz a Sua Palavra, e desfrute da Sua presença.

> *Não existe nenhuma taxa que você tenha de pagar para ir à festa de Deus. Afinal, ela está sendo dada em sua honra, portanto seria uma vergonha se você não aparecesse.*

Estou certa de que o filho pródigo se sentiu constrangido diante da extrema bondade de seu pai, mas ele a recebeu e a desfrutou. Ele teria deixado seu pai triste se tivesse se recusado a aceitá-la. O amor quer sempre dar, e só pode se satisfazer tendo alguém que esteja disposto a receber! Peça e receba para que sua alegria seja completa (João 16:24).

Quando aprendemos a ir a Jesus, também podemos aprender a viver uma vida de descanso em vez de uma vida de cansaço e esforço. Vamos a Ele com fé, acreditando que Suas promessas são verdadeiras e são a porta aberta para entrar no Seu descanso.

Porque nós, os que cremos (nos unimos a Deus, confiamos Nele e dependemos Dele), entramos nesse descanso.

— Hebreus 4:3

O descanso de Deus não é um descanso *do* trabalho, mas *no* trabalho. É um descanso com o qual vivemos enquanto lidamos com as obrigações da vida. Confiamos, não nos preocupamos; não estamos ansiosos, mas lançamos nossos cuidados e esperamos em Deus. Fazemos o que podemos fazer, mas nunca tentamos fazer o que não podemos, pois é isso que nos esgota. Não é que não sejamos tentados a fazer essas coisas, mas optamos por não fazer. Eventualmente aprendemos a viver a vida um dia de cada vez, e estabelecemos uma parceria com o Espírito Santo para vivermos cada dia plenamente.

Você entrou no descanso de Deus? Caso contrário, tudo que você tem a fazer é "ir" e, como aquela criança pequena, simplesmente crer!

Aproxime-se

Deus costuma dizer a mesma coisa de maneiras diferentes apenas para garantir que vamos entender. Ele faz o convite para "vir" e também nos convida a nos "aproximarmos". Suponho que pudéssemos ir e ainda permanecer à distância, mas "aproximar" fala de intimidade, e essa é a vontade de Deus para nós no nosso relacionamento com Ele.

Temos um Sumo Sacerdote que entende nossas fraquezas. Jesus foi tentado em todos os aspectos como nós somos, e embora nunca tenha pecado, Ele entende (Hebreus 4:15). Ele entende e faz o convite para nos aproximarmos.

> *Aproximemo-nos destemidamente e confiantemente e com ousadia do trono da graça (o trono do favor imerecido de Deus a nós, pecadores), a fim de que possamos receber misericórdia (pelas nossas falhas) e encontrar graça para socorro em tempo oportuno para toda necessidade [socorro apropriado e ajuda oportuna, que vem exatamente quando precisamos].*
>
> — Hebreus 4:16

Podemos ver a partir desse versículo que é vontade de Deus que corramos para Ele destemidamente, e não que fujamos dele. A distância mata um relacionamento. Não fomos criados para servir ao Senhor nos encolhendo de medo e à distância; fomos criados para viver um relacionamento de amor com Ele. Um relacionamento íntimo e pessoal!

O convite é para nos "aproximarmos". O caminho foi aberto para entrarmos e sairmos livremente.

> *Em Quem, por causa da nossa fé Nele, ousamos ter a ousadia (coragem e confiança) de um livre acesso (uma aproximação sem reservas a Deus com liberdade e sem medo).*
>
> — Efésios 3:12

Santo Agostinho disse: "Lembre-se de que quando as pessoas optam por se afastar do fogo, o fogo continua a produzir calor, mas elas se esfriam. Quando as pessoas optam por se afastar da luz, a luz continua a brilhar, mas elas estão em trevas. Isso também acontece quando as pessoas se afastam de Deus".

Creio que muitas pessoas estão desesperadas para ouvir a mensagem que está neste livro. Elas querem acreditar que Deus não está bravo com elas e que são bem-vindas para se aproximarem dele. Um conto de Ernest Hemingway, "A Capital do Mundo", nos faz entender melhor o que isso quer dizer:

O relacionamento de um pai com seu filho adolescente havia ficado tenso a ponto de se romper. Finalmente, o filho fugiu de casa. Seu pai, porém, iniciou uma jornada em busca do filho rebelde. Finalmente, em Madri, em um último esforço desesperado para encontrá-lo, o pai colocou um anúncio no jornal. O anúncio dizia: "QUERIDO PACO, ENCONTRE-ME NA FRENTE DO ESCRITÓRIO DO JORNAL AO MEIO-DIA. ESTÁ TUDO PERDOADO. AMO VOCÊ. SEU PAI".

No dia seguinte, ao meio-dia, na frente do escritório do jornal, oitocentos "Pacos" compareceram!

Existem inúmeras pessoas que querem saber desesperadamente que Deus não está bravo com elas e que está tudo perdoado. Deus não pode fazer nada além do que Ele já fez. Precisamos agora aceitar Seu gentil convite de nos "aproximarmos" e recebermos a ajuda e a cura de que precisamos. O fogo do amor de Deus sempre vai arder com força, mas se vamos ficar frios ou quentes depende de nós. "Venha" e aqueça-se com o fogo do amor incondicional de Deus.

O Medo nos Faz Recuar

Existem aqueles que se afastam e permanecem em eterna miséria porque não acreditam que podem se aproximar. Fui uma dessas pessoas por muito tempo. Diariamente, alguma coisa me separava de Deus, mas era o engano da minha parte que permitia que isso acontecesse. O convite de Deus estava de pé para eu me aproximar, mas eu recuava por causa do medo de encará-lo como eu estava. A consciência das nossas imperfeições faz com que nos afastemos.

Dave e eu temos quatro filhos adultos e em momentos diferentes cada um deles refletiu sobre a razão pela qual ainda é tão importante que eles, mesmo sendo adultos, nos agradem. Observei um dos nossos filhos planejar uma viagem para nós e ficar um pouco nervoso durante todos os dias da viagem diante da possibilidade de que algo não saísse como esperado por mim e seu pai, e de que ficássemos decepcionados com ele. Foram necessários anos para convencê-lo de que tudo o que esperávamos era que ele fizesse seu melhor e que se alguma coisa não corresse bem, não ficaríamos bravos com ele.

Uma de minhas filhas falou comigo sobre a necessidade que sente da nossa aprovação embora ela seja uma mulher adulta que tem os próprios filhos. Creio que é algo muito natural querer agradar os pais. Eu mesma me vi tentando fazer isso, mesmo sendo uma mulher de sessenta anos, e não tendo sequer um relacionamento próximo com meus pais. Minha mãe está em uma casa de repouso e eu cuido dela, mas quando descubro que ela está infeliz com alguma coisa, tenho de resistir à ideia de que preciso mantê-la feliz o tempo todo. Estou comprometida em suprir suas necessidades vigentes, mas a alegria dela é responsabilidade dela, e não minha. Sei que não preciso da aprovação dela, mas algo em mim ainda deseja isso. Se nos sentimos assim com relação a pais imperfeitos, quanto mais com relação a Deus... Queremos agradá-lo. Queremos a aprovação dele e precisamos entender que a temos como uma dádiva através da nossa fé em Jesus Cristo.

Se continuarmos tentando conquistar a aprovação de Deus com os próprios atos de bondade, sempre teremos alguma coisa nos separando dele. Mas se formos a Ele pela fé somente, confiando na Sua bondade, então encontraremos uma porta aberta e a liberdade de entrar a qualquer momento.

Tenho uma placa em uma mesa no meu escritório que diz em letras grandes, ACREDITE. Mantenho-a sobre a mesa para lembrar a mim mesma de que é isso que Deus quer de mim. Ele quer que eu confie nele, que coloque minha fé nele e creia na Sua Palavra. Quando acreditamos de todo o coração, isso nos leva à obediência.

Poderíamos dizer que a senha para a presença de Deus é EU CREIO. Não permita que o medo das suas próprias imperfeições o mantenha por mais tempo fora da presença de Deus. Corra para Ele, não fuja dele. Deus tem tudo de que precisamos e o oferece gratuitamente àqueles que optam por "ir".

CAPÍTULO 18

O Que Devemos Fazer Quanto ao Pecado?

É impossível o homem ser liberto do pecado antes de odiá-lo.

Ignatius

Embora saibamos que todo tipo de pecado pode ser perdoado e que não existe uma quantidade de pecado que possa nos impedir de ter um relacionamento maravilhoso com Deus, continuamos tendo de lidar com nosso pecado. O que devemos fazer quanto a ele? Qual deve ser nossa atitude para com ele? Creio que precisamos odiá-lo assim como Deus o odeia, e que precisamos resistir firmemente a ele no poder do Espírito Santo. Não podemos ser cheios com o Espírito de Deus e nos satisfazermos com uma vida de pecado. Embora devêssemos odiar o pecado, nunca devemos odiar a nós mesmos porque pecamos. Deus odeia o pecado, mas ama os pecadores!

Só um crente maduro é capaz de encarar o pecado de frente e não se sentir condenado. Sabemos que o pecado é uma realidade, e uma realidade com a qual temos de lidar diariamente, então como podemos lidar com ele e não sermos consumidos pela sua realidade? Creio que a única maneira é acreditar firmemente que Deus é maior que o pecado, e reconhecer o pecado como parte da condição humana.

Porque o salário do pecado é a morte, mas o dom gratuito (generoso) de Deus é a vida eterna através de (em união com) Jesus Cristo nosso Senhor.

— Romanos 6:23

> *Pois todos pecaram e estão destituídos da honra e da glória que Deus concede e recebe.*
>
> *[Todos] são justificados e tornados retos e estão em posição reta perante Deus, liberalmente e gratuitamente por Sua graça (Seu favor e misericórdia imerecidos), através da redenção que está [suprida] em Cristo Jesus.*
>
> — Romanos 3:23-24

Podemos ver a partir desses versículos que o pecado é um problema para todos, mas Jesus também é a resposta para todos. Nenhum problema é um problema de verdade se houver uma resposta para ele. Não apenas fomos destituídos da glória de Deus, de acordo com Romanos 3:23, estamos atualmente destituídos dela. Isso indica que esse é um problema contínuo, porém Jesus está continuamente à destra do Pai, intercedendo por nós, de modo que o problema do pecado tem uma resposta contínua e ininterrupta. Aleluia!

Todos os dias nossa determinação deve ser a de não pecar. Começo meu dia pedindo a ajuda de Deus para viver uma vida justa. Falo com Ele sobre diversas fraquezas minhas. Peço que me fortaleça para que eu possa apenas ter pensamentos e dizer palavras agradáveis a Ele. Oro para que eu não seja enganada pelo diabo, nem seja atraída a nenhuma das suas armadilhas. Não admito como fato consumado que não vou pecar; peço a ajuda de Deus para não fazê-lo.

De acordo com o *Complete Expositionary Dictionary of Old and New Testament Words* de Vine, pecar significa "errar o alvo". Esse é o termo mais comum para a obliquidade moral (isto é, desviar-se da linha reta). O pecado é um ato de desobediência à lei divina, uma transgressão. Outros termos para o pecado incluem desobediência, erro, falha, iniquidade, transgressões e impiedade. A Bíblia afirma que tudo o que não procede da fé é pecado (Romanos 14:23). *Uau!* Isso inclui muitas coisas para a maioria de nós. Qualquer coisa que optemos por fazer com qualquer outra atitude que não seja uma fé plena é pecado. Não é de admirar que precisemos ser perdoados continuamente. Eu sem dúvida estou satisfeita porque Jesus já cuidou do problema do pecado, e você?

Embora eu lide com o pecado, meu foco não está nele. Eu o incentivo firmemente a não ficar focado nele também. Nunca venceremos o pecado focando nele. Quando somos convencidos do pecado, devemos admiti-lo, nos arrepender e depois nos voltar para Jesus. Focando em Jesus e na Sua Palavra, receberemos o poder para vencer. Por exemplo, se uma pessoa tem um temperamento terrível, ficar concentrada o tempo no seu temperamento não a ajudará, mas se meditar no fato de que Jesus já lhe deu a Sua paz, isso a ajudará (João 14:27). Em vez de pensar: *Sou uma pessoa irada com um temperamento difícil*; ela pode pensar, *Tenho a paz de Deus habitando em mim e vou deixá-la governar e conduzir minha vida* (Colossenses 3:15).

A Palavra de Deus ensina a nos afastarmos de tudo o que nos distrai, tirando nossa atenção de Jesus, que é o Autor e Consumador da nossa fé (Hebreus 12:2). O apóstolo Paulo ensina que se andarmos no Espírito, não satisfaremos os desejos da carne. Concentre-se e medite sempre em fazer o bem, não no que você fez de errado, mas não ignore o pecado.

O homem tem dois problemas, um é ignorar o pecado e o outro é focar nele. Precisamos lidar com o pecado rapidamente e confiar em Deus para nos ajudar a vencê-lo. Estou preocupada hoje porque muitos têm uma postura antibíblica e até mesmo perigosa em relação ao pecado. Muitas pessoas nem sequer se referem ao seu pecado como pecado. É o problema delas, a escravidão delas, o vício delas, ou em alguns casos, o seu direito. Por exemplo, muitas vezes ouvimos que é direito de cada um dizer o que quiser sempre que desejar. Chamamos isso de liberdade de expressão. Mas Deus nos diz claramente para frearmos nossa língua e não falarmos coisas más. Alguns acham que é direito da mulher por fim à gravidez fazendo um aborto, mas Deus nos diz claramente que os filhos são uma bênção do Senhor e que só Ele pode dar e tirar a vida. Não podemos criar as próprias regras sobre o que é certo e errado para atender ao nosso estilo de vida preferido, e ainda esperar que as bênçãos de Deus sejam abundantes no mundo.

Vemos os resultados dessa postura equivocada na nossa sociedade de hoje. Estamos vivendo em uma sociedade cada vez mais imoral que tem muitos problemas sérios. Tenho visto tamanho declínio em apenas cinquenta anos, que francamente não consigo imaginar como será nosso mundo dentro de mais cinquenta anos se as pessoas não despertarem e se voltarem para Deus e para os Seus caminhos.

Não podemos ser responsáveis pelo que todo mundo faz, mas precisamos ser responsáveis por nossa atitude, e é importante eu deixar claro que nossa postura em relação ao pecado precisa ser a mesma de Deus. Ele o odeia; o pecado o entristece e a Sua intenção é que trabalhemos progressivamente com Ele para vencê-lo, ao mesmo tempo sabendo que Ele nos ama incondicionalmente e está sempre pronto a perdoar e a nos fortalecer. Deus não quer que demos desculpas para o nosso pecado, mas quer que o enfrentemos e que permitamos que Ele nos liberte.

Como Lidar com a Tentação

Se o diabo simplesmente não nos tentasse, as coisas seriam muito mais fáceis. Mas isso nunca vai acontecer, portanto precisamos estar um passo à frente dele. A tentação faz parte da vida. Em Sua oração modelo, Jesus disse aos Seus discípulos para orar a fim de que não caíssem em tentação. Ele não lhes disse para orar para que nunca fossem tentados, porque Ele sabe que isso não é possível. Jesus lhes disse para orar porque quando eles fossem tentados seriam capazes de resistir.

Jesus foi tentado em todos os aspectos, como nós. Ele foi tentado pelo diabo enquanto passava quarenta dias e noites no deserto (ver Lucas 4). O apóstolo Tiago nos diz que abençoado é o homem que "SUPORTA a tentação: pois quando ele for provado, receberá a coroa da vida" (Tiago 1:12, grifo do autor). Gosto de dizer que *suportar* significa resistir ao diabo! Ele nos pressiona esperando que cedamos à tentação de fazer a coisa errada, e a nossa parte é resistir a ele no poder do Espírito Santo.

Ser tentado não é pecado! É muito importante acreditarmos nisso. Se virmos cada tentação como pecado, podemos achar que somos pessoas terríveis, cheias de desejos ímpios. Hoje mesmo alguém me irritou e fiquei tentada a contar a outra pessoa o que havia ocorrido. Eu realmente quis fazer isso, mas sabia que Deus queria que eu ficasse com a boca fechada e cobrisse a fraqueza do ofensor. Continuei querendo repetir o que havia visto por algumas horas, mas à medida que resisti firmemente, o impulso se tornou mais fraco e finalmente me abandonou. Sou uma pessoa má porque quis espalhar um rumor? Não, na verdade foi uma vitória para mim o fato de eu não ter cedido à tentação. Somos tentados de muitas maneiras e regularmente. A Palavra de Deus nos ensina que não existe tentação que venha a nós, a qual não seja comum ao homem ou que esteja além da resistência humana, mas que Deus é fiel e Ele sempre providencia um escape (ver 1 Coríntios 10:13).

Todos nós temos coisas que são tentações para nós. Para alguns é uma coisa e para outros, outra. Nunca sou tentada a roubar um supermercado, mas sou tentada a dizer coisas que não deveria dizer ou a ficar impaciente, assim como outras coisas. É bom conhecer as próprias fraquezas para podermos orar antecipadamente a fim de sermos fortalecidos antes de enfrentarmos a tentação. Uma pessoa pode ser tentada na área do sexo, da mentira ou da linguagem indecorosa, e outra pode ser tentada a comprar coisas que não pode pagar, ou a ser desonesta na declaração do imposto de renda, ou a ignorar um compromisso. A lista de tentações nas quais o diabo é mestre é interminável, mas eu o incentivo a lembrar que a tentação em si não é pecado. Ela só passa a ser um problema se cedermos a ela e permitirmos que ela dê à luz o pecado (Tiago 1:12-15).

Se a tentação for contínua e atormentadora, talvez você precise receber algum tipo de ajuda ou ministração, mas as tentações diárias normais fazem parte da vida. O diabo nos tenta, nós resistimos a ele e ele vai embora, esperando por uma hora mais oportuna para nos tentar de novo (Lucas 4:13).

As Provações Nos Tentam

A tentação vem de muitas formas, e uma delas é durante as provas e tribulações. Muitas vezes somos tentados a desistir, ou a ter uma atitude negativa, ou a ficar irados com outras pessoas. Devemos resistir a essas atitudes negativas no poder de Deus. Sempre vemos nosso verdadeiro caráter claramente nos momentos difíceis. Deus disse aos israelitas que Ele os havia conduzido por quarenta anos no deserto para humilhá-los e prová-los, para ver se eles cumpririam Seus mandamentos (Deuteronômio 8). É fácil pensar que nós nos comportaríamos de determinada maneira quando não estamos sob nenhum tipo de pressão, mas ser testado e passar no teste prova o verdadeiro caráter de um homem. Jesus passou em todos os Seus testes e, em oração, estamos passando cada vez com mais frequência nos nossos. Sabemos que não alcançaremos a perfeição, mas uma coisa boa acerca do método de Deus para nos testar é que Ele nunca desiste de nós, e temos todas as chances que precisarmos para recomeçar.

Embora Deus nos prove, Ele nunca nos tenta a pecar. De acordo com a Bíblia, somos tentados quando somos seduzidos pelos nossos desejos malignos, concupiscências e paixões (ver Tiago 1:13-14). Poderíamos dizer que as provações definitivamente nos mostram quais são nossas áreas de fraqueza, e isso pode ser bom, porque tudo o que é trazido à luz pode ser tratado.

Muitas pessoas não se conhecem e têm um conceito mais elevado de si mesmas do que deveriam. Lembro-me de ver outras pessoas cederem à tentação e de pensar orgulhosamente: *eu jamais faria isso*. Mas quando fui testada pelas circunstâncias, descobri que eu tinha fraquezas as quais eu desconhecia. Conhecer minhas fraquezas permite que eu ore antecipadamente pedindo a força contínua de Deus para resistir a elas. Quanto mais dependemos de Deus, mais vitória temos.

Jesus Resistiu à Tentação

No jardim do Getsêmani, Jesus se sentiu extremamente pressionado e tentado a fugir da vontade de Deus. Ele orou tão intensamente que suou grandes gotas de sangue. Isso é oração de verdade! Jesus orou até a vitória, e finalmente disse que, embora preferisse ser livre das coisas que estavam à frente, Ele estava disposto a se submeter à vontade de Seu Pai em todas as coisas. Isso nos dá um bom exemplo a ser seguido. O fato de não querermos fazer alguma coisa que Deus nos pede não significa que podemos ser isentos de fazê-la. Prosseguir e fazer o que é certo, principalmente quando não temos vontade, desenvolve a maturidade espiritual em nós.

Jesus queria que Seus discípulos o ajudassem a orar, mas eles dormiram. Ele sabia que eles também seriam tentados e queria que fossem fortalecidos antecipadamente, mas eles dormiram. Eu me pergunto, quantos de nós dormem quando deveríamos nos levantar um pouco mais cedo, sendo fortalecidos contra as tentações que o diabo planejou para nós naquele dia? Jesus disse: "O espírito na verdade está disposto, mas a carne é fraca" (Mateus 26:41). Podemos querer fazer a coisa certa, mas devido à fraqueza da carne não podemos presumir que a faremos. Precisamos nos desafiar a não confiar demais em nós mesmos, mas, em vez disso, depender firmemente de Deus para ser a nossa força.

Se Pedro tivesse orado, talvez ele pudesse ter evitado o trauma de negar a Cristo três vezes.

Tome Precauções

O livro de Salmos começa instruindo o leitor a não ficar sentado passivamente no caminho dos pecadores. Se não estivermos resistindo ao pecado com determinação, poderemos ser sugados para ele. A passividade ou a inatividade são coisas muito perigosas. Precisamos exercitar nossa vontade para escolher o que é certo e não meramente presumir que podemos ficar sentados com pessoas más e não sermos contaminados. Isso não significa que devemos evitar completamente os pecadores. A verdade é que eles precisam da nossa presença e do nosso testemunho em suas vidas, mas nós precisamos tomar cuidado. Sempre digo para nos certificar de que estamos influenciando essas pessoas e que elas não estão nos contaminando.

O apóstolo Paulo disse aos coríntios para não se associarem de maneira muito próxima àqueles que não estavam vivendo corretamente (ver 1 Coríntios 5:9-11). Um relacionamento casual pode ser aceitável, mas não um relacionamento íntimo. Você pode ser amigável com alguém no trabalho que vive um estilo de vida imoral, mas criar uma associação íntima e contínua não é sábio.

Outra coisa que devemos evitar é nos sentir superiores quando vemos outras pessoas pecando, porque essa atitude errada abre portas para nossa própria queda moral (Gálatas 6:1).

> *Portanto, se alguém pensa que está de pé [que se sente seguro por ter uma mente firme e por estar firmado de pé], cuidado para que não caia [em pecado].*
>
> — 1 Coríntios 10:12

Esse versículo sempre me lembra de que geralmente não somos tão fortes quanto gostamos de pensar que somos. Devemos orar por aqueles que vemos pecando e dizer: "Eu dependo da graça de Deus para viver". No instante em que pensamos: *Eu jamais faria isso*, é o momento em que convidamos o diabo para entrar na nossa vida a fim de nos constranger e nos chocar com nosso comportamento.

Devemos evitar até a *aparência* do mal (1 Tessalonicenses 5:22). Devemos viver cuidadosamente. Não temerosamente, mas cuidadosamente. Podemos viver uma vida livre e abundante, desfrutando de muita liberdade, e ao mesmo tempo viver cuidadosamente. Devemos tomar cuidado com a maneira como nos relacionamos com o sexo oposto, principalmente quando uma ou ambas as partes são casadas. Por exemplo, certa vez tive um funcionário que começou a levar rosquinhas todas as manhãs para uma das nossas funcionárias. Ambos eram casados e a atitude dele me deixou desconfortável. Eu disse a ele que se queria levar rosquinhas, deveria levar para todos, mas não para uma única mulher, demonstrando sua preferência por ela. Confrontando essa situação, posso ter poupado aos dois de alguma coisa mais trágica ao longo da estrada.

Não faça provisão para a carne (ver Romanos 13:14). Se você não quer assar um bolo e comê-lo, não tenha uma batedeira em casa. Se você não quer comer sobremesa, não vá à padaria ficar olhando as guloseimas.

Se um homem já foi viciado em pornografia, é sábio ele prestar contas a alguém sobre quais sites ele pode acessar no seu computador. Ele deve até evitar olhar fotos em revistas de publicidade enviadas à sua casa que possam conter imagens de mulheres em roupas íntimas minúsculas. Precisamos ser agressivos com a tentação e nunca presumir simplesmente que não teremos problemas. Deus nos diz para nos desviarmos totalmente do mal, de modo que não ousemos flertar com ele, achando que isso não será problema para nós.

Tire da sua mente as coisas que podem se transformar em problemas para você. É perigoso pensar que enquanto alguma coisa está no seu pensamento ela não é um problema real. Todos os problemas reais começam na mente. Nunca podemos fazer alguma coisa se não pensarmos nela primeiro!

Ao mesmo tempo em que o diabo está nos tentando a fazer o mal, Deus está nos tentando a fazer o bem. A qual tentação você vai ceder? Estamos mortos para o pecado, mas o pecado não está morto. Ele está bem vivo, e precisamos lidar com ele. Resista ao pecado e ceda à justiça. Seja um canal através do qual Deus possa trabalhar em vez de dar ao diabo um instrumento para ele usar para pecar. Quando cometer um erro, receba o perdão de Deus e siga em frente, mas nunca se satisfaça em meramente ficar como está.

Deus é a favor do progresso! Valorize o lugar onde você está enquanto está a caminho do lugar para onde está indo, mas certifique-se de estar indo a algum lugar! Eu certamente cometo erros todos os dias, mas também já percorri um longo caminho. Não pratico nem de longe tanto mal quanto praticava há cinco ou há dez anos, ou mesmo há menos tempo, e não espero errar tanto no ano que vem quanto erro agora. Estou focada no que está à frente. Esqueço o que ficou para trás e prossigo para coisas melhores, e creio que essa deve ser a sua atitude também. Jesus não ficará decepcionado conosco na Sua segunda vinda se ainda não tivermos chegado lá, mas Ele ficaria triste se não nos encontrasse prosseguindo para o alvo!

CAPÍTULO 19

Sentindo-se à Vontade com Deus

Todos os que confessam que Jesus é o Filho de Deus têm Deus vivendo neles, e eles vivem em Deus.

— 1 João 4:15

Deus quer que nos sintamos à vontade com Ele. Sua Palavra nos diz que somos a Sua casa e que Ele é a nossa casa. Quase todos ficam confortáveis na própria casa. É o lugar onde podemos tirar os sapatos, colocar roupas confortáveis e sermos nós mesmos. Você se sente à vontade com Deus? Você deveria. E se não se sente, então vamos descobrir qual é o problema.

Não nos sentiremos à vontade com Deus se tivermos medo de que Ele esteja bravo conosco. Espero que tenhamos chegado à conclusão de que Ele não está bravo e possamos deixar isso para trás. Não nos sentiremos à vontade com Deus se tivermos medo dele. Ouvimos falar sobre o temor do Senhor, e algumas pessoas correm o risco de entender isso de forma errada. Não devemos ter medo de Deus, pois não há motivo para isso. Nada pode nos separar do Seu amor, e Ele prometeu nunca nos deixar ou nos abandonar. O temor adequado de Deus significa ter tamanha reverência por Ele que ela exerça um grande impacto na maneira como vivemos. Temer a Deus é respeitá-lo, obedecer a Ele, nos submetermos à Sua disciplina e adorá-lo, maravilhados. O temor reverente de Deus significa que sabemos que Ele é poderoso e sempre justo e reto em todos os Seus caminhos.

Como podemos encontrar o equilíbrio entre entrar com ousadia diante do trono da graça e, no entanto, manter o temor de Deus? É muito simples se entendermos o que é o temor e o que é o medo. Temer a Deus é uma coisa; ter medo de Deus é outra bem diferente.

Parece haver uma tendência extremista na cultura cristã. Em uma das formas de se referir a Deus, falta respeito (ou temor) e tratam Jesus por "um cara"; Deus é visto como nada além de um Papai Noel cósmico. Enquanto isso, no outro extremo, Ele é retratado como sendo legalista, exigente e quase impossível de se agradar. É a ausência de temor *versus* a paranoia. Ambas estão erradas.

Queremos buscar a reverência e o assombro adequados perante Deus em contraste com o terror diante dele.

Levei muito tempo para poder dizer sinceramente que me sinto à vontade com Deus. É um sentimento maravilhoso que jamais quero perder. Passar tempo com Deus para mim é como estar diante de uma lareira vestida com meu pijama mais confortável. Posso ser sincera com Ele, e posso permitir que Ele seja sincero comigo. Posso ser totalmente eu mesma, sem fingimento ou medo de ser rejeitada.

Conte Tudo a Deus

Encorajo você a falar com Deus sobre absolutamente tudo. Você pode dizer a Ele como se sente, o que você deseja e quais são seus objetivos. Diga a Ele o que você ama nele e em sua vida, e expresse sua gratidão por tudo o que Ele fez por você. Você pode falar com Deus sobre as coisas na sua vida que você não gosta ou que são difíceis para você. Diga a Ele o que você fez de errado, e fale com Ele sobre todas as suas preocupações consigo mesmo, com sua vida e com a de seus entes queridos. Você pode dizer absolutamente qualquer coisa a Deus e Ele nunca ficará chocado ou surpreso porque Deus já sabia tudo a respeito do assunto antes mesmo de você dizer.

Não recomendo uma sessão de reclamações, mas recomendo honestidade. Deus sabe exatamente como nos sentimos de qualquer forma, portanto não dizer nada não impedirá que Ele saiba. Precisamos verbalizar para o nosso bem. Precisamos extravasar ou nos expressar, e é sempre melhor fazer isso com Deus do que com outra pessoa qualquer.

Você pode encontrar soluções para seus problemas mais facilmente se for mais honesto e aberto com relação a eles. Certifique-se também de ouvir o que Deus lhe disser, seja através da Sua Palavra ou como revelação direta ao seu coração. A comunicação é uma via de mão dupla. Ela não consiste em uma pessoa apenas falar enquanto a outra apenas ouve. Talvez você tenha de desenvolver a capacidade de ouvir, como eu. Sempre fui melhor em falar do que em ouvir, mas Deus tem coisas incríveis a dizer se aprendermos a ouvi-lo.

> *Deus sabe exatamente como nos sentimos de qualquer forma, portanto não dizer nada não impedirá que Ele saiba. Precisamos verbalizar para o nosso bem. Precisamos extravasar, ou nos expressar, e é sempre melhor fazer isso com Deus do que com outra pessoa qualquer.*

Deus nos convidou a ter um relacionamento de comunhão com Ele. Deve ser um relacionamento íntimo no qual compartilhamos absolutamente tudo.

Deus não é alguém a quem visitamos por uma hora no domingo pela manhã e ignoramos durante o restante da semana a não ser que tenhamos uma emergência. Ele é alguém com quem vivemos. Deus é nossa casa e precisamos nos sentir à vontade com Ele.

A religião nos deixará loucos! Quando falo *religião* refiro-me a um sistema que nos dá regras e regulamentos a seguir e prescreve castigos quando falhamos. Se buscarmos a Deus na religião, estaremos condenados ao fracasso, porque nenhum de nós pode seguir todas as regras — com o tempo nos cansaremos de nos punir e simplesmente desistiremos. Meu pai tinha muitas regras e eu nunca sabia quais delas ele estava colocando em vigor naquele dia; portanto, eu me sentia tensa na sua presença, porque nunca sabia quando estava fazendo a coisa errada. Sou grata pela liberdade que desfruto no meu relacionamento com Deus. Essa liberdade está disponível a cada um de nós.

Confie em Deus a Todo o Tempo

Bons relacionamentos são construídos tendo a confiança como base, e Deus quer que escolhamos confiar nele com tudo o que somos e com tudo o que temos em nossa vida. Deus é fiel e é impossível Ele falhar conosco. Podemos considerar algo como um fracasso se não conseguirmos o que queremos, mas Deus não pode falhar. Talvez Ele tenha algo melhor em mente para nós e simplesmente não sabemos como pedir isso ainda. Deus tem somente o nosso benefício e bem-estar em Seus planos, por isso a melhor política é sempre relaxar e confiar nele.

Creio que Deus confia em nós. Não creio que Ele se sinta tenso pensando no que podemos ou não fazer. Ele sabe tudo sobre nós antes mesmo de nascermos e ainda assim nos convida a termos um relacionamento com Ele. Deus disse a Jeremias que antes de ele nascer, o conhecia e o havia aprovado para ser um instrumento escolhido por Ele (ver Jeremias 1:5). Como isso é possível? Jeremias não era perfeito; na verdade, ele lidou com o medo e a insegurança. Deus não exige que sejamos perfeitos; Seu único requisito é que creiamos nele, o que é outra maneira de dizer que confiamos nele. Quando damos a Deus nossa total confiança, não há limites para o que Ele pode fazer através de nós e por nós.

Confie nos caminhos de Deus e no tempo dele. Eles não são como os nossos, eles nunca estão errados. Deus, em geral, nunca se antecipa, mas verdadeiramente nunca se atrasa. Seu tempo é impecável. Muitas vezes Deus pode nos levar a tomar um caminho mais fácil para nos levar aonde Ele quer que cheguemos, mas pode escolher um caminho mais longo ou mais difícil porque há coisas que precisamos aprender ao longo do trajeto. Vamos aprender a dar graças a Deus pelos diferentes momentos em nossas vidas e por cada estação. O inverno é tão precioso quanto a primavera. Todas as coisas cooperam para o bem daqueles que amam a Deus e são chamados segundo Seu propósito (Romanos 8:28). Ser capaz de acreditar nesse versículo da Bíblia permitirá que você viva um tempo de descanso e de paz inimagináveis.

A confiança é algo lindo, e ela nos poupa de muita inquietação emocional e mental. O medo e a desconfiança são uma porta aberta para o tormento. A confiança é algo que decidimos ter, e não algo que necessariamente sentimos. Todas as vezes que confiamos em uma pessoa, percebemos que podemos nos decepcionar ou nos magoar; mas quando decidimos confiar em Deus, isso não acontece. A confiança é o que torna um relacionamento confortável. Colocamos nosso dinheiro em um banco porque ele tem boa reputação e decidimos confiar a ele nossas economias. Deus tem uma reputação muito melhor do que o melhor banco do mundo, então podemos decidir com segurança depositar nossa vida nas mãos dele e colocar toda a nossa confiança na Sua Palavra.

Pense simplesmente que você pode sempre confiar seus segredos a Deus. Ele não vai contá-los a ninguém! Você pode confiar que Deus sempre entenderá tudo a seu respeito, porque Ele o entende melhor do que você mesmo. Você pode confiar que Ele nunca o rejeitará, que você poderá sempre contar com Ele ao seu lado e com Seu amor incondicional. Ele é misericordioso, longânimo com nossas fraquezas e mais paciente do que podemos imaginar.

Podemos dizer verdadeiramente: "Que amigo temos em Jesus!".

Creio que o temor do Senhor começa quando confiamos nele, e cresce a partir daí.

Ele cresce até absorver toda a nossa vida.

Paul David Tripp disse:

> Temer a Deus significa que minha vida é estruturada por uma sensação de admiração, adoração e obediência que flui do reconhecimento de quem Deus é e da Sua glória. Ele se torna o único ponto de referência importante para tudo o que desejo, penso, faço e digo. Deus é meu motivo e meu objetivo. O temor de Deus deve ser a força central que dá ordem à minha vida.

Deus é tudo e não somos nada sem Ele! Ele é fogo consumidor (Hebreus 12:29). Ele consume tudo em nós que não é compatível com Sua vontade e incendeia tudo o mais para Sua glória. Você está pronto para esse tipo de entrega? Se sim, você tem temor a Deus!

Nada de Quartos Fechados

Frequentemente, vemos quartos em uma casa que estão sempre com as portas fechadas e ninguém entra ou sai. Se a casa não é nossa, podemos nos perguntar o que está por trás daquelas portas. Será algo que ninguém tem permissão para ver? Serão coisas inúteis guardadas que ninguém tem coragem de jogar fora? Será um quarto cheio de segredos? Você tem algum quarto na sua vida que está fechado para Deus? Quando Deus toca em certas coisas na sua vida, você diz: "Ah não, Deus, isso não!"? Não podemos ficar totalmente à vontade com Deus e ter áreas secretas que mantemos fechadas para Ele. Deus não irá nos obrigar a dar-lhe acesso a essas áreas, mas quer que confiemos nele o bastante para convidá-lo a entrar.

Durante muitos anos, mantive o quarto do meu abuso sexual fechado para Deus. Não pensava nisso nem falava sobre isso. Ele estava sempre ali abaixo da superfície dos meus pensamentos e emoções, mas eu o mantinha reprimido. Chegou a hora em que Deus estava pronto para me fazer lidar com isso e, a princípio, eu disse diretamente: "Não, não quero falar disso". Eu estava com um livro em minhas mãos que contava a história de outra mulher que se assemelhava à minha, e enquanto a lia, ela trazia à tona lembranças com as quais não queria lidar. Atirei o livro do outro lado do quarto e disse: "Não vou ler este livro", mas Deus disse: "Está na hora!".

Quando Deus diz que está na hora de lidar com alguma coisa, então está na hora, mesmo que não sintamos que está. Naquele dia comecei a abrir a porta de um quarto que havia ficado fechado por muitos anos, e embora tenha sido doloroso e difícil, acabou sendo a melhor coisa que fiz. Nossos segredos podem nos deixar doentes, e Deus quer que sejamos saudáveis; portanto, certifique-se de convidá-lo a entrar em todos os quartos da sua vida.

Não temos de ter medo que Deus veja algo que o deixe bravo ou que possa chocá-lo. O desejo dele é andar pelo quarto com você e curá-lo ao longo do caminho. Enquanto caminhava pelo abuso sexual que sofri no passado, tive de confrontar coisas que eu havia escondido por muito tempo. Tive de confrontar meu pai e minha mãe. Nunca havíamos conversado sobre esse segredo em nossa casa, e isso estava deixando todos nós doentes. Eu gostaria de dizer que deparei com honestidade e pedidos de desculpas, mas, em vez disso, tive de lidar com desculpas, culpa e raiva. As coisas não saíram da maneira que eu queria até muitos anos depois, mas fiz aquilo que Deus havia me pedido para fazer e isso deu início a um processo de cura em minha alma.

Tive de enfrentar o triste fato de que meus pais não me amavam como os pais devem amar uma filha, e que muito provavelmente eles nunca seriam capazes de me amar como deveriam. Lembro-me de olhar para mim mesma no espelho e dizer em voz alta: "Joyce, seus pais não amam e nunca amaram você, mas Deus a ama. É hora de desfrutar o que você tem e parar de tentar conseguir alguma coisa que você nunca terá". Isso foi uma espécie de libertação para mim. Era uma perda de tempo tentar receber algo que eles simplesmente eram incapazes de me dar.

Houve muitas coisas como essa que Deus me direcionou a fazer ao longo dos anos seguintes, mas o tempo dele sempre foi perfeito e cada passo trouxe um pouco mais de cura e libertação. Eu encorajo você firmemente a deixar Deus entrar em todos os quartos da sua vida, principalmente naqueles dos quais você não sente muito orgulho ou que tem medo de enfrentar.

Quando temermos a Deus, nunca negamos a Ele acesso a qualquer área da nossa vida da qual Ele quer fazer parte. O temor do Senhor é o princípio da sabedoria (Provérbios 1:7). Só começamos a ter algum conhecimento quando aceitamos o lugar ao qual Deus tem direito em nossa vida, e por respeito e admiração submetemos nossa vontade a Ele em todas as coisas.

Você ainda está tentando dirigir a própria vida? Nesse caso, está a caminho do desastre. Coloque Deus no banco do motorista e desfrute a viagem. Quando o colocamos em primeiro lugar entre todas as nossas prioridades, Ele torna nossas vidas melhores.

Renda-se

Estou aprendendo a amar a palavra "rendição". Ela significa que eu paro de lutar com Deus e de resistir à Sua vontade. Posso não gostar de tudo o que Ele está fazendo ou da maneira como Ele está fazendo, mas posso me render. Posso ceder, e você também pode. Algumas das coisas que nos ferem na vida poderiam parar de nos machucar se as abraçássemos em vez de resistirmos a elas constantemente.

O marido de Mary morreu de repente e ela ficou arrasada, para dizer o mínimo. A dor dela era trágica, e quatro anos após a morte dele, ela ainda estava sofrendo tanto quanto no início. Mary havia ficado deprimida, se isolado e se tornado amarga porque a vida aparentemente não havia sido justa com ela. Mary estava descendo uma ladeira rapidamente e tinha uma decisão a tomar. Ela podia continuar resistindo ao que obviamente não podia mudar, ou podia mudar de ideia e decidir abraçar aquele fato e confiar em Deus para fazer algo bom com tudo aquilo. Quando continuamos a resistir a algo acerca do qual obviamente não podemos fazer nada a respeito, isso nos faz infelizes, mas podemos nos render e abraçar as circunstâncias, e embora ainda doa, a rendição permitirá que a cura tenha início. Podemos encontrar um novo começo, um novo lugar para iniciar. Não podemos seguir em frente e alcançar o lugar onde gostaríamos de estar se nos recusamos a enfrentar a condição em que estamos!

John perdeu o emprego depois de trabalhar trinta e cinco anos na mesma empresa. Ele estava irado, e essa raiva o consumiu até começar a afetar todos os seus relacionamentos. Ele mergulhou cada vez mais na autopiedade e na depressão. O que John podia fazer? As únicas coisas saudáveis que ele podia fazer eram render-se à circunstância, aceitá-la e vê-la como uma oportunidade para um novo começo. Ele acabou iniciando um pequeno negócio próprio e desfrutando de mais liberdade e prosperidade financeira do que nunca, mas as coisas poderiam ter sido muito diferentes. Se John tivesse continuado resistindo à rendição e a seguir uma atitude positiva, ele poderia ter perdido muito mais que apenas o emprego.

> *Não podemos seguir em frente e alcançar o lugar onde gostaríamos de estar se nos recusamos a enfrentar a condição em que estamos!*

A atitude de se render também é útil nas situações diárias que costumam nos frustrar. Digamos que tenho um voo marcado e quando chego descubro que ele está atrasado e ninguém sabe por quanto tempo. Posso me sentar e ficar frustrada, reclamando da companhia aérea o tempo todo, ou posso me render à circunstância acerca da qual obviamente não posso fazer nada e desfrutar o tempo de espera. Posso fazer algo criativo ou um trabalho que precisa ser feito. De uma forma ou outra, vou ter de esperar, e o tipo de atitude que terei enquanto espero é algo que compete a mim.

Existe alguma coisa em sua vida à qual você simplesmente precisa se render, passando a confiar em Deus? Nesse caso, não deixe para depois. Quanto mais esperar, mais você prolongará sua infelicidade!

Todas as vezes que resistimos ao que só Deus pode controlar, saímos da zona de conforto com Ele. Estar confortável com Deus requer que andemos no ritmo dele, e não tentando ir contra Ele. Isso requer rendição e não resistência.

Durante muitos anos, me senti desconfortável com Deus, mas felizmente posso dizer hoje que me sinto totalmente à vontade. Não tenho medo dele, mas tenho um temor reverente. Confio nele o bastante para me submeter ao que não posso controlar e abraçar tudo o que Ele permitir em minha vida. Oro para que você também encontre e desfrute esse lugar de conforto. Deus é seu parceiro para toda a vida, portanto sentir-se à vontade com Ele deve ser uma prioridade.

CAPÍTULO 20

Crescimento Espiritual

Se o homem não exercita seu braço, ele não desenvolve músculos; e se o homem não exercita sua alma, ele não adquire músculos em sua alma, nem força de caráter, nem vigor em sua fibra moral, nem beleza em seu crescimento espiritual.

Henry Drummond

Talvez você tenha uma casa adorável. Uma casa que é linda e até admirada por aqueles que passam e a veem. As pessoas veem a casa, mas não veem a fundação. Entretanto, a fundação é a parte mais importante da casa, porque sem ela a casa não estaria de pé.

Muitos cristãos tentam construir uma vida poderosa e digna de ser admirada, mas não dedicaram tempo construindo um fundamento forte, e a vida deles desmorona vez após vez. Fiz isso por muitos anos, e esse talvez seja seu caso também. Recebi Cristo como meu Salvador e comecei imediatamente a tentar fazer boas obras. Tentei servir na igreja em vários ministérios, tentava ser paciente, tentava amar as pessoas, e muitas outras coisas nobres. Em outras palavras, eu estava tentando construir uma vida espiritual e demonstrar um caráter temente a Deus, mas não percebia que não tinha um fundamento sólido ainda. Eu não conhecia o amor incondicional de Deus por mim, e me sentia culpada e condenada na maior parte do tempo. Eu não sabia como receber a misericórdia de Deus, não entendia a doutrina da justificação e sentia que definitivamente Deus estava bravo comigo. Eu não podia crescer espiritualmente sem o fundamento de que necessitava.

Passei dezenove capítulos neste livro ensinando como garantir que você tenha um fundamento sólido em sua vida, e agora é hora de falar sobre construir uma vida que glorifique a Deus. É hora de falar sobre crescimento espiritual.

O entendimento da graça, do perdão, da misericórdia, do amor incondicional de Deus e da doutrina da justificação através de Cristo é o fundamento para tudo o mais no nosso relacionamento com Deus e no nosso serviço a Ele. Precisamos estar profundamente enraizados no amor incondicional de Deus, saber sem sombra de dúvida que a atitude dele para conosco é de misericórdia e ter a revelação de quem somos "em Cristo". Precisamos ter o entendimento de que somos a justiça de Deus em Cristo e não ter medo de que Deus esteja bravo conosco quando cometemos erros. Quando essas coisas passam a ser fatos definidos, é natural que tenhamos o desejo de prosseguir a fim de nos tornarmos tudo o que Deus quer que sejamos. Teremos o desejo de crescer espiritualmente.

O apóstolo Paulo disse ao povo no livro de Hebreus que era hora de superar as fases elementares ou iniciais dos ensinamentos e doutrinas de Cristo e prosseguir para a maturidade espiritual.

> *Portanto, vamos continuar e superar a fase elementar dos ensinamentos e doutrinas de Cristo (o Messias), avançando firmemente para a totalidade e a perfeição que pertencem à maturidade espiritual.*
>
> — Hebreus 6:1

Paulo disse aos cristãos hebreus que embora eles devessem já estar ensinando outros àquela altura, ainda precisavam que alguém os ensinasse novamente os primeiros princípios da Palavra de Deus. Eles aparentemente continuavam precisando ouvir as mesmas mensagens sobre as coisas fundamentais vez após vez, e eram incapazes ou não estavam dispostos a prosseguir para outros ensinamentos que os ajudariam a construir uma vida através da qual eles poderiam glorificar e servir a Deus.

Crescimento Espiritual

> *Pois embora a esta altura vocês devessem estar ensinando outros, na verdade precisam de alguém que lhes ensine novamente os primeiros princípios da Palavra de Deus. Vocês passaram a precisar de leite, e não de alimento sólido.*
>
> *Porque todo aquele que continua a se alimentar de leite obviamente é inexperiente e não está habilitado na doutrina da justiça (da conformidade com a vontade divina em propósito, pensamento e ação), pois é criança (e ainda não é capaz de falar)!*
>
> — Hebreus 5:12-13

Paulo disse aos hebreus que eles ainda precisavam do leite da Palavra e não de alimento sólido. Eles não eram capazes de lidar com a carne da Palavra. O que é a carne da Palavra? Creio que é o ensino sobre maturidade espiritual, sacrifício, obediência, vida altruísta e serviço a Deus e ao homem. É sempre fácil e agradável ouvir mensagens sobre o amor de Deus por nós e o plano incrível que Ele tem para nossas vidas, mas pode não ser tão fácil ou agradável ouvir sobre fazer a vontade de Deus mesmo se isso exigir sacrifício. A verdade é que precisamos de ambos para sermos crentes saudáveis e produtivos em Cristo.

A Palavra de Deus nos encoraja e consola. Ela nos ensina sobre quem somos em Cristo e sobre Sua maravilhosa graça, Seu perdão e Seu amor; mas ela também nos pune e corrige. Quando Paulo estava mentoreando Timóteo, ele lhe disse que como pregador da Palavra de Deus, Timóteo devia mostrar às pessoas o que havia de errado na vida delas. Ele devia convencê-las, repreendê-las e corrigi-las; adverti-las, incentivá-las e encorajá-las (2 Timóteo 4:2).

Você Está Bebendo Leite e Comendo Carne?

Boa parte do que eu disse nos primeiros dezenove capítulos deste livro foi muito encorajador, mas eu não estaria dando a você um retrato completo da vontade de Deus para nós se também não lhe dissesse que para construir uma vida que glorifique a Deus você precisará permitir que Sua Palavra corrija você e o dirija em todos os seus atos. Creio que o leite da Palavra são as mensagens encorajadoras que todos nós precisamos e amamos, e que a carne da Palavra trata com nosso comportamento e maturidade espiritual. Na verdade, tanto o leite quanto a carne são encorajadores. Um nos encoraja a ser confiantes na nossa posição como filhos de Deus, e a outra nos encoraja a servir a Ele e a dar bons frutos para o Seu Reino.

Como mestra da Palavra de Deus por trinta e cinco anos, testemunhei repetidas vezes como pessoas ficam felizes ao receber o leite da Palavra, mas engasgam com a carne. Elas amam ser encorajadas, mas não querem se submeter à repreensão ou à correção. O resultado é que elas têm um fundamento maravilhoso, mas nunca seguem em frente para construir uma vida que glorifique a Deus. Creio que você está pronto e disposto a seguir em frente rumo à maturidade espiritual. Creio que você é alguém que deseja andar na vontade de Deus em tudo.

O leite da Palavra nos ensina tudo que Deus fez por nós em Cristo, gratuitamente por Sua graça, e que nosso papel é apenas receber e desfrutar. Assim como um bebê só bebe leite por algum tempo porque é incapaz de digerir outras coisas, o cristão bebê precisa desse leite da Palavra de Deus. Entretanto, se um bebê não tomar nada além de leite, nunca crescerá nem se tornará um adulto saudável. Ele precisa de leite e carne, e nós, cristãos, também precisamos.

O apóstolo Paulo disse que as pessoas continuavam a se alimentar de leite porque elas não estavam habilitadas na doutrina da justiça (Hebreus 5:12-13). Elas ainda não sabiam verdadeiramente quem eram em Cristo. Não entendiam que haviam se tornado a justiça de Deus em Cristo; portanto, quando Paulo tentava corrigi-las com a Palavra, ou confrontar o comportamento infantil delas, elas reagiam de forma desfavorável. Não podiam receber correção através da Palavra de Deus sem se sentirem condenadas.

É vital que saibamos qual é a nossa posição em Cristo, porque se verdadeiramente soubermos quem somos, quando a Palavra de Deus confrontar o que fazemos (nosso comportamento), isso não nos condenará. Podemos receber o confronto como outro nível do amor de Deus punindo-nos para o nosso bem.

Quando a convicção do Espírito Santo imediatamente se transforma em condenação no nosso pensamento, o processo de mudança é interrompido e não há crescimento espiritual. Precisamos ser maduros o bastante para saber que o castigo de Deus é uma demonstração do Seu amor, da Sua disposição de não nos deixar sozinhos no nosso estado pecaminoso.

Àqueles a quem amo [com ternura], digo as suas faltas, convenço, repreendo e castigo [disciplino e instruo]. Portanto, fiquem entusiasmados e cheios de zelo e arrependam-se [mudando sua mente e atitude].

— Apocalipse 3:19

Deus não procura nos transformar para poder nos amar; Seu amor é incondicional e não se baseia no nosso comportamento, mas devemos procurar mudar porque o amamos. Deus quer que sejamos frutíferos! Ele quer que nossas vidas agreguem valor às vidas de outras pessoas e que o nosso exemplo no mundo atraia as pessoas para o Reino de Deus.

Durante os anos em que foram lançadas as bases para a vida de meus quatro filhos (infância, adolescência e os primeiros anos como adultos), Dave e eu fizemos tudo por eles. Suprimos todas as suas necessidades: os vestimos, educamos, alimentamos, abrigamos e amamos com toda nossa força. Durante aquele tempo, também ensinávamos e corrigíamos. Nós encorajávamos muito nossos filhos, mas também os corrigíamos, e os pais que não fazem isso, na verdade, não amam seus filhos. Estávamos preparando-os para uma vida que seria agradável e frutífera. À medida que amadureceram, eles começaram a fazer coisas por nós assim como a receber de nós, e isso manteve nosso relacionamento saudável. Essa é a progressão natural do relacionamento e precisa também acontecer no nosso relacionamento com Deus.

Você está pronto para amadurecer e dizer a Deus: "Sou grato porque Tu me amas. Valorizo tudo o que Tu fizeste por mim, e agora quero Te servir; quero fazer coisas para Ti; quero dar bom fruto para Ti"? Você está pronto para pedir a Deus para moldá-lo à imagem de Jesus Cristo e para lhe mostrar como construir uma vida sobre o fundamento que Ele lhe deu, de maneira a glorificá-lo? Se sua resposta for sim, e eu creio que é, você precisa começar a receber a carne da Palavra de Deus.

Nem Todos os Cristãos São Maduros

Paulo confrontou os cristãos que não estavam amadurecendo. Ele disse:

> *Irmãos, eu não pude me dirigir a vocês como pessoas que vivem pelo Espírito, mas como pessoas que ainda são mundanas, meras crianças em Cristo. Eu lhes dei leite, e não alimento sólido, pois vocês ainda não estavam prontos para isso. Na verdade, vocês ainda não estão prontos.*
>
> — 1 Coríntios 3:1-2

Paulo fala de dois tipos de cristãos. O primeiro é o homem espiritual que é capaz de examinar, investigar, inquirir e discernir todas as coisas. Ele é capaz de discernir rapidamente o bem e o mal, e escolhe o bem. Então Paulo fala sobre o cristão carnal, alguém que foi regenerado em Cristo (nasceu de novo), mas permanece na fase da infância do crescimento espiritual. Ele tem a natureza carnal e segue a direção dos impulsos naturais (1 Coríntios 2:14-16).

Desperdicei muitos anos da minha experiência cristã como uma crente carnal, imatura. Eu tinha algum entendimento acerca da salvação pela graça, mas não o fundamento sólido de que precisava. Depois que Deus me ajudou a construir esse fundamento, ainda passei muitos anos sendo imatura porque não havia tomado a decisão de seguir em frente rumo à maturidade espiritual. Não acredito que alguém tenha crescimento espiritual se não desejar verdadeiramente. Finalmente, fiquei insatisfeita com a maneira como minha vida estava e cheguei a um ponto de crise na minha caminhada com Deus. Alguma coisa tinha de mudar! Eu havia recebido dele (amor, graça, misericórdia, perdão, ajuda) por anos, mas me perguntava o que estava faltando. Vi que era hora de retribuir. Eu precisava me entregar e entregar tudo o que tinha a Ele para o Seu uso e propósito. Quando fiz isso, foi um momento de decisão na minha vida espiritual e algo de que jamais me arrependi.

Amo a carta de Paulo aos Efésios. Ele estabelece um fundamento sólido passando os três primeiros capítulos dizendo ao povo o quanto

Deus os ama e qual é a herança deles no Senhor. Então ele inicia o capítulo 4 com esta afirmação: "Portanto, eu, o prisioneiro do Senhor, apelo a vocês e lhes imploro que andem (levem uma vida) digna do chamado [divino] ao qual vocês foram chamados (com um comportamento que seja um crédito à convocação ao serviço de Deus)". Obviamente não era bastante apenas ensinar às pessoas o que lhes era de direito em Cristo; elas também precisavam ser ensinadas sobre como deixar Jesus brilhar através delas em todos os aspectos da vida diária. As pessoas podem ir à igreja no domingo, mas será que elas levam Jesus para o trabalho com elas na segunda-feira e em todos os outros dias da semana? A Palavra de Deus está governando a casa delas? Seus pensamentos, suas palavras e seus atos estão repletos de Deus?

Você está pronto para prosseguir rumo à maturidade espiritual? Creio que sim; portanto, se você ainda não fez isso, coloque Deus no banco do motorista da sua vida. Entenda que Deus está mais interessado em transformar você do que em mudar todas as circunstâncias ao seu redor. Peça a Deus para mudá-lo em qualquer área em que você precise mudar! Quando Ele começar a fazer isso, não resista. Confie nele para fazer a obra e permaneça no Seu descanso.

A Salvação da Alma

Portanto, livrem-se de toda impureza e do crescimento desenfreado da maldade, e com espírito humilde (manso e modesto) recebam e deem as boas-vindas à Palavra, que implantada e enraizada [em seus corações] contém o poder para salvar as suas almas.

— Tiago 1:21

Quando recebemos Cristo como Salvador, nosso espírito é salvo ou passa por um novo nascimento. Ele se torna santo e Deus vem habitar em nós. Nossa alma (mente, vontade e emoções) ainda precisa ser renovada. Ela precisa ser entregue a Deus para o Seu uso. Caso contrário, o mundo jamais verá Jesus brilhando através de nós.

A Palavra de Deus, quando é verdadeiramente recebida e passa a estar enraizada em nosso coração, tem o poder para salvar nossa alma, como diz Tiago 1:21. Precisamos amar a Palavra e estudá-la. Lê-la ou ouvir alguém ensiná-la é bom, mas não é suficiente. Precisamos estudar! Deixe-me perguntar a você com ousadia, quanto tempo você gasta estudando a Palavra de Deus sozinho. Oro para que seja com frequência, pois sem isso, haverá muito pouco crescimento.

Em *A Arte Perdida de Fazer Discípulos*, Leroy Eims oferece uma imagem maravilhosa desse fenômeno.

> Certa primavera, nossa família estava indo de Fort Lauderdale até Tampa, na Flórida. Até aonde os olhos alcançavam, as laranjeiras estavam carregadas de frutos. Quando paramos para o café da manhã, pedi suco de laranja e ovos. "Sinto muito", disse a garçonete. "Não posso lhe trazer suco de laranja. Nossa máquina está quebrada." A princípio, fiquei perplexo. Estávamos cercados de milhões de laranjas e eu sabia que eles tinham laranjas na cozinha — nossos pratos estavam adornados com fatias de laranjas. Qual era o problema? Não tinha suco? Duvido. Estávamos cercados por milhares de galões de suco. O problema era que eles precisavam de uma máquina para extraí-lo. Os cristãos às vezes são assim. Eles podem estar cercados de Bíblia em suas casas, mas se algo acontecesse e não houvesse o culto de pregação no domingo pela manhã, eles não teriam alimento para suas almas. O problema não é a falta de alimento espiritual, mas o fato de que muitos cristãos não cresceram o suficiente para extraí-lo por conta própria.

A Palavra de Deus é o alimento que nosso espírito necessita para permanecer forte e ela renova nossa mente (Romanos 12:2). Quando aprendemos a pensar corretamente, todas as outras coisas começam a ir pelo caminho certo.

A maturidade espiritual não se desenvolve meramente tendo conhecimento da Palavra de Deus, mas ao aplicá-la à vida diária e ao aprendermos a viver segundo ela. Digamos que você tem estudado o que a Palavra de Deus diz sobre paciência e concorde com ela e tenha toda a intenção de ser paciente. Agora, digamos que você vá fazer compras e uma caixa muito lenta o atenda. Ela é nova no emprego e parece não saber como operar o computador corretamente. Você está com um pouco de pressa e pode sentir a impaciência subindo na sua alma. A esta altura você tem uma decisão a tomar. Você vai se comportar de acordo com a impaciência que está sentindo, ou vai andar no espírito e demonstrar a paciência que Deus lhe deu? Se você demonstrar paciência, estará exercitando seu "músculo da paciência", ele se tornará mais forte e você glorificará a Deus optando por representá-lo bem.

Temos a Palavra de Deus à nossa disposição de maneira imediata frequentando a igreja, ouvindo rádio, assistindo à televisão, navegando na Internet, bem como através dos CDs, dos DVDs, do telefone e de outros aparelhos. Não há escassez da Palavra de Deus, mas precisamos de mais pessoas que se exercitem regularmente aplicando a Palavra à vida.

Paulo exortou os cristãos a desenvolver a salvação com temor e tremor. Ele não quis dizer que eles deviam trabalhar em prol de sua salvação, mas que eles deviam trabalhar com o Espírito Santo rumo à maturidade espiritual (Filipenses 2:12). O apóstolo continua em seguida, dizendo a eles que isso não pode ser feito pela própria força, mas que Deus trabalharia neles para realizar isso.

Buscando o que Mais Importa

As coisas que buscamos ou perseguimos dizem muito sobre nosso caráter. Somos ensinados a buscar primeiro o Reino de Deus e a Sua justiça (Sua maneira de fazer o que é certo e de estar certo) (Mateus 6:33). Somos ensinados a buscar a paz, e na minha experiência descobri que a única maneira de ter paz é aprendendo a obedecer prontamente ao Espírito Santo. Também somos ensinados a buscar a presença de Deus, porque esse é o dom mais precioso que podemos ter. Precisamos mais de Deus do que do que Ele pode fazer por nós. Gosto de dizer: "Busque a presença de Deus e não os Seus presentes".

Também somos ensinados a buscar a santidade, sem a qual ninguém verá o Senhor (Hebreus 12:14). *Uau*! Isso pode soar um pouco assustador a não ser que entendamos que o que está sendo enfatizado é a busca. Deus quer que persigamos a santidade mesmo que nunca alcancemos a perfeição. Se estamos buscando a santidade, que é outra maneira de dizer maturidade espiritual, isso revela uma atitude correta para com Deus. Como eu disse anteriormente neste livro, nós somos feitos santos por Deus quando nascemos de novo. Temos a santidade que Deus espera que manifestemos em nosso espírito, mas ela não será manifesta se formos passivos. Precisamos persegui-la! Buscar a santidade é outra maneira de dizer: "Desenvolvam sua salvação com temor e tremor" ou "Prossigamos para a maturidade espiritual".

> *Vidas religiosas são duras e rígidas em resultado da nossa falta de desejo santo. A complacência é o inimigo mortal de todo crescimento espiritual. O desejo aguçado deve estar presente ou não haverá manifestação de Cristo ao Seu povo.*
>
> A.W. Tozer

Santidade não é seguir um conjunto de regras e regulamentos, é simplesmente aprender alegremente a seguir a direção do Espírito Santo.

> *[Vivam] como filhos da obediência [a Deus]; não se conformem com os desejos malignos [que os governavam] na sua antiga ignorância [quando vocês não conheciam os requisitos do Evangelho].*
> *Mas assim como Aquele que os chamou é Santo, sejam vocês também santos em toda a sua conduta e modo de vida.*
> *Pois está escrito, sejam santos, porque Eu sou Santo.*
>
> — 1 Pedro 1:14-16

Deus está nos fazendo a promessa de que porque Ele é santo e vive em nós, nós também podemos ser santos em toda nossa conduta e modo de vida. Esse é um processo desenvolvido gradualmente à medida que continuamos a buscar a promessa no poder do Espírito Santo. Jesus não ficará decepcionado quando voltar se ainda não tivermos chegado lá, mas Ele realmente quer nos encontrar buscando a santidade.

Fazendo as Obras de Deus

Somos salvos unicamente pela fé e não pelas obras, mas Tiago disse que a fé sem obras é morta, e está destituída de poder (Tiago 2:14-18). A fé precisa de obras (atos e ações de obediência para dar-lhe suporte), do contrário, ela está destituída de poder.

Somos advertidos repetidas vezes na Bíblia de que as obras da nossa carne não são aceitáveis a Deus, mas também nos é dito que devemos fazer as obras de Deus. Jesus disse: "Eu Te glorifiquei... completando a obra que Tu me deste para fazer" (João 17:4). Nossas "obras" (obras da carne) são a nossa energia tentando realizar o que só Deus pode fazer, mas as obras de Deus são as obras que nós fazemos a pedido dele e unicamente pelo Seu poder.

Devemos evitar as obras da carne como se fossem uma praga. Elas incluem coisas como tentar salvar a nós mesmos, nos tornar justos pelas próprias obras, produzir bom fruto por esforço próprio, ou seguir nossos planos humanos para conseguir o que queremos em vez de pedirmos a Deus e esperarmos o tempo e o modo dele.

Embora evitemos as obras da carne, devemos buscar fazer as obras de Deus com determinação. Deus quer que todos nós obedeçamos à Sua Palavra, mas também creio que Ele dê a cada um de nós uma missão na vida. À medida que continuamos a crescer em Deus e a aprender a seguir a direção do Espírito Santo, aprendemos qual é essa missão. Felizmente, não temos de competir com ninguém, mas somos livres para ser o indivíduo único que Deus nos projetou para ser.

A missão que Deus nos dá pode ou não parecer espetacular para o mundo, mas ela é espetacular para Deus. Você pode ser uma mãe que está criando um filho que fará grandes coisas para Deus. Ou pode ser um zelador em uma escola e um grande exemplo de alguém que tem um caráter divino para as crianças. Você pode até ser uma pessoa muito famosa, mas tudo que realmente importa é se estamos cumprindo a missão que Deus nos deu. Quando fazemos isso, estamos fazendo as obras de Deus.

Vivemos diferentes momentos em nossa vida, e a nossa missão pode mudar à medida que as estações mudam. Depois que Dave e eu nos casamos, passei muitos anos trabalhando em diferentes funções em um escritório, depois fiquei anos sendo mãe e dona de casa, e então voltei a trabalhar e finalmente iniciei um grupo de estudo bíblico, e isso se desenvolveu e se tornou o ministério que dirijo hoje. Tudo isso aconteceu ao longo de quarenta e sete anos, de modo que encorajo você a entender que independentemente do que você esteja fazendo agora, essa é uma parte importante da sua vida e você deve abraçá-la e desfrutá-la. Quando as estações mudarem, siga em frente para a próxima missão que Deus tem para você e faça isso com entusiasmo e alegria.

Qual é o Sinal da Maturidade Espiritual?

Acho que podemos simplificar o que significa maturidade espiritual dizendo que é amar as pessoas da maneira que Deus as ama. Acima de tudo que buscamos, devemos buscar com determinação amar verdadeiramente as pessoas. Ser maduro espiritualmente significa ser como Deus, e Ele ama as pessoas.

O apóstolo Pedro nos exorta a tomar as promessas de Deus e acrescentar a elas nossa diligência empregando todos os esforços no exercício da nossa fé para desenvolver a virtude (excelência, decisão, energia cristã) e, ao exercer a virtude, desenvolver o conhecimento (inteligência). Ele continua dizendo que à medida que exercitarmos o conhecimento, desenvolveremos o domínio próprio, e ao exercitarmos o domínio próprio, desenvolveremos a firmeza (paciência, tolerância). E então sucessivamente com a firmeza, desenvolveremos a piedade; com a piedade, o afeto fraternal; e com o afeto fraternal, o amor cristão (2 Pedro 1:3-7). Vemos que o objetivo final é o amor cristão!

Parece que precisamos ser diligentes e nos esforçar para continuar crescendo se esperamos atingir o objetivo de aprender a amar como Deus ama. A partir da afirmação de Pedro também concluímos que atingir esse objetivo é um processo que obviamente levará tempo. Não se esqueça de apreciar a jornada! Nossa jornada com Deus é a parte mais empolgante de nossas vidas.

Como o verdadeiro amor espiritual se manifesta? Encontramos a resposta em 1 Coríntios 13:4-8.

O amor é paciente
O amor é bondoso
O amor não tem ciúmes
O amor não se gaba
O amor não é orgulhoso
O amor não é rude
O amor não é egoísta
O amor não se ira facilmente
O amor não tem prazer no mal, mas se alegra com a verdade
O amor suporta qualquer coisa que vier
O amor sempre acredita no melhor de todos
O amor é sempre cheio de esperança em todas as circunstâncias
O amor suporta tudo sem enfraquecer
O amor nunca falha

    Sei que preciso continuar me exercitando nessas áreas e perseguindo a santidade. E você? Eu o incentivo a refletir acerca do seu comportamento e a perguntar a si mesmo diante de Deus quais são as áreas em que você precisa melhorar. Sei que eu poderia ser mais paciente e menos egoísta, apenas para citar algumas coisas. Persigo esses objetivos com todo o meu coração, mas nunca me sinto condenada quando não sou completamente bem-sucedida. Apenas continuo prosseguindo. Não me sinto condenada porque tenho um fundamento sólido em minha vida, que é a convicção de que Deus me ama incondicionalmente, perdoou todos os meus pecados e é misericordioso, e que Sua graça (favor e poder imerecidos) está sempre à minha disposição. Supero meus erros e continuo orando, dependendo de Deus e esperando vê-lo trabalhar através de mim.
    Encontro vários versículos que me dizem para examinar a mim mesma. Isso não significa que devemos ser excessivamente introspectivos, nem que devemos julgar a nós mesmos, mas é saudável dar uma olhada sincera no nosso comportamento.

Porque se examinássemos a nós mesmos [detectando as nossas imperfeições e reconhecendo o nosso próprio estado], não precisaríamos ser julgados e penalizados [pelo juízo divino].

— 1 Coríntios 11:31

Examinem, provem e avaliem a si mesmos para ver se estão firmes na fé e dando os frutos adequados a ela.

— 2 Coríntios 13:5

Talvez se estivéssemos dispostos a ser mais honestos com nós mesmos em relação ao nosso comportamento, progrediríamos mais rapidamente rumo à maturidade espiritual. Vamos seguir os apelos suaves do Espírito Santo com relação ao nosso comportamento para não termos de ser corrigidos mais severamente por Deus. O Senhor está mais preocupado com nosso crescimento espiritual do que com nosso conforto atual. A pessoa madura espiritualmente pode examinar a si mesma honestamente à luz da Palavra de Deus e nunca se sentir condenada quando vê suas falhas. Na verdade, ela tem prazer em vê-las, porque sabe que só a verdade a libertará. Ela sabe que o amor de Deus por ela não se baseia no seu comportamento, mas deseja melhorar para dar mais glória a Deus.

Maturidade espiritual não é frequentar a igreja, conhecer as doutrinas da igreja, dar grandes quantias de dinheiro à igreja, ocupar uma posição na liderança da igreja ou estar no comitê da igreja. Maturidade espiritual não é memorizar versículos ou ler a Bíblia inteira uma vez por ano. Podemos fazer milhares de exercícios religiosos e ainda não ser maduros espiritualmente.

Não vou descrever uma lista de coisas para fazer a fim de desenvolver a maturidade espiritual. Compartilhei a importância de estudar a Palavra de Deus e de ter comunhão regular com Ele, inclusive em oração, mas, além disso, a única coisa que direi é: siga a direção do Espírito Santo. Se você fizer isso, Ele lhe ensinará tudo o que você precisa saber e fará isso de uma maneira que funcionará perfeitamente para você.

Todos nós fazemos muitas coisas que estão ligadas ao Cristianismo. Frequentamos a igreja, lemos a Bíblia, oramos, lemos livros cristãos e talvez até ouvimos uma radio cristã ou assistimos a canais cristãos, mas com que propósito?

"Há algum tempo no programa de entrevistas *The Mery Griffin Show*", disse Gary Gullbranson em um artigo na revista *Leadership*, "o convidado era um fisiculturista. Durante a entrevista, Mery perguntou: 'Por que você desenvolve estes músculos especificamente?'. O fisiculturista simplesmente deu um passo à frente e flexionou uma série de músculos bem definidos do peito até a panturrilha. A plateia aplaudiu. 'Para que você usa todos esses músculos?', Mery perguntou. Mais uma vez, o espécime musculoso flexionou os músculos, e o bíceps e o tríceps cresceram a proporções impressionantes. 'Mas para que você usa esses músculos?', Mery insistiu. O fisiculturista ficou confuso. Ele não tinha outra resposta além de exibir sua estrutura bem desenvolvida. Lembrei-me de que nossos exercícios espirituais — o estudo da Bíblia, a oração, a leitura de livros cristãos e ouvir músicas cristãs — também têm um propósito. Destinam-se a fortalecer nossa capacidade de edificar o Reino de Deus, e não simplesmente a melhorar nossa pose diante de uma audiência que nos admira".

Creio que Deus tem um propósito em todas as coisas que faz, e também devemos ser pessoas que têm um propósito. Quando estudarmos ou ouvirmos uma pregação, que seja sempre com o propósito de praticar o que aprendemos. Se ouvimos, mas não praticamos, estamos enganando a nós mesmos por meio de um raciocínio que é contrário à verdade (Tiago 1:22).

Sou chamada por Deus para ajudar os crentes a amadurecer e crescer espiritualmente para que eles possam ser tudo o que Deus quer que eles sejam, fazer tudo o que Deus quer que eles façam e ter tudo o que Deus quer que eles tenham. Essa é a minha missão! Nenhuma mensagem minha estaria completa sem um ensino sobre como viver sua fé diariamente. Quero que você siga em frente e cresça, mas não quero que pense que Deus fica bravo quando você comete erros. Deus o ama, e Ele é paciente e longânimo. Ele está sempre ali para levantá-lo quando você cair e para ajudá-lo a começar novamente na direção certa. Deus nunca desistirá de você!